한영대조 설교집
Korean-American Sermon Book

김충남 목사 지음
Choong-nam Kim

드림북 출판사
Dream Book Publishing Co.

한영대조설교집

· **초판 1쇄 발행** 2018년 12월 21일

· **지은이 김충남**
· **펴낸이 민상기 · 편집장 이숙희 · 펴낸곳** 도서출판 **드림북**
· **등록번호** 제 65 호 · **등록일자** 2002. 11. 25.
· 경기도 의정부시 가능1동 639-2(1층)
· Tel (031)829-7722, Fax(031)829-7723

한영대조설교집

Korean-American Sermon Book

김충남 목사 지음

Choong-nam Kim

드림북

Dreambook

목 차

Contents

추 천 사

한국에 복음이 들어온 지 130여년이 지난 오늘날, 우리 한국 교회는 세계 교회 역사상 유래가 없는 비약적인 발전을 가져왔다. 아울러 북미주에 우리 순복음 교회에서 선교를 시작한 지 벌써 43년이 되어 많은 성장과 발전을 가져왔다.

순복음의 오중 복음과 삼중 축복은 주님 오시는 날까지 오대양 육대주에 주님을 증거하는 놀라운 역할을 할 것이다. 이에 미국에 사는 우리 동포들이 항상 긍정적인 믿음을 가지고, 성장 발전하는 모습을 볼 때 마다 주님께 감사를 드린다.

주님의 몸 된 교회가 날로 성장하여 성령님의 인도하심 속에 말씀으로 질적이나 양적으로 성장하기를 바란다. 주님의 말씀은 푸른 풀밭이 되고, 잔잔한 시냇물이 되어 우리로 하여금 들어가고 나가며 꼴과 생수를 얻게 해 주신다. 이 세상에 다른 모든 것은 잠시 잠깐 필요한 액세서리에 불과 하지만 하나님의 말씀은 영원토록 우리가 먹어야 할 생명의 양식이다.

금번에 '한영대조 설교집'을 펴내는 김충남 목사는 미국 산호세 순복음 교회에서 42년간을 한 교회에서 목회하고 있다. 오래도록 강단에서 설교한 내용을 간추려 '한영대조 설교집'을 만들었다. 김 목사는 52년 전 내가 담

Recommendation

The churches in Korea have accomplished the fastest growth in the history of the world for the past 130 years ever since Korea received the Gospel. The mission of the Full Gospel Assemblies of God Church in the North America has also achieved enormous growth for the past 43 years.

I believe that the message of the "Fivefold-Gospels and Threefold-Blessings" of the Full Gospel Church will still be a wonderful testimony for the world mission until Jesus our Lord comes. I always give thanks to the Lord for the Korean immigrants in the United States who have been growing in faith with their positive attitudes.

I hope that the church, the body of Christ, will grow in their faith both in depth and in numbers through the study of the Word of God illuminated by the Holy Spirit. The Word of God is like green pastures and quiet waters for our soul that nourishes our lives. All things of the world are nothing but accessories that are not necessities but the word of God is the bread of life which lasts eternally.

Reverend Choong-nam Kim has been serving the Full Gospel

임한 서대문 순복음교회 시절부터 나의 처음 설교집인 '믿음의 위대한 힘'과 '병을 짊어진 예수' 등 여러 책의 발간을 도왔고 '신앙계' 창간으로부터 온갖 수고를 했다.

특히 김 목사는 어릴 때부터 문필이 뛰어나서 이미 17세에 '홀로 걷는 사람'이란 책을 써서 수 많은 사람들에게 읽혀졌다. 그 외에도 '한국 기독교 문학사', '순교자 주기철 목사 전기', '최권능 목사 전기', '예수 천당' 등 18여권 이상의 저서를 집필하였다. 이번에 쓴'한영 대조 설교집'은 저자 김 목사가 미주 목회 생활의 체험과 기도로 쓰여진 책이다. 이 책을 교역자는 물론 일반 성도들에게 널리 읽혀지기를 바란다.

2018년 12월 3일
순복음 세계 선교회 총재
조용기 목사

Assembly of God San Jose Church in the United States for forty two years. Now his Korean-English sermon book, which is a collection of his sermons from his long time ministry is being published. Reverend Choong-nam Kim has taken all the troubles in publishing several books of mine including the Great Power of Faith—the first sermon book from the Seodaemoon Full Gospel Church where I served as its head pastor 52 years ago—and Jesus Who Bore the Illness. He was also one of those who worked hard to begin publication of the Shinanggye.

Reverend Choong-nam Kim, a talented writer from his youth, wrote A Lone Walker when he was 17 years old. Besides this, he has published over eighteen books, among which include the History of Korean Christian literature, Biography of the Martyr Reverend Gi-cheol Ju, Biography of Reverend Kwon-neung Choi, and Jesus-the Kingdom of Heaven. His Korean-English Sermon book is born from his experience in ministry in the United States and through his prayer. I hope that it shall be read not only by ministers but also by all.

Dec. 3, 2018
President, Full Gospel World Missions Inc.
Reverend Yong-gi Cho
조용기

추천사

예수님께서는 우리를 구원하시기 위해 이 세상에 오셨습니다. 예수님께서 우리에게 베푸신 구원이 어떤 것인지는 예수님의 지상 사역을 통해 잘 알 수 있습니다. 예수님께서는 하나님의 말씀을 가르치시고, 천국 복음을 전파하시고, 병든 자를 고쳐 주셨습니다(마 4:23, 9:35). 즉 예수님께서는 하나님의 거룩한 말씀으로 우리의 영혼을 새롭게 하셨고, 천국복음을 통해 하나님의 의에 이르는 길을 열어 주셨고, 하나님의 권능으로 온갖 질병에서 자유롭게 해 주셨습니다. 이처럼 예수님은 우리를 하나님의 자녀로 거듭나게 하시고, 우리에게 치유와 회복을 주시는 주님이십니다. 따라서 예수님께서는 예수님을 믿는 모든 자에게 이러한 치유와 회복의 구원을 주시는 분이심을 전하는 것이 복음 증거자로서 우리가 할 일입니다.

미국 순복음산호세한인교회의 담임목사이신 김충남 목사님은 구원과 치유와 회복의 주님을 전하는 귀한 사명을 45년에 이르는 세월 동안 한결같이 감당해 오고 계신 하나님의 신실한 일꾼이십니다. 목사님은 이민 목회라는 험한 사역을 수행해 오시는 동안 그리스도의 치유와 회복의 메시지를 통해 이국 땅에서 고단한 삶을 사는 이민 성도들에게 용기와 위로와 희망을 주셨습니다. 무엇보다도 목사님이 예수님의 치료하시는 손길을 직접 경험

Recommendation

Jesus came to the earth to save humanity. We know what it means to be saved by Jesus through the life ministry of Jesus. Jesus taught the word of God, spread the Gospel, and healed the sick (Matthew 4:23; 9:35). Jesus renewed our soul through the holy word of God, opened the way to the righteousness of God through the Gospel, and gave us freedom from all kinds of disease in God's power. In this way we are born again as children of God and be healed, and our spirits are renewed through Jesus. Therefore, it is our calling to spread the Gospel of Jesus, who gives salvation through healing and recovery to those who believe in Jesus.

Reverend Choong-nam Kim is a faithful servant of God who has been serving the Full Gospel Assembly of God San Jose Church for 45 years through spreading the salvation of Jesus, who heals and renews our soul. He, overcoming the intense burden of ministry for immigrants, has been giving comfort and hope to the Koreans, who live abroad through his ministry of healing and recovery in Christ. His message of the Gospel seems to be powerful as he himself had received

하셨기 때문에 목사님의 메시지에 더욱 힘이 있습니다.

저는 목사님의 이러한 능력의 메시지가 『한영대조 설교집』으로 출간된 것을 매우 기쁘게 생각합니다. 이 책을 통해 이민 1세 성도들뿐만 아니라 이민 2세, 3세 성도들, 그리고 미국인 목회자와 성도들이 광야 같은 이 세상에서 주님의 고치시고 새롭게 하시는 손길을 경험할 수 있기를 바랍니다. 또한 앞으로의 목사님의 사역에도 하나님의 더욱 크고 놀라운 역사가 함께 하시기를 간절히 기도합니다.

2018년 12 월 3 일
여의도순복음교회 당회장 이영훈 목사

이영훈

healing from Jesus.

I am pleased to see the publication of the Korean-American sermon book of Reverend Choong-nam Kim, selected from his powerful message. I believe that through this book not only the first generation of Korean immigrants but also the second and the third generations of ministers and saints who speak English as their native language will be touched by the healing hands of Jesus in this harsh world. May wonders and miracle of God be with the future ministry of Reverend Choong-nam Kim!

Dec. 3, 2018
Yoido Full Gospel Church
Head pastor Rev. Young-hoon Lee

이영훈

저자 서문

먼저 주님께 영광 돌립니다.

교회가 성장할수록 성령님의 인도하심으로 더 기도하고 노력하여 말씀 중심의 교회가 되도록 최선을 다해야 합니다. 이를 위해 저는 오직 성경 중심의 말씀을 전하도록 나름대로 온갖 노력을 다했습니다. 그 동안 한국에서 3년간, 미국에서 42년간 목회의 세월과 바람의 갈피 속에서 오직 성경말씀만 부여 잡고 좋은 목회자가 되기 위해서 노력을 했습니다. 그러나 제가 너무 부족하여 시행착오도 많이 겪으며 몸부림치며 여기까지 왔습니다.

저 자신이 몸이 허약하고 죽음에서 살아나는 고비를 겪었기 때문에 신유기도를 많이 했습니다. 신약성경의 2/3가 말씀 중심의 치료를 하신 예수님을 따라서 저도 신유설교와 치료사역을 해오고 있습니다. 그 결과로, 저도 늘 건강을 유지했고 장기간 목회를 하게 되어 한 교회에서 오랜 세월 동안 목회 하고 있습니다. 저는 너무나 연약하고 부족하지만 영원한 능력을 가지신 주님의 은혜로 계속 전진하고 있습니다.

저는 노숙자들이 변하여 이처럼 새로워지는 것을 볼 때마다 하나님께 감사드립니다. 저도 6.25 사변 당시에 노숙자였습니다. 그 때 우리 민족이 다 같은 아픔을 겪었는 데, 저도 큰 어려움을 겪었습니다. 당시에 저의 삼촌이

Preface

First and most of all I give glory to the Lord for allowing me to publish this book. It is my belief that a church should grow based on the careful study of the Word while praying in the Holy Spirit. So I have struggled in delivering the Word that is solely focused on the Bible. However with all my struggle to be a good pastor for the past 45years, my ministry has not been without trials and errors because I am a human being not without frailties.

My major concern in my ministry has been healing the sick because I myself was sickly, having survived from a near death experience. My healing ministry—the sermons and prayers all emphasized healing—is based on the Bible, especially on the New Testament, two thirds of which are about Jesus, who heals through His words. Therefore, my ministry has been the major source of keeping my health and the secret to my long term service in ministry at—the Full Gospel Assembly of God San Jose Church (FGSJ Church). It is the grace of God, not my ability that has made me move forward in ministry.

One of the major factors in the growth of the FGSJ Church is faith, relying only on the power of Jesus. Faith in Jesus is the source of power

육군 장교였기 때문에 공산당들이 서울을 점령한 후에 아버지는 학살 당하였고, 동생은 불에 타 죽었고, 다른 동생은 잡혀가서 아직도 생사를 알 수 없습니다. 그 때 아무도 의지할 수 없는 저를 장기려 박사님과 박형룡 박사님과 명신홍 박사님과 황은균 목사님과 안이숙 사모님이 길러 주었습니다. 그 어려운 시절에 저를 길러준 다섯 분을 생각하면서 저도 보답하는 마음으로, 우리 예수님이 직접 하신 말씀인 마태복음 25장의 말씀을 실천하기 위하여 불쌍하고, 외롭고, 병들고, 어려운 노숙자들을 많이 도와왔습니다.

저와 우리 교회 성도들은 이를 위해 최선을 다 하고 있습니다. 특히 미국에서도 이 사역을 사명으로 하지만, 한국에 IMF가 났을 때 경제적으로 파산하여 거리를 방황하는 노숙자들을 지금까지 21년간 우리 교회의 모든 성도들과 북미 총회산하 교회들이 연합하여 최선을 다해 돕고 있습니다.

저는 1972년에 목사 안수를 받고 한국에서 3년간 목회를 한 후, 이곳 미국에서 42년간 목회를 하는 동안 가장 하나님께 감사하는 것은 치유 설교를 한 것이라고 생각합니다. 과거를 주마등처럼 회상하면서 오직 주님의 말씀을 중심으로 하는 치유설교를 하기 위하여 최선을 다하려고 계속 노력하고 있습니다. 그리고 몸이 아픈 환자들을 볼 때 마다 제 몸이 아픈 것 같아서, 치료하시는 예수님께 간구할 때마다 좋은 치료의 말씀을 주셨습니다.

그 동안 본 교회와 부흥성회에서 설교한 원고를 간추려 발간하였습니다. 이렇게'한영대조 설교집'으로 만든 것은 한국과 미국의 교역자들과 성도들에게 많이 읽혀지기를 위한 바램 때문입니다. 이 설교집이 나오도록 격려해주시고 추천사를 써주신 순복음 세계 선교회 총재 조용기 목사님과 이사장 이영훈 목사님께 감사 드립니다. 그리고 유창한 영어로 번역을 한 박경아

for the saints of the FGSJ Church to serve our community, worshipping with the homeless, most of whom are Americans. Most of the homeless people, who worship at the FGSJ Church, have experienced transformation in their lives. Some of them received baptism and have been serving at the church. It may not be an exaggeration to say that the FGSJ Church is a multicultural church.

I always give thanks to the Lord to see the homeless, whose lives have been transformed as I myself was a homeless during the Korean War. I went through so much hardship as many Koreans did during the war. The communists, after they had occupied Seoul, killed my father because his younger brother was a military officer. They burnt one of my younger brothers to death and another was arrested and taken away, leaving me with no one to depend on. But it was through the care of Dr. Gi-ryeo Jang, Dr. Hyung-ryong Park, Reverend Eun-gyun Hwang, and Dr. Shin-hong Myung and Mrs. Ei-sook Ahn that made me who I am. Wanting to return the favor of those who had nurtured me, I have been trying to serve the poor, lonely, and sick, practicing what Matthew 25 says.

The members of the FGSJ Church and I have been serving the homeless for 21 years in the United States, as well as those who were forced out into the street after the IMF in Korea, in league with the churches from the North America general assembly. We will keep trying our best in serving the homeless.

I give thanks to the Lord for my blessed healing ministry, which I have never stopped ever since I was ordained in 1972—three years in

전도사님과 수정 증보로 수고한 미국에서 태어나 영어를 전공한 내 딸 김유니스와 송민국 변호사에게 감사 드립니다. 친구 박종구 목사님과 이 책을 발행하는데 온갖 수고를 다한 드림북출판사 대표 민상기 사장님과 직원들에게 감사 드립니다.

끝으로, 오늘도 목회 최 일선에서 최선을 다하여 목회하시는 교역자들과 섬기는 교회와 한국과 미국의 모든 성도들에게 주님의 영원하신 축복이 임하시기를 기원합니다.

주후 2018년 12월 3일
미국 산호세 순복음 교회 당회장 김충남 목사 드림

Korea right after my ordination and forty two years in the United States. Jesus never failed in providing me with a Word of healing whenever I pray for the sick out of compassion. Reflecting on those years of my ministry, I make an oath to myself not to cease to pray and to deliver the Word of Healing for the sick.

This book is a collection of the sermons, which I had delivered at the FGSJ Church and at revivals. My wish is that this Korean-English sermon book will be read by both pastors and lay people in Korea and in the United States. I am thankful to Reverend Yong-gi Cho and Reverend Young-hoon Lee who encouraged me to write and took time to write recommendations for the book. I also express my thanks to Kyung-a Park, who did a wonderful job in translating my Korean sermons into English, and to Eunice Kim Song, my daughter, and Min-kuk Song, J.D., my son-in-law. I also give thanks to Reverend Jong-gu Park and President Sang-ki Min of the Dream Book Publishing Co. for their effort in publishing the second edition of my Korean-English sermon book.

May the eternal blessing of the Lord be with all the ministers, with the churches that they serve, and with all the saints of the church in Korea and in the United States!

Dec. 3, 2018
Full Gospel Assemblies of God San Jose Church
Reverend Choong-nam Kim

1
성령님의 인도하심으로 최선을 다하여 기도하자

사도행전 2장 1-4절 "[1] 오순절 날이 이미 이르매 그들이 다같이 한 곳에 모였더니 [2] 홀연히 하늘로부터 급하고 강한 바람 같은 소리가 있어 그들이 앉은 온 집에 가득하며 [3] 마치 불의 혀처럼 갈라지는 것들이 그들에게 보여 각 사람 위에 하나씩 임하여 있더니 [4] 그들이 다 성령의 충만함을 받고 성령이 말하게 하심을 따라 다른 언어들로 말하기를 시작하니라"

로마서 8장 26-27절 " [26] 이와 같이 성령도 우리의 연약함을 도우시나니 우리는 마땅히 기도할 바를 알지 못하나 오직 성령이 말할 수 없는 탄식으로 우리를 위하여 친히 간구하시느니라 [27] 마음을 살피시는 이가 성령의 생각을 아시나니 이는 성령이 하나님의 뜻대로 성도를 위하여 간구하심이니라"

우리는 성령님의 인도하심으로 최선을 다해 기도하여 기어코 응답을 받아야 합니다. 성령님이 인도하시면 기도응답을 받을 수가 있습니다. 본문 말씀 로마서 8장 26절 "이와 같이 성령도 우리의 연약함을 도우시나니 우리는 마땅히 기도할 바를 알지 못하나 오직 성령이 말할 수 없는 탄식으로 우

1
Let us try our best in praying empowered by the Holy Spirit

Acts 2:1-4 [1] When the day of Pentecost came, they were all together in one place. [2] Suddenly a sound like the blowing of a violent wind came from heaven and filled the whole house where they were sitting. [3] They saw what seemed to be tongues of fire that separated and came to rest on each of them. [4] All of them were filled with the Holy Spirit and began to speak in other tongues as the Spirit enabled them.

Romans 8:24-27 [24] For in this hope we were saved. But hope that is seen is no hope at all. Who hopes for what he already has? [25] But if we hope for what we do not yet have, we wait for it patiently. [26] In the same way, the Spirit helps us in our weakness. We do not know what we ought to pray for, but the Spirit himself intercedes for us with groans that words cannot express. [27] And he who searches our hearts knows the mind of the Spirit, because the Spirit intercedes for the saints in accordance with God's will.

We should try our best in praying until our prayers are answered. And when we pray, let us keep positive mind and attitude believing that the Holy Spirit intercedes for us.

Romans 8:26 In the same way, the Spirit helps us in our weakness. We do not know what we ought to pray for, but the Spirit himself intercedes for us with groans that words cannot

리를 위하여 친히 간구하시느니라"고 했습니다. 성령님은 우리에게 이렇게 긍정적으로 기도하시기를 원하십니다.

그리고 한 영혼이라도 더 전도하도록 탄식하시고, 선교하도록 간구하고 계십니다. 마가복음 16장 15절 "너희는 온 천하에 다니며 만민에게 복음을 전파하라"고 했습니다. 마태복음 28장 19절 "너희는 가서 모든 민족을 제자로 삼아 아버지와 아들과 성령의 이름으로 세례를 베풀고"라고 했습니다. 그러나 오직 성령이 임하실 때 복음을 전해야 합니다. 사도행전 1장 8절 "오직 성령이 너희에게 임하시면 너희가 권능을 받고 예루살렘과 온 유대와 사마리아와 땅 끝까지 이르러 내 증인이 되리라 하시니라"고 했습니다.

우리 성도들과 쉘터에서 봉사하는 목사님 일행들과 미국 형제 자매들이 간절히 기도해서 성령님이 함께 하셨기 때문에 저는 한국과 몽골와 일본의 부흥성회에서 최선을 다하여 말씀을 증거할 수가 있었습니다. 그리고 여의도순복음교회 장로님들과 자원봉사자들이 협력하여, 한국의 용산역과 서울역과 탑골 공원에 있는 2천여 명의 노숙자들과 탈북인들에게도 식사를 대접하였습니다. 생필품과 전도지와 교통비를 주었습니다.

성령님의 인도하심으로 그들에게 말씀을 증거했습니다. 성령님이 임하시면 때를 얻든지 못 얻든지 말씀을 증거할 수가 있습니다.

그리고 성령님의 인도하심으로 이번에도 세계에서 가장 큰, 70만 성도들이 모이는 여의도순복음교회교회 대성전에서 목회 40여년동안 18번째 설교를 했습니다. 말씀을 증거하면서 성령충만을 주신 하나님께 감사했습니다. 말씀을 전할 때 보면 아무리 작은 교회일지라도 성령충만한 교회가 있고, 큰 교회일지라도 성령충만하지 못한 교회들도 있습니다. 강대상에 서서

express.

The Holy Spirit intercedes for us with groans so that we could preach the Gospel. Mark 16:15 and Matthew 28:19 write:

Mark 16:15 He said to them, "Go into all the world and preach the good news to all creation.

Matthew 28:19 Therefore go and make disciples of all nations, baptizing them in the name of the Father and of the Son and of the Holy Spirit,

However, it is only when the Holy Spirit comes on us that we will become witnesses of Jesus.

Acts 1:8 But you will receive power when the Holy Spirit comes on you; and you will be my witnesses in Jerusalem, and in all Judea and Samaria, and to the ends of the earth."

It was the fruit of the intercessory prayers of the congregations of the FGSJ Church, the pastors who volunteer at shelters, and American brothers and sisters who worship at the FGSJ Church that I could do my best, empowered by the Holy Spirit at the revivals in Korea, Mongolia, and Japan. And the Holy Spirit enabled us to serve the homeless and North Korean defectors in Korea. I, together with a few elders and volunteers from the Yoido Full Gospel Church served about two thousand homeless and North Korean defectors at Seoul Station, Yongsan Station, and Pagoda Park. We provided them with meals, daily necessities, and transportation expenses along with evangelical tracks for them to read.

Then I delivered the word of God to the homeless, inspired by the Holy Spirit. In this way, when the Holy Spirit comes on us, we will be able to preach the Gospel in season and out of season.

I delivered the word of God at the main chapel of Yoido Full Gospel Church this year which was the 18th sermon at the church for the past 40 years of my ministry. I was overwhelmed by the power of the Holy Spirit while preaching at the church. The Yoido Full Gospel Church with its over 700,000 congregations was, like one of the greatest churches of the world, filled with the presence of the Holy Spirit as Acts 2, today's scripture reading, describes. You tend to feel how intense the presence of the Holy Spirit is when

설교를 할 때 느껴집니다. 과연 여의도순복음교회는 세계에서 가장 큰 교회답게 오늘 본문 사도행전 2장 말씀대로 성령충만이 임하였고, 말씀을 전하는 저도 큰 은혜를 받았습니다.

오늘 이 시간에 성령님을 시인하고, 마음 문을 열고 성령님을 모셔드려야 합니다. 성령님을 근심케 하지 말아야 합니다. 오늘 본문 로마서 8장 말씀대로 성령님이 말할 수 없는 탄식으로 우리를 위하여 기도하심을 믿고, 인도하심을 받아야 합니다. 여의도순복음교회 대성전에서 설교할 때 임하신 성령님의 역사하심과, 한국과 일본과 몽골에서의 부흥성회에서 임하신 성령님의 능력이 지금 우리 교회에도 임하시기를 예수님의 이름으로 축원합니다.

여러분! 우리는 특별히 선교를 할 때 성령님의 인도하심을 받기 위해 기도해야 합니다. 주님께서 주신 꿈과 희망을 가지고 항상 긍정적인 사명으로 나가야 합니다. 절대 긍정, 절대 감사로 성령충만 받으시기를 바랍니다. 오순절 마가요한의 다락방에 임하신 성령충만이 이 시간에 임하시기를 축원합니다. 오늘 본문말씀 사도행전 2장 1-4절 "[1] 오순절 날이 이미 이르매 그들이 다같이 한 곳에 모였더니 [2] 홀연히 하늘로부터 급하고 강한 바람 같은 소리가 있어 그들이 앉은 온 집에 가득하며 [3] 마치 불의 혀처럼 갈라지는 것들이 그들에게 보여 각 사람 위에 하나씩 임하여 있더니 [4] 그들이 다 성령의 충만함을 받고 성령이 말하게 하심을 따라 다른 언어들로 말하기를 시작하니라"고 했습니다.

기도해야 성령충만을 받습니다. 이와 같이 마가요한의 다락방에 120명이 모여서 10일 주야로 기도하여 성령충만을 받았습니다. 사도행전 1장 14절

you preach at the altar of a church. My experience tells me that the intensity of the presence of the Holy Spirit of a church does not depend on the size of its congregation—there is the church with small congregation, in which I feel strong presence of the Holy Spirit, yet those with larger congregation, little presence of the Spirit.

I urge you to admit the presence of the Holy Spirit at this hour, opening your heart and mind to receive the Holy Spirit. Our failure to pay attention to the Holy Spirit will be the cause of lament of the Holy Spirit within us. Thus let us follow the guidance of the Holy Spirit, knowing that the Holy Spirit laments and prays for us in our weaknesses as Romans 8 writes. May God bless this church right at this moment to be filled with the power of the Holy Spirit, which was present when I was preaching at Yoido Full Gospel Church and at the revivals in Korea, Japan, and Mongolia.

Beloved! It is especially important for us to pray for the guidance of the Holy Spirit when we engage in mission. When the Holy Spirit, the spirit of Jesus our Lord, empowers us with dream and hope, we will be able to move forward with absolute faith and thanksgiving.

I pray that you may be filled with the Holy Spirit as those who prayed at the upper room of Mark were.

Acts 2:1-4 [1] When the day of Pentecost came, they were all together in one place. [2] Suddenly a sound like the blowing of a violent wind came from heaven and filled the whole house where they were sitting. [3] They saw what seemed to be tongues of fire that separated and came to rest on each of them. [4] All of them were filled with the Holy Spirit and began to speak in other tongues as the Spirit enabled them.

Prayer is the way to be filled with the Holy Spirit. The 120 disciples of Jesus prayed at the upper room of Mark for ten days and ten nights before receiving the Holy Spirit.

Acts 1:14b They all joined together constantly in prayer.

And **Acts 4:30-31** write: **[30] Stretch out your hand to heal and**

하반절 "마음을 같이하여 오로지 기도에 힘쓰더라"고 했습니다.

사도행전 4장 30-31절 "[30] 손을 내밀어 병을 낫게 하시옵고 표적과 기사가 거룩한 종 예수의 이름으로 이루어지게 하옵소서 하더라 [31] 빌기를 다하매 모인 곳이 진동하더니 무리가 다 성령이 충만하여 담대히 하나님의 말씀을 전하니라"고 했습니다.

성령충만을 받은 성도들은 성령님의 인도하심으로 온 천하에 다니며 복음을 전파합니다. 마가복음16장 15절 "너희는 온 천하에 다니며 만민에게 복음을 전파하라"고 했습니다. 우리 예수님은 복음을 전파하는 우리에게 하늘과 땅의 모든 권세를 주시고, 세상 끝날까지 항상 함께 하신다고 약속 하셨습니다. 마태복음 28장 20절 "내가 너희에게 분부한 모든 것을 가르쳐 지키게 하라 볼지어다 내가 세상 끝날까지 너희와 항상 함께 있으리라 하시니라"고 했습니다.

사랑하는 성도 여러분! 오늘 이 시간에 여의도순복음교회 대성전과, 몽골와 일본과 한국에서의 부흥성회 때 임하신 성령님이 우리와 함께 하셔서 병은 낫고 문제는 해결되고, 영혼구원의 기적이 일어나시기를 축원합니다.

예화)

이번에 저는 우리 성도들의 금식기도와 쉘터에서 봉사하는 목사님들의 기도의 능력으로 몽골와 일본과 한국에서 부흥성회를 인도할 때 성령님이 임하심으로 큰 성과를 거두었습니다. 더구나 한국에서 여의도순복음교회(조용기 목사님, 이영훈 목사님, 장로님들)의 배려로 탈북 형제 자매들에게도 많은 도움을 줄 수 있어서 하나님께 감사하며 영광을 돌립니다. 그리고 경

perform miraculous signs and wonders through the name of your holy servant Jesus." [31] After they prayed, the place where they were meeting was shaken. And they were all filled with the Holy Spirit and spoke the word of God boldly.

When the saints are filled with the Holy Spirit, they will start spreading the Gospel around the world.

Mark 16:15 says **"Go into all the world and preach the good news to all creation." Jesus Christ our Lord gave to those who preach the Gospel the authority from heaven and earth and promised his eternal presence with them.**

Matthew 28:20 writes **"and teaching them to obey everything I have commanded you. And surely I am with you always, to the very end of the age."**

Beloved! I pray that the Holy Spirit which came to the main chapel of Yoido Full Gospel Church, to revivals at Mongolia, Japan, and Korea also come to you at this hour so that you may be healed, overcome trials, and engage in mission to save souls.

Example)

I give glory to God for the presence of the Holy Spirit while I was preaching at the revivals in Korea, Mongolia, and Japan. I owe the congregation of the FGSJ Church who supported me through fasting prayers and the pastors, who volunteer at shelters, for the successful result of those revivals. I express special thanks to Revs. Cho Yong-gi, Lee Young-hoon and elders of the Yoido Full Gospel Church. They were considerate enough to support me by providing North Korean defectors in Korea with daily necessities and meals. I also give thanks for the presence of the Holy Spirit at the three days' revival at Pocheon Full Gospel Church (Rev. Ahn Seong-jin) in Kyunggi province, Korea.

Having finished revivals in Korea I flew to Mongolia the

기도 포천교회(안성진 담임목사님)에서 3일간 부흥성회를 성령님의 인도하심으로 무사히 마쳤습니다.

그 다음날 우리가 개척한 몽골 울란바토르 교회와 산지족 교회와의 연합 부흥성회를 인도하기 위해 몽골로 갔습니다. 몽골까지 비행기로 보통 2시간이 걸리는데, 북핵 문제로 북한상공을 통과하지 못하고 중국상공으로 우회하여 가기 때문에 4시간이나 걸렸습니다. 이런 과정에서 비행기가 연착되었으나, 도착 즉시 부흥성회 장소로 갔습니다.

대형 게르를 지어서 울란바토르 교회(최헌재 선교사님)와 산지족 교회(이진성 선교사님)의 수백 명의 성도들이 사모하는 마음으로 찬송을 부르고 기도하며 무더위 속에서 기다리고 있었습니다. 얼마나 무덥든지 함께 간 김영진 집사님은 제 건강을 위해 많이 도와 주었습니다.

저는 성령님의 인도하심으로 도착하여 기도를 한 후, 강단에 서서 사도행전 2장 1-4절과 열왕기상 18장 41-43절을 읽고, 성령님의 인도하심으로 가물어 메마른 땅에 비를 달라고 기도하며 설교를 시작했습니다. 이번에도 기적이 일어났습니다.

야고보서 5장 18절 말씀대로, 하나님의 크신 도우심으로 설교하는 동안에 바람이 불면서 구름이 몰려왔고 기온이 내려가며 비가 오기 시작했습니다. 그 비는 가끔 사막에 내리는 소나기라고 합니다.

열왕기상 18장 45절 상반절 "조금 후에 구름과 바람이 일어나서 하늘이 캄캄해지며 큰 비가 내리는지라"고 했습니다.

비를 주신 하나님은 설교 후 통성기도 시간에 많은 사람들의 병도 고쳐주셨습니다. 설교하는 동안 두 주전에 다친 제 얼굴의 상처가 매우 쓰리

following day for a joint revival of Ulaanbaatar Church—which the FGSJ Church had planted—and a church for mountain tribes. It took four hours' (normally, two hours) flight to get there as the flight had to take a roundabout airspace over China—owing to nuclear threat from North Korea. As my arrival had been delayed, I went directly to the place where the joint revival was to be held.

Upon arriving, I found out that in the ger, which was built for the revival, several hundreds of people from Ulaanbaatar Church (missionary Choi Heon-jae) and a church for mountain tribes (missionary Lee Jin-seong) have been waiting for my arrival, singing hymns and praying in that scorching heat of Mongolia. The heat was so severe that I had to receive a special care of Deacon Lee Jin-seong, who accompanied me in the trip. I, having prayed for rain in that dry land of Mongolia, spoke at the revival based on Acts 2:1-4 and 1 Kings 18:41-43.

Acts 2:1-4 [1] When the day of Pentecost came, they were all together in one place. [2] Suddenly a sound like the blowing of a violent wind came from heaven and filled the whole house where they were sitting. [3] They saw what seemed to be tongues of fire that separated and came to rest on each of them. [4] All of them were filled with the Holy Spirit and began to speak in other tongues as the Spirit enabled them.

1 Kings 18:41-43 [41] And Elijah said to Ahab, "Go, eat and drink, for there is the sound of a heavy rain." [42] So Ahab went off to eat and drink, but Elijah climbed to the top of Carmel, bent down to the ground and put his face between his knees. [43] "Go and look toward the sea," he told his servant. And he went up and looked. "There is nothing there," he said. Seven times Elijah said, "Go back."

And we did not miss miracle this time, too: it rained as **James 5:18** writes **"Again he prayed, and the heavens gave rain, and the earth produced its crops."** While I was preaching, wind started blowing to bring clouds, and the temperature cooled down before it rained. I was told that the rain at that time was the occasional

고 아팠는데, 통증이 없어졌습니다. 하나님께 감사하며, 마가복음 16장 17-18절과 사도행전 4장 30절 말씀대로 예수님의 능력으로 모인 성도들의 병을 치료한다는 확신이 왔습니다.

울란바토르 교회 최헌재 선교사님은 천식으로 가끔 숨쉬기가 힘들었는데 온몸이 뜨거워지며 나았다고 했습니다. 산지족 교회 이진성 선교사님의 사모님은 풍토 때문에 생긴 관절염이 나았다고 했습니다.

아네나다 집사님은 고혈압과 빈혈이 나았다고 했습니다. 파트산 집사님는 오랫동안 심장박동기를 부착하고 있는데 많이 좋아졌다고 했습니다. 콘타근 청년은 말에서 떨어져 다친 척추의 통증이 멈췄다고 했습니다.

허드리 자매는 산후 통증으로 온몸이 부었는데 많이 나았다고 했습니다. 보더키 청년은 알코올 중독으로 몸이 떨리는 증상이 멈췄다고 했습니다. 톰리시 할아버지(86세)는 치매증이 많이 나았다고 했습니다. 부인 카스트로시 할머니(82세)는 움직이지 못했던 다리가 힘을 얻어 휠체어에서 일어났습니다. 주재원인 김영근 씨는 신경쇠약증세로 입원했었는데 많이 나았다고 했습니다. 라마교도 허기시트 청년은 악신이 들어갔는데 안수기도할 때 악신이 떠나고 제 정신이 들었다고 했습니다. 라마교도 코테르 니산 자매는 악신에 붙들렸는데 선교사님들과 함께 기도할 때 정상으로 돌아왔습니다.

이외에도 60여명이 주님의 능력으로 많이 나았다고 했습니다. 이번 몽골 부흥성회에서도 첫날부터 비를 주신 주님의 능력으로 많은 병을 고침 받았습니다.

시간상 일본 부흥성회와 한국 노숙자들을 위한 나눔행사는 다음 시간에 보고 하겠습니다.

shower of desert. **1 Kings 18:45a** writes **"Meanwhile, the sky grew black with clouds, the wind rose, a heavy rain came on."**

It was not only rain, but healing that were given as gift from God at the revival. The pain in my face from an injury, which I had two weeks before was gone while I was preaching. From this I was affirmed that God will heal those who desire healing at the revival.

Mark 16:17-18 "And these signs will accompany those who believe: In my name they will drive out demons; they will speak in new tongues; they will pick up snakes with their hands; and when they drink deadly poison, it will not hurt them at all; they will place their hands on sick people, and they will get well" and **Acts 4:30 "Stretch out your hand to heal and perform miraculous signs and wonders through the name of your holy servant Jesus."**

Choi Heon-jae, a missionary to the Ulaanbaatar Church said that he was healed from asthma as soon as he felt heat all over his body while receiving healing prayer. The wife of Lee Jin-seong, a missionary to the church for mountain tribes were healed from an endemic arthritis. Deacon Anenada was healed from high blood pressure and anemia. Deacon Patsan, who had been wearing a cardiac pacemaker for a long time, felt easier to breathe. Kontageun said that pain stopped in his disc from which he had been suffering ever since he fell from a horse-riding.

Hudrey, who had been with swelling body, caused from postpartum pain, her swelling began to subside. Borducky, an alcoholic, stopped shaking his body. The symptom of dementia of Tomrishi, 86 years old, improved and his wife Castroshi, 82 years old, was able to stand up from her wheelchair. The mental state of Kim Young-geun, a foreign correspondent, who had been detained in a mental hospital, has improved. Hergisit, a Lamaist, released from demon possession when I prayed placing hands on him. Evil spirit left out of Koter Nisan, another Lamaist, while missionaries were praying for him.

Besides those mentioned above, about sixty people said that they

이번에 몽골와 한국과 일본의 부흥성회에서 예수님의 능력으로 병이 나은 것처럼, 오늘 이 시간에 우리 성도들과 미국 형제 자매들도 로마서 10장 10절 "사람이 마음으로 믿어 의에 이르고 입으로 시인하여 구원에 이르느니라"는 말씀대로 입으로 시인하여 예수님의 능력으로 다 나을 줄로 믿습니다. 퇴원해서 투석을 하며 회복 중인 미정 자매, 위 수술을 받은 후 가족들의 부축을 받아 나와서 많이 회복된 쉘라, 산호세 미국장로교회 교인인데 위암수술을 받은 후 회복중인 정혜경 자매, 간질병으로 고생하는 산토스, 당뇨병으로 치료받으면서, 수요예배에 나와서 많이 나은 랄프, 눈 주위를 수술 받은 율리오, 모두 예수님의 능력으로 나을 줄로 믿습니다.

우리 성도들은 성령님의 인도하심으로 치료를 받고 더욱 강건하시기를 예수님의 이름으로 축원합니다.

1. 성령충만을 받으면 치료를 받고 기적이 일어납니다.

오늘 본문 사도행전 2장에 오순절 마가요한 다락방에서 120명이 성령충만을 받아 변화가 되고 기적이 일어났습니다. 회개하고 구원의 역사가 일어났습니다.

사도행전 3장 19절 "그러므로 너희가 회개하고 돌이켜 너희 죄 없이 함을 받으라 이같이 하면 새롭게 되는 날이 주 앞으로부터 이를 것이요"라고 했습니다. 야고보서 5장 16절 "그러므로 너희 죄를 서로 고백하며 병이 낫기를 위하여 서로 기도하라 의인의 간구는 역사하는 힘이 큼이니라"고 했습니다. 사도행전 1장 5절 "요한은 물로 세례를 베풀었으나 너희는 몇 날이 못 되어 성령으로 세례를 받으리라 하셨느니라"고 했습니다.

received healing in the power of the Holy Spirit at the revival. Jesus our Lord who gave rain from the first day of the revival in Mongolia also healed many. I will save the mission reports of Japan and Korea for another time as time runs out reserved for me today.

As the people at the revival in Mogolia, Korea, and Japan were healed, I also pray for the healing of the congregations of the FGSJ Church and American brothers and sisters who worship at the church. They will be healed when they confess their healing through their own mouths as **Romans 10:10** writes **"For it is with your heart that you believe and are justified, and it is with your mouth that you confess and are saved."**

Special prayers for healing goes to:
Mijeong, who has been receiving dialysis, having been discharged from a hospital; Shilla, who came to the church accompanied by his family, having been recuperating from a stomach surgery; Jeong Hye-kyung, a member of San Jose Presbyterian church, who has been recuperating from a surgery of stomach cancer; Santos with epilepsy; Ralph, whose symptom of diabetes have progressed, having attended Wednesday worship services at the FGSJ Church; Yulio, who received a surgery around his eyes.

May God bless the saints of the church to receive healing and to restore strength in their spirit through the power of the Holy Spirit!

Subject 1. Healing and miracle accompany those who are filled with the Holy Spirit.

Acts 2, today's scripture reading, describes that the 120 disciples of Jesus at the upper room of Mark experienced miracle of transformation and healing when they were filled with the Holy Spirit. Repentance should come before receiving salvation.

그러므로 성령충만 받기 위해서는 최선을 다하여 회개하고 사모하고 구하고 노력해야 합니다. 예수님은 공생애를 시작하면서 회개를 선포하셨습니다. 마태복음 4장 17절 "이 때부터 예수께서 비로소 전파하여 이르시되 회개하라 천국이 가까이 왔느니라"고 했습니다. 그리고 치료를 하셨습니다. 마태복음 4장 23절 "예수께서 온 갈릴리에 두루 다니사 그들의 회당에서 가르치시며 천국 복음을 전파하시며 백성 중의 모든 병과 모든 약한 것을 고치시니"라고 했습니다. 열두 제자들에게도 치료하라고 했습니다. 칠십 인 제자들에게도 말씀으로 치료하라고 했습니다 (눅 10:17-20). 마가복음 16장 17-18절 "17 믿는 자들에게는 이런 표적이 따르리니 곧 그들이 내 이름으로 귀신을 쫓아내며 새 방언을 말하며 18 뱀을 집어올리며 무슨 독을 마실지라도 해를 받지 아니하며 병든 사람에게 손을 얹은즉 나으리라"고 했습니다. 우리 모두에게 치료하라고 했습니다. 예레미야 30장 17절 하반절 "내가 너의 상처로부터 새 살이 돋아나게 하여 너를 고쳐 주리라"고 했습니다. 출애굽기 15장 26절 하반절 "나는 너희를 치료하는 여호와임이라"고 했습니다. 이와 같이 교회는 말씀으로 치료 해주어야 합니다. 교회는 하나님의 교회요, 성령님이 운행하시는 교회요, 주님의 몸 된 교회이기 때문입니다. 그래서 위로하고 치료해주고 감싸주어야 합니다. 교회는 성령님의 인도하심으로 항상 사랑을 베풀고 치료해 주어야 합니다.

요한복음 14장에 보면, 보혜사 성령님의 능력으로 사랑의 역사가 일어납니다. 성령님이 인도하심으로 치료해주고 위로해주고 감싸주고 사랑으로 모여 금식기도 해주었기 때문에, 치료와 기적의 역사가 일어났습니다 (요

Acts 3:19 Repent, then, and turn to God, so that your sins may be wiped out, that times of refreshing may come from the Lord,

James 5:16 Therefore confess your sins to each other and pray for each other so that you may be healed. The prayer of a righteous man is powerful and effective.

Acts 1:5 For John baptized with water, but in a few days you will be baptized with the Holy Spirit."

Therefore, repentance, aspiration, and continuous prayers are indispensable for us to receive and to be filled with the Holy Spirit. Jesus declared repentance in the beginning of his ministry. **Matthew 4:17 "From that time on Jesus began to preach, "Repent, for the kingdom of heaven is near.""** And then Jesus started healing. **Matthew 4:23 "Jesus went throughout Galilee, teaching in their synagogues, preaching the good news of the kingdom, and healing every disease and sickness among the people.**

Jesus told to his twelve disciples and his seventy disciples to heal by the word of God (Luke 10: 17-20).

Mark 16:17-18 [17] And these signs will accompany those who believe: In my name they will drive out demons; they will speak in new tongues; [18] they will pick up snakes with their hands; and when they drink deadly poison, it will not hurt them at all; they will place their hands on sick people, and they will get well."

Jeremiah 30:17a But I will restore you to health and heal your wounds,' declares the LORD,

Exodus 15:26b for I am the LORD, who heals you."

In this way, the saints of the church should heal through declaring the word of God (Word of healing) through their mouths. A church—the body of Jesus, where the Holy Spirit dwells—which

14:15-18).

사랑하는 성도 여러분! 오늘 성령충만, 재충만 받아서 예수님의 이름으로 승리하여 위로하는 교회, 귀신을 쫓아내고 병을 고쳐주는 교회, 감싸주는 교회, 사랑이 넘치는 교회로 주님의 영원한 축복 받으시기를 예수님의 이름으로 축원합니다.

2. 성령충만 받으면 감사하게 되고, 최선을 다하여 중보기도와 개인기도를 하게 됩니다.

부흥회를 많이 해야 부흥되는 것이 아닙니다. 프로그램을 많이 해야 부흥되는 것도 아닙니다. 기도를 해야 부흥됩니다. 여러분! 기도하면 교회가 부흥되고 기적이 일어납니다. 국가와 민족을 위하여 기도하고, 중보기도를 해야 합니다. 기도하면 국난도 막을 수가 있고 재난도 막고 전쟁도 막습니다. 우리가 금요 철야예배 때 기도한대로 김정은 정권이 수시로 발사하는 미사일과 핵실험도 멈출 줄로 믿습니다. 우리가 기도하면 트럼프 미국 대통령이 하나님의 인도하심을 받아 미국과 세계와 인류를 위한 좋은 지도자가 될 줄로 믿습니다. 기도해야 우리는 살 수가 있습니다. 기도해야 악한 귀신과 마귀도 물러갈 줄로 믿습니다.

기도하는 나라와 백성들은 하나님의 보호를 받습니다. 기도하면 기적이 일어납니다. 기도하면 성령님의 인도하심으로 마음의 평안을 얻고 성령님이 역사하십니다. 사도행전 1장 13-14절 "[13] 들어가 그들이 유하는 다락방으로 올라가니 베드로, 요한, 야고보, 안드레와 빌립, 도마와 바돌로매, 마태와 및 알패오의 아들 야고보, 셀롯인 시몬, 야고보의 아들 유다가 다 거기

belongs to God, is a place of healing and of consolation. And the Holy Spirit is the source of our love and of healing in a church.

John 14 shows that the power of the Holy Spirit enables the saints to love, heal, console, and empower them to fast and pray for healing and miracle.

John 14:15-18 [15] "If you love me, you will obey what I command. [16] And I will ask the Father, and he will give you another Counselor to be with you forever- [17] the Spirit of truth. The world cannot accept him, because it neither sees him nor knows him. But you know him, for he lives with you and will be in you. [18] I will not leave you as orphans; I will come to you.

Beloved! Let us receive and be filled with the Holy Spirit today so that the church we serve should be a place of eternal blessing through giving comfort, driving out demons, healing, and loving acceptance to lost souls.

Subject 2. The Holy Spirit is the source of thanksgiving and powerful engine of prayer both for others and for yourself.

Growth of a church depends neither on revivals nor on novel programs of the church but on prayer, which is the source of church growth and of miracle. Prayer is indispensable to protect our country from national and natural disasters. The prayer of the saints of the FGSJ Church, as we have been praying every Friday prayer meeting, will stop frequent missile and nuclear testings of the regime of Kim Jong-eun. We can also pray for President Trump so that he may become a better leader for America and for the world. The prayer of the saints drives out demons and leads us to life.

God protects and prepares miracle for those countries, whose people pray. Prayer invokes the Holy Spirit to lead us into peace in our hearts. When people at the upper room of Mark prayed in unison, the Holy Spirit came on them. With the disciples of Jesus

있어 [14] 여자들과 예수의 어머니 마리아와 예수의 아우들과 더불어 마음을 같이하여 오로지 기도에 힘쓰더라"고 했습니다. 이 말씀을 보면 마가요한의 다락방에 모여 한 마음 한 뜻으로 전혀 기도에 힘쓸 때 성령님이 임했습니다.

그리고 예루살렘 교회가 더 부흥했습니다. 날마다 모였다고 했습니다. 사도행전 2장 46절 "날마다 마음을 같이하여 성전에 모이기를 힘쓰고 집에서 떡을 떼며 기쁨과 순전한 마음으로 음식을 먹고"라고 했습니다. 성령님의 인도하심으로 모인 곳이 진동하도록 기도하는 성령님의 역사가 일어났습니다. 사도행전 4장 31절 "빌기를 다하매 모인 곳이 진동하더니 무리가 다 성령이 충만하여 담대히 하나님의 말씀을 전하니라"고 했습니다.

오직 기도의 힘입니다.

말씀의 끝으로 성경말씀 한 구절만 읽어드리겠습니다, 사도행전 1장 14절 하반절 "마음을 같이하여 오로지 기도에 힘쓰더라"고 했습니다. 우리는 적극적이고 긍정적으로 기도해야 합니다.

사랑하는 성도 여러분! 오늘도 성령충만하여 더 중보기도 하시고, 더 개인기도 하시고, 선교와 봉사를 위하여 더 기도 하시고, 개인과 가정과 사업과 직장에 주님의 영원한 축복이 임하시기를 예수님의 이름으로 축원합니다

who were filled with the Holy Spirit Jerusalem church started to grow.

Acts 1:13-14 [13] When they arrived, they went upstairs to the room where they were staying. Those present were Peter, John, James and Andrew; Philip and Thomas, Bartholomew and Matthew; James son of Alphaeus and Simon the Zealot, and Judas son of James. [14] They all joined together constantly in prayer, along with the women and Mary the mother of Jesus, and with his brothers.

When they gathered every day to pray, the place they were praying was shaken by the power of the Holy Spirit.

Acts 2:46 Every day they continued to meet together in the temple courts. They broke bread in their homes and ate together with glad and sincere hearts,

Acts 4:31 After they prayed, the place where they were meeting was shaken. And they were all filled with the Holy Spirit and spoke the word of God boldly.

I chose the following word of God as today's conclusion:

Acts 1:14 They all joined together constantly in prayer,

Beloved! I pray that you may be filled with the Holy Spirit to pray more for others, for yourself, and for mission fields, and receive eternal blessings in every field of your life!

2
주님의 사랑으로 축복을 받자

히브리서 6장 14-15절 "[14] 이르시되 내가 반드시 너에게 복 주고 복 주며 너를 번성하게 하고 번성하게 하리라 하셨더니 [15] 그가 이같이 오래 참아 약속을 받았느니라"

시편 1편 1-3절 "[1] 복 있는 사람은 악인들의 꾀를 따르지 아니하며 죄인들의 길에 서지 아니하며 오만한 자들의 자리에 앉지 아니하고 [2] 오직 여호와의 율법을 즐거워하여 그의 율법을 주야로 묵상하는도다 [3] 그는 시냇가에 심은 나무가 철을 따라 열매를 맺으며 그 잎사귀가 마르지 아니함 같으니 그가 하는 모든 일이 다 형통하리로다"

수려한 팔레스타인의 광야, 갈릴리 바다 연변에는 많은 꽃들이 피어 있었습니다. 황금물결이 춤을 추는 벳세다 광야에 한 거룩한 분이 지나가고 계셨습니다. 그런데 그 분은 무한대의 영원과 사랑을 지닌 인자스럽고 성스럽고 그러면서도 서민적이고, 보면 볼수록 그리워지고 사랑스러워지는 분이었습니다. 그 분은 병든 사람들을 고쳐 주었습니다. 어떠한 불치병도 다 고쳐 주었습니다. 죽은 사람도 살려 주었습니다. 그 분은 오병이어로 기적을 베풀어서 오천 명을 먹이고도 열두 광주리나 남게 하여 현실문제를 해결

2

Let us be blessed in the love of Jesus

Hebrews 6:14-15 [14] saying, "I will surely bless you and give you many descendants." [15] And so after waiting patiently, Abraham received what was promised.

Psalms 1:1-3 [1] Blessed is the man who does not walk in the counsel of the wicked or stand in the way of sinners or sit in the seat of mockers. [2] But his delight is in the law of the LORD, and on his law he meditates day and night. [3] He is like a tree planted by streams of water, which yields its fruit in season and whose leaf does not wither. Whatever he does prospers.

There bloom numerous flowers in the gorgeous wilderness of Palestine along the coastline of the Sea of Galilee. A holy man is walking along the wilderness of Bethesda, which glitters like the golden waves of the Sea of Galilee. He is the holy man with infinite love, yet looking ordinary and lovely. The more we see him, the more we miss him. He heals the sick, even those who suffer from incurable diseases. He gives life back to the dead.

Anyone who receives blessing from him would be free from bondage, poverty, and loneliness. He takes care of our daily necessities: he feeds starving 5,000 with five breads and two fish, leaving 12 baskets of their leftovers. He controls the nature, making storms still. He also drives out demons and evil spirits. He gives

하였습니다. 자연계를 통치하여 풍랑을 잠잠케 하였습니다. 귀신과 마귀를 명하여 좇아냈습니다. 그리고 어떠한 절망이나 역경에 처한 사람들에게도 살아갈 소망을 주는 분이었습니다.

그 분이 누구십니까? 우리 구주 예수 그리스도입니다. 생각하고 말해봐도, 불러보고 싶은 우리의 영원하신 구세주 예수님이십니다. 우리 주 예수님은 우리를 위하여 공생애 33년 마지막 때에는 우리의 죄를 대속하기 위하여 갈보리산 십자가 상에서 모든 것을 다 주셨습니다. 온 인류를 위하여 살을 주시고, 피를 주셨습니다. 자신을 못박는 로마 군병들에게까지 마지막 남은 피에 젖은 홍포마저 다 주었습니다.

여러분! 십자가 앞에서 마음을 졸이며 최후까지 모여있는 요한과 여 제자들에게는 무엇을 주셨습니까? 갈보리산 골고다 십자가에서 양 발과 양 손에 못박혀 심장과 대동맥이 파열될 때까지 끝까지 남아있는 요한과 여 제자들에게 이 세상에서 가장 고귀한 사랑을 주셨습니다. 그렇습니다. 바로 인류의 첫 계명이 되는 사랑을 주신 것입니다.

구약성경에 보면, 시내산에서 주신 계명은 모세를 통하여 율법의 십계명을 주셨습니다. 그러나 우리 예수님이 갈보리산에서 주신 첫 계명은 율법을 완성하고도 남는 영원한 사랑의 계명을 주셨습니다.

요한복음 13장 34절 "새 계명을 너희에게 주노니 서로 사랑하라 내가 너희를 사랑한 것 같이 너희도 서로 사랑하라"고 하셨습니다. 누가복음 10장 27절 "네 마음을 다하며 목숨을 다하며 힘을 다하며 뜻을 다하여 주 너의 하나님을 사랑하고 또한 네 이웃을 네 자신 같이 사랑하라"고 했습니다.

그래서 사랑이 세상 어느 것보다 가장 귀중한 것입니다. 그 때 십자가 앞

hope to the discouraged and those in the midst of trials.

Who is this man? He is Jesus Christ our Lord, our eternal savior, whom we love to call out any time, all the time. He gave everything to us, having been crucified on the cross after 33 years of life in the earth. He gave up his flesh and blood to redeem the whole humanity. He even gave his robe, stained with his blood to the Roman soldiers, who nailed him on the cross.

Beloved! Jesus gave love, the most precious thing in this world to John and female disciples, who stood by his side, watching him being nailed on the cross with his heart and arteries ruptured. Yes, he gave love, his first commandment to all humanity.

The Ten Commandments in the Old Testament of law are given to Moses in the Mount Sinai. However, the Commandment of Jesus in Calvary is that of love, which completes the whole Commandments of law to the end of the world.

John 13:34 "A new command I give you: Love one another. As I have loved you, so you must love one another.

Luke 10:27 He answered: "'Love the Lord your God with all your heart and with all your soul and with all your strength and with all your mind'; and, 'Love your neighbor as yourself.'"

Therefore, what is the most precious in the earth is love. The love of Jesus on the cross gave to his disciples he also gives to us, those who worship today. Jesus, who is the same yesterday and today and forever (Hebrews 13:8), gives to us eternal love, which is most sublime blessing.

Beloved! Through worship today I pray that you may be filled with blessing of the eternal love of Jesus.

1 Corinthians 13:13 And now these three remain: faith, hope and love. But the greatest of these is love.

에서 제자들에게 주신 그 사랑을 오늘 예배 드리는 우리에게 주셨습니다. 어제나 오늘이나 영원토록 동일하신 주님(히 13:8)은 그 귀하고 영원한 사랑을 우리에게 주신 것입니다. 이 사랑이 최고의 축복입니다.

사랑하는 성도 여러분! 오늘 예배를 통하여 가장 고귀한 주님의 사랑으로 한없는 축복받으시기를 예수님의 이름으로 축원합니다. 고린도전서 13장 13절 "그런즉 믿음, 소망, 사랑, 이 세 가지는 항상 있을 것인데 그 중의 제일은 사랑이라"고 했습니다. 우리는 무엇보다도 주님의 사랑으로 서로 사랑하고 축복받으시기를 예수님의 이름으로 축원합니다.

예화)

저는 우리 성도들과 목사님 일행들의 기도로 내일부터 13일 동안 한국, 일본, 몽골에 가서 부흥성회를 인도합니다. 한국에서는 먼저 노숙자들을 위하여 말씀을 증거하고 급식 봉사를 합니다. 그리고 박정일 목사님이 담당하는 탈북 노숙자교회에 가서 말씀을 증거합니다. 우리가 세운 용산 노숙자 선교회에 가서도 말씀을 증거하고, 북미총회의 교회들과 우리 교회에서 모은 선교헌금을 전달합니다. 이 선교헌금에 오병이어의 기적이 일어날 줄로 믿습니다.

우리는 주님께서 주신 꿈과 희망을 가지고 믿음으로 전진해 나갑니다. 마가복음 16장 15절 "또 이르시되 너희는 온 천하에 다니며 만민에게 복음을 전파하라"고 했습니다.

사도행전 1장 8절 "오직 성령이 너희에게 임하시면 너희가 권능을 받고 예루살렘과 온 유대와 사마리아와 땅 끝까지 이르러 내 증인이 되리라 하시니

Example)

I will be leaving after the Sunday worship service tomorrow to speak at revivals in Korea, Japan, China, and Mongolia for 13 days. In Korea I will deliver the word of God and serve meals for the homeless, and then will speak at a church for North Korean defectors for whom Rev. Park, Jeong-il serves. Afterwards, I will speak at Yongsan homeless shelter, which the FGSJ Church founded, and will deliver to them mission offering, collected from the churches of North America General Assembly and the FGSJ Church. I pray that the offering may create the miracle of five bread-two fish for them. We will move forward in faith and the dream and hope that are given from Jesus.

Mark 16:15 He said to them, "Go into all the world and preach the good news to all creation.

Acts 1:8 But you will receive power when the Holy Spirit comes on you; and you will be my witnesses in Jerusalem, and in all Judea and Samaria, and to the ends of the earth."

I have been praying at the Mount Hermon prayer center to be filled with the Holy Spirit before leaving tomorrow for revivals. About 20 North Korean pastors, missionary Ahn Seong-eun and Rev. Song Young-ja joined me in the prayer. We prayed that the revivals for which the North Korean pastors were invited as guest speakers will be filled with the power of the Holy Spirit. We also prayed for 32,000 North Korean defectors in Korea. Then we pledged to keep on praying for mission, holding on to dream and hope for the unification of Korea.

In the morning yesterday I once again prayed in thanksgiving for the revivals in Korea, Japan, Mongolia, and China at the Bethel Church. The pastors from my prayer group, the twenty North Korean pastors, and a few American pastors prayed with me at

라"고 했습니다.

저는 헬몬산 기도원에서 20명의 탈북한 교역자들과 안성은 선교사님과 송영자 목사님과 함께 계속해서 중보기도를 했습니다. 내일부터 가는 부흥성회에서 성령충만한 역사가 임하도록 기도 했습니다. 탈북 교역자들이 초청받은 교회에서 성령충만한 설교를 하도록 기도했습니다. 그리고 한국에 있는 3만 2천여 명의 탈북동포들을 위하여 기도했습니다. 우리 모두가 다가오는 통일의 꿈과 희망을 가지고 더 기도하며 선교하기로 했습니다.

어제도 오전에는 벧엘교회에서 우리 목사님 일행들과 20명의 탈북 교역자들과 미국 목사님들이 함께 기도하였습니다. 제가 부흥성회를 인도할 한국과 일본과 몽골와 중국을 위해서도 많이 기도하였습니다. 우리 모두가 하나님께 영광 돌리며 감사기도를 했습니다. 오후에는 2차로 우리 교회에 와서 모인 곳이 진동하도록 통성으로 기도하고 신유기도도 했습니다. 특히 안성진 목사님, 이영진 목사님, 정우석 목사님, 송영찬 목사님이 북한에서 모진 고문을 당하여 다리와 목과 등과 온 몸에 아직도 남아 있는 상처를 보며 우리 목사님 일행들은 서로를 위해 안수하고 통증이 없도록 기도했습니다. 장승자 집사님의 어머니를 위해 기도를 부탁하였습니다. 오금례 권사님을 위해 기도를 부탁했습니다. 중국인 쥬 목사님은 친척 짱쩌우 할아버지를 위해 기도를 부탁했습니다. 우리 목사님 일행들은 마가복음 16장 17-18절과 예레미야 30장 17절 하반절의 말씀대로 예수님의 능력으로 다 고쳐달라고 기도했습니다. 다 나을 줄로 믿습니다.

어제 벧엘교회와 우리 교회에서 예수님의 능력으로 나은 것처럼, 오늘 우리 성도들과 미국 형제 자매들도 로마서 10장 10절의 말씀대로 입으로 시

the church. In the afternoon after the prayer meeting at the Bethel Church some of us came to the FGSJ Church to pray out loud (until we felt as if the place where we were praying was shaken). We especially focused on healing prayer in that afternoon prayer meeting. Revs. Ahn Seong-jin, Lee Young-jin, Cheong Woo-seok, Song Young-chan who had been detained and tortured in North Korea, showed us scars still left all over in their bodies such as their legs, necks, and backs. We prayed placing hands on one another for healing and for their relieving from pain. I asked to pray for the mother of Jang Seung-ja, and for Oh keum-rae and for Rev. Jew for one of his elderly relative, Zang jeo-u. We prayed for healing for all of those mentioned above after reading Mark 16:17-18 and Jeremiah 30:17a.

Mark 16:17-18 [17] And these signs will accompany those who believe: In my name they will drive out demons; they will speak in new tongues; [18] they will pick up snakes with their hands; and when they drink deadly poison, it will not hurt them at all; they will place their hands on sick people, and they will get well."

Jeremiah 30:17a I will restore you to health and heal your wounds,' declares the LORD

As people at prayer meetings of the Bethel Church and of the FGSJ Church were healed yesterday, I also pray for the healing of the congregations of the FGSJ Church and American brothers and sisters, believing that they will be healed when they confess their healing through their mouths.

Romans 10:10 For it is with your heart that you believe and are justified, and it is with your mouth that you confess and are saved.

I especially pray for healing of the following people:

Louis, suffering from arthritis in his right arm who came to worship at a Wednesday worship service of the FGSJ Church; Pat

인하여 다 나을 줄로 믿습니다. 오른손이 관절염으로 아팠는데 수요예배에 나와서 함께 예배 드린 루이스, 복부비만으로 수술을 받은 사우스 산호세 쉘터에 사는 페트, 오른손의 뼈를 다쳐 수술을 받은 마이클, 집에서 쫓겨나 방황하다가 철야예배에 나와 마음의 안정을 찾고 교회에 나온 코플리, 비만과 당뇨병으로 다리가 마비된 조르난, 신경마비증으로 온몸이 굳어진 킴벌리, 미혼모로 6개월된 아이를 안고 주일 11시 예배에 찾아와 예배를 마친 후 도움을 요청한 웬시드로, 모두 다 예수님의 능력으로 나을 줄로 믿습니다.

우리 성도들은 주님의 사랑으로 더 중보기도하여 더욱 강건하시기를 예수님의 이름으로 축원합니다.

1. 주님의 사랑으로 축복을 받고 의로워져야 합니다.

하나님의 뜻을 따르는 사람이 의로운 사람입니다. 하나님의 뜻은 우리를 의로운 길로 인도하십니다. 하나님의 뜻은 때를 얻든지 못 얻든지 전도를 하고 선교하는 것입니다. 우리 교회는 선교하기 때문에 앞으로 더 많은 복을 받을 것입니다. 오늘 본문말씀 시편 1편 1절 "복 있는 사람은 악인들의 꾀를 따르지 아니하며 죄인들의 길에 서지 아니하며 오만한 자들의 자리에 앉지 아니하고"라고 했습니다. 5절에는 "그러므로 악인들은 심판을 견디지 못하며 죄인들이 의인들의 모임에 들지 못하리로다"라고 했습니다. 여기 의인들의 모임은 성부와 성자와 성령님이 계시고 천군천사들이 함께 하는 곳 에클레시아, 바로 교회를 말하는 것입니다.

주일날 다른 곳에 가지 않고 의로운 모임인 교회에 와야 복을 받습니다.

from south San Jose shelter who had received a surgery for her abdominal obesity;

Michael, who received a bone surgery for his right hand; Copley, a homeless having been kicked out of his home, restored peace of mind after attending Friday late night prayer meetings at the FGSJ Church; Jornan, whose legs have been paralyzed as an aftereffect of his obesity and diabetes; Kimberly with general paralysis; Wensydro, a single mom, who came with her 6 months-old baby to the 11 am worship service on a Sunday, to ask for a help after the worship service.

I hope and pray that the congregations of the FGSJ Church may be strengthened in their faith through intercessory prayers in the love of Jesus.

Subject 1. The blessed and the righteous are those who fulfill the love of Jesus.

Those who follow the will of God is righteous because God's will leads us to the righteousness of God. God's will for us is to preach the Gospel and to do mission. I am confident that God will never stop blessing the FGSJ Church for our emphasis on mission.

Psalm 1:1 Blessed is the man who does not walk in the counsel of the wicked or stand in the way of sinners or sit in the seat of mockers.

Psalm 1:5. Therefore the wicked will not stand in the judgment, nor sinners in the assembly of the righteous.

"The assembly of the righteous"represents *Ecclesia*, that is, the church, a place where the Father, the Son, and the Holy Spirit dwell accompanied by angels. The church, the head and body of Jesus, is where the saints are to be protected and blessed as in Noah's ark.

예수님의 머리요 몸인 교회에 와서 예배를 드려야 복을 받습니다. 교회는 노아의 방주처럼 보호를 받고 축복을 받는 곳입니다. 창세기 6장에서 보면, 노아는 멸망이 다가오는 그 때에 교회를 상징하는 방주를 지어 온 가족인, 아내와 세 아들 부부 모두 보호를 받고 구원을 받았습니다. 우리는 이러한 교회에 와서 위로를 받고, 축복을 받아야 합니다.

우리는 주님의 머리요 몸인 교회에 와서 찬송 부르고, 기도하고, 감사하며 축복을 받아야 합니다. 시편 100편 4절 "감사함으로 그의 문에 들어가며 찬송함으로 그의 궁정에 들어가서 그에게 감사하며 그의 이름을 송축할지어다"라고 했습니다. 마가복음 11장 17절 상반절 "내 집은 만민이 기도하는 집이라"고 했습니다.

사도행전 5장 20절 "가서 성전에 서서 이 생명의 말씀을 다 백성에게 말하라"고 했습니다. 교회에서 예배를 드려서 아브라함과 이삭과 야곱과 같은 축복을 받아야 합니다. 창세기 28장 14절 하반절 "너와 네 자손으로 말미암아 복을 받으리라"고 했습니다.

사랑하는 성도 여러분! 오늘 우리 교회에서 예배를 통해 영혼이 잘됨 같이 범사에 잘되고 강건하시기를(요삼 1:2) 바랍니다. 히브리서 6장 14절 "내가 반드시 너에게 복 주고 복 주며 너를 번성하게 하고 번성하게 하리라"는 말씀대로 되기를 바랍니다.

오늘 신령과 진정으로 예배를 드려 병은 낫고 문제는 해결되고 기적이 일어날 줄로 믿습니다.

Noah in Genesis 6 built an ark, which represents a church nowadays when the end of the world was approaching. All his family—his wife, his three sons (Shem, Ham, and Japheth), and their wives—were saved by moving into the ark before the Flood. Therefore, it is the church where the saints receive comfort and blessing through worship on Sundays.

Blessing comes through singing hymns, praying, and giving thanks to the Lord in the church, the head and body of Jesus.

Psalm 100:4 [4] Enter his gates with thanksgiving and his courts with praise; give thanks to him and praise his name.

Mark 11:17b "'My house will be called a house of prayer for all nations'?

Acts 5:20 "Go, stand in the temple courts," he said, "and tell the people the full message of this new life."

May God bless those who worship at the church just as God blessed Abraham, Isaac, and Jacob.
Genesis 28:14b All peoples on earth will be blessed through you and your offspring.

3 John 1:2 I pray that you may enjoy good health and that all may go well with you, even as your soul is getting along well.

Hebrews 6:14 saying, "I will surely bless you and give you many descendants."

Beloved! I pray that **"you may enjoy good health and that all may go well with you, even as your soul is getting along well"(3John 1:2).**

예화)

오늘 일본에서 좋은 소식이 왔습니다. 제가 부흥성회를 하는 후쿠시마, 쿠로이소, 쿠마모토에 있는 교회들이 연합으로 기도를 하며 준비하고 있다고 사토코 목사님과 오시모 목사님이 전화로 알려왔습니다. 우리는 하나님께 감사하고, 함께 복음전도를 위해 기도를 했습니다. 스가랴 4장 6절 하반절 "만군의 여호와께서 말씀하시되 이는 힘으로 되지 아니하며 능력으로 되지 아니하고 오직 나의 영으로 되느니라"고 했습니다.

우리 모두가 합심하여 기도할 때 한국, 일본, 몽골의 부흥성회에서 성령충만한 역사가 일어날 줄로 믿습니다.

2. 주님의 사랑으로 겸손한 자는 복이 있고, 교만한 자는 복이 없습니다.

이사야 57장 21절 "내 하나님의 말씀에 악인에게는 평강이 없다 하셨느니라"고 했습니다. 악인에게는 평강이 없습니다. 그 마음의 불안은 마치 바다 물결과도 같습니다. 시편 1편 4절 "악인들은 그렇지 아니함이여 오직 바람에 나는 겨와 같도다"라고 했습니다. 악인은 가을 추수마당에서 추수할 때 알곡은 모으고 쭉정이는 버리는 것같이 버림을 받고 사라져 버립니다.

그러나 의인은 레바논의 백향목처럼, 북가주의 레드우드처럼, 한국의 푸른 소나무가 조금씩 조금씩 자라서 큰 나무가 되듯이, 의로운 사람은 끝이 좋아지는 것입니다.

여러분! 우리가 하나님 말씀에 순종할 때 주 안에서 의로운 사람이 될 수 있습니다. 무슨 일이든지 선한 일에는 다 순종해야 합니다. 사랑을 실천하

It will be done as Hebrew 6:14 writes: "I will surely bless you and give you many descendants."

Example)

I received good news from Japan today: Satoko and Osama, the pastors who have been preparing for revivals, in which I will speak at churches in Hokushima, Kuroiso, and Kumamoto, called me to say that they have been holding joint prayer meetings for the revivals. We gave thanks to the Lord on the phone for the chance to spread the Gospel in Japan. Thanks to all the prayers, I believe that there will be powerful work of the Holy Spirit at the revivals in Korea, Japan, and Mongolia.

Zechariah 4:6b 'Not by might nor by power, but by my Spirit,' says the LORD Almighty.

Subject 2. Blessed are those who are humble in their spirit; not for the wicked.

Isaiah 57:21 [21] "There is no peace," says my God, "for the wicked." The anxiety of the wicked are like restless waves which do not know peace.

Psalm 1:4 They are like chaff that the wind blows away.
The wicked are like empty grains, that are thrown away after winnowing.

But the righteous will prosper in the end like cedars in Lebanon, like the redwood trees in North California, or pine trees in Korea which grow to become giant trees.

Beloved! I want you to know that it is obedience to the Word

고 순종해야 합니다. "예와 아멘"으로 순종하면 축복을 받습니다. 고린도후서 1장 20절 "하나님의 약속은 얼마든지 그리스도 안에서 예가 되니 그런즉 그로 말미암아 우리가 아멘 하여 하나님께 영광을 돌리게 되느니라"고 했습니다. 시편 18편 1절 "나의 힘이신 여호와여 내가 주를 사랑하나이다"라고 했습니다.

사랑하는 성도 여러분! 오늘 이 시간에 주님의 사랑으로 무한한 축복받으시기를 예수님의 이름으로 축원합니다.

3. 교만한 자는 복이 없고 겸손한 자가 복이 있다고 했습니다.

오늘 본문말씀 시편 1편 1절에서 복 있는 사람은 오만한 자의 자리에 앉지 않는다고 했습니다. 신령한 데는 관심이 없고, 육체만 즐기는 사람에게는 복이 없습니다. 신학자 하비 콕스는 교만한 사람을 가리켜 '정신을 상실한 사람'이라고 했습니다. 교만한 사람은 자기 힘만 믿고 살다가 절망에 빠져버린다고 했습니다.

그러나 겸손한 사람은 사랑의 자세로, 섬기는 자세로, 헌신하고 봉사하며 희생을 합니다. 그리고 겸손한 자는 예수님의 말씀에 순종하고 따라갑니다. 고린도후서 1장 20절 "하나님의 약속은 얼마든지 그리스도 안에서 예가 되니 그런즉 그로 말미암아 우리가 아멘 하여 하나님께 영광을 돌리게 되느니라"고 했습니다.

말씀의 끝으로 축복을 주는 말씀 두 구절만 읽겠습니다. 시편 1편 3절 "그는 시냇가에 심은 나무가 철을 따라 열매를 맺으며 그 잎사귀가 마르지 아니함 같으니 그가 하는 모든 일이 다 형통하리로다"라고 했습니다. 히브

that makes us to be righteous. Therefore blessed are those who are obedient to do whatever is good and carry out love with "Yes"and "Amen."

2 Corinthians 1:20 For no matter how many promises God has made, they are "Yes" in Christ. And so through him the "Amen" is spoken by us to the glory of God.

Psalms 18:1 I love you, O LORD, my strength.

Beloved! May God bless those who are obedient in doing good in the love of Jesus!

Subject 3. Blessed are those who are humble; not for the proud.

Today's scripture Psalms 1:1 says **"Blessed is the man who does not sit in the seat of mockers."** No blessing is reserved for those who seek only physical stuff with no interest in spiritual dimension. Harvey Cox, a theologian, defined the proud to be "the people with lost soul." The proud only believes in their own power to end up being captivated by despair; yet the humble serve, devote, sacrifice, and follow Jesus in obedience to the word of God.

2 Corinthians 1:20 For no matter how many promises God has made, they are "Yes" in Christ. And so through him the "Amen" is spoken by us to the glory of God.

I will conclude today with a couple of the Word of blessing.

Psalms 1:3 He is like a tree planted by streams of water, which yields its fruit in season and whose leaf does not wither. Whatever he does prospers.

리서 6장 14절 "이르시되 내가 반드시 너에게 복 주고 복 주며 너를 번성하게 하고 번성하게 하리라"고 했습니다.

사랑하는 성도 여러분! 오늘 예배를 통하여 더 성령충만을 받으시고, 예수님의 능력으로 병은 낫고 문제는 해결되고 주님의 사랑으로 영원한 축복 받으시기를 예수님의 이름으로 축원합니다.

Hebrews 6:14 saying, "I will surely bless you and give you many descendants."

Beloved!

I hope and pray that you may be filled with the Holy Spirit to be healed and overcome trials in life through worship today in the name of Jesus Christ!

3
주님의 사랑으로 큰 은혜를 받자

고린도후서 6장 1-2절 "[1] 우리가 하나님과 함께 일하는 자로서 너희를 권하노니 하나님의 은혜를 헛되이 받지 말라 [2] 이르시되 내가 은혜 베풀 때에 너에게 듣고 구원의 날에 너를 도왔다 하셨으니 보라 지금은 은혜 받을 만한 때요 보라 지금은 구원의 날이로다"

에베소서 6장 24절 "우리 주 예수 그리스도를 변함 없이 사랑하는 모든 자에게 은혜가 있을지어다"

오늘은 발렌타인 데이이며, 내일은 프레지던트 데이입니다. 저는 여러분들이 기도해 주신대로 멕시코 치첸이짜에 가서 부흥성회를 잘 인도하고 돌아왔습니다. 어느 곳에서 부흥성회를 인도하든지 말씀을 전하는 목사인 제가 먼저 은혜를 받아야 성도들도 은혜를 받습니다. 그 이유는 저와 여러분들의 기도로 성령님이 영감을 주어서 하나님이 저를 도구로 사용하여 설교말씀을 전하기 때문입니다. 그래서 저부터 설교를 준비하면서 은혜를 받아야 합니다. 은혜는 받아도 되고 안받아도 되는 것이 아닙니다. 우리는 마음 문을 열고 은혜를 꼭 받아야 합니다. 은혜 받을 만한 때를 절대로 놓치지 말아야 합니다.

3
Let us receive God's favor with an undying love of Jesus

---

2 Corinthians 6:1-2 [1] As God's fellow workers we urge you not to receive God's grace in vain. [2] For he says, "In the time of my favor I heard you, and in the day of salvation I helped you." I tell you, now is the time of God's favor, now is the day of salvation.

Ephesians 6:24 Grace to all who love our Lord Jesus Christ with an undying love.

It is Valentine's Day today and Presidents' Day tomorrow. I just came back from the revival at Chichen Itza, Mexico. Many had received God's favor at the revival as you had prayed. I know that it is indispensable for me to be filled with the Holy Spirit first before speaking at a revival so that through me the saints at the revival will also be filled with the Holy Spirit through which they receive God's favor.

This is because I am God's tool, chosen to spread the word of God. For this, the congregations of the FGSJ Church have been praying for me so that I have an inspiration of the word of God through the Holy Spirit.

Receiving God's favor for the saints is not a choice but a must. Thus we should open our hearts before listening to the word of God to receive God's favor. In this way those who love Jesus with an undying love will be reminded of God's grace and receive God's

오늘 본문말씀 고린도후서 6장 2절 하반절 "보라 지금은 은혜 받을 만한 때요 보라 지금은 구원의 날이로다"라고 했습니다. 데살로니가전서 5장 28절 "우리 주 예수 그리스도의 은혜가 너희에게 있을지어다"라고 했습니다. 에베소서 6장 24절 "우리 주 예수 그리스도를 변함 없이 사랑하는 모든 자에게 은혜가 있을지어다"라고 했습니다. 이와 같이 우리 주 예수님을 변함없이 사랑할 때 은혜 받는 생애로 살 수 있습니다.

사도행전 2장에 보면, 오순절 마가요한의 다락방에서 성령충만함의 은혜를 받았기 때문에 하나님의 말씀을 증거할 때 하루에 3,000명이 은혜를 받고 회개하고 세례를 받았습니다. 사도행전 2장 41절 "그 말을 받은 사람들은 세례를 받으매 이 날에 신도의 수가 삼천이나 더하더라"고 했습니다. 하루에 5,000명이 회개하고 주님을 영접하였습니다. 사도행전 4장 4절 "말씀을 들은 사람 중에 믿는 자가 많으니 남자의 수가 약 오천이나 되었더라"고 했습니다.

그리고 수많은 병자들을 예수님의 이름으로 고쳤습니다. 사도행전 3장 6절 "베드로가 이르되 은과 금은 내게 없거니와 내게 있는 이것을 네게 주노니 나사렛 예수 그리스도의 이름으로 일어나 걸으라"고 했습니다. 사도행전 9장 40절 "베드로가 사람을 다 내보내고 무릎을 꿇고 기도하고 돌이켜 시체를 향하여 이르되 다비다야 일어나라 하니 그가 눈을 떠 베드로를 보고 일어나 앉는지라"고 했습니다. 이렇게 예수님의 이름으로 병도 고치고 죽은 다비다도 살렸습니다. 심지어는 베드로의 그림자만 지나가도 병이 낫고 귀신이 쫓겨나갔습니다 (행 5:15).

사도행전 9장에 사도 바울을 보세요. 그는 전 생애를 다 바쳐 복음을 전

favor in their entire life.

2 Corinthians 6:2b I tell you, now is the time of God's favor, now is the day of salvation.

1 Thessalonians 5:28 The grace of our Lord Jesus Christ be with you.

Ephesians 6:24 Grace to all who love our Lord Jesus Christ with an undying love.

Acts 2 describes Peter, who received God's favor when he was filled with the Holy Spirit through praying at the upper room of Mark. Ever since, when he preached the Gospel, 3,000 and 5,000 people repented and returned to God, and healed numerous people, who were suffering from illness.

Acts 2:41 Those who accepted his message were baptized, and about three thousand were added to their number that day.

Acts 4:4 But many who heard the message believed, and the number of men grew to about five thousand.

Acts 3:6 Then Peter said, "Silver or gold I do not have, but what I have I give you. In the name of Jesus Christ of Nazareth, walk."

Acts 9:40 Peter sent them all out of the room; then he got down on his knees and prayed. Turning toward the dead woman, he said, "Tabitha, get up." She opened her eyes, and seeing Peter she sat up.

Peter healed the sick and gave life back to Tabitha. Even when his shadow passes by the sick, they would be healed and demons were driven out.

Acts 5:15 As a result, people brought the sick into the streets and laid them on beds and mats so that at least Peter's shadow might fall on some of them as he passed by.

Let us look at the life of Apostle Paul in Acts 9. Paul devoted

파하고 교회를 세우고 병을 고쳤습니다. 사도 바울은 다메섹 도상에서 예수님을 만나 회개하고 은혜를 받은 후에 그의 생애가 완전히 바뀌었습니다. 그는 주님의 계시를 받아 신약성경의 2/3를 기록했습니다. 그리고 가는 곳마다 교회를 세우고 수많은 병든 사람들을 예수님의 이름으로 고쳤습니다. 심지어는 그의 손수건이나 앞치마를 가져다 얹어도 귀신이 떠나가고 병이 나았습니다. 사도행전 19장 12절 "심지어 사람들이 바울의 몸에서 손수건이나 앞치마를 가져다가 병든 사람에게 얹으면 그 병이 떠나고 악귀도 나가더라"고 했습니다. 우리 성도들도 주님의 사랑으로 가난하고 불쌍하고 외롭고 병든 사람들의 영혼구원을 위해 최선을 다하기 때문에 사도바울처럼 승리할 줄로 믿습니다.

저도 성경말씀대로 베드로처럼, 바울처럼, 예수님의 이름으로 병 고치는 안수기도를 꼭 합니다. 제가 학생 때 문학에 너무 깊이 몰두하여 신춘문예와 현대문학에 데뷔할 때 심장이 멎어 죽었다가 주님의 신유의 능력으로 살아났습니다. 그 때 예수님의 신유의 은혜로 살아났기 때문에 몸이 아픈 분들이 있으면 내가 아픈 것 같아서 꼭 신유기도를 해주어야 합니다. 하나님이 저를 살려주신 것은 신유기도를 하여 영혼구원의 사명을 다하라고 살려주셨습니다. 저는 45년 동안을 목회하며 신유기도를 했습니다. 그리고 성령님의 인도로 거의 두 달에 한 차례 미국 국내와 외국에 가서 많은 부흥회를 인도했는 데 그 때마다 신유기도를 하고 있습니다.

주님은 말씀하셨습니다. 사도행전 1장 8절 "오직 성령이 너희에게 임하시면 너희가 권능을 받고 예루살렘과 온 유대와 사마리아와 땅 끝까지 이르러 내 증인이 되리라"고 했습니다. 디모데후서 4장 2절 "너는 말씀을 전파

his entire life in preaching the Gospel, planting the church, and healing the sick. Paul repented and was transformed when he encountered Jesus on his way to Damascus. He wrote the two third of the New Testament inspired by the revelation of God ever since his conversion. He also planted churches and healed the sick in the name of Jesus everywhere he went. The sick and the demon-possessed were healed even by touching aprons or handkerchiefs that had touched him.

Acts 19:12 so that even handkerchiefs and aprons that had touched him were taken to the sick, and their illnesses were cured and the evil spirits left them.

I believe that the saints, who try their best in saving the souls of the poor, lonely, and sick, will also prevail in their lives as Apostle Paul did.

I, believing in the word of God and following the examples of Peter and Paul, have been praying for the sick, laying hands on them. I cannot help but praying for the sick because I myself was miraculously healed from almost dying experience through healing prayer: My heart stopped beating all of a sudden when I was a student—I must have overworked myself as I had been overly engaged in literature. It was just about the time to start my literary career through an annual spring literary contest and the *Hyundai Literary*. And I regained my breath and health through healing prayer without a medical treatment.

That experience gave me the ability of compassion for the sick: I felt that I was called to save souls through praying for the sick which has been my major ministry for the past 45 years. And, having been inspired by the Holy Spirit, I have been speaking and praying for the sick at revivals almost every other month, either in or outside of America.

Jesus says in **Acts 1:8 "But you will receive power when the Holy Spirit comes on you; and you will be my witnesses in**

하라 때를 얻든지 못 얻든지 항상 힘쓰라 범사에 오래 참음과 가르침으로 경책하며 경계하며 권하라"고 했습니다. 사도행전 5장 20절 "가서 성전에 서서 이 생명의 말씀을 다 백성에게 말하라"고 했습니다. 이처럼 제가 기도를 충분히 하여 성령의 충만함을 받은 후에, 주님의 말씀을 증거할 때 주님의 능력으로 병이 낫고 문제가 해결되었습니다.

사랑하는 성도 여러분! 오늘 마음 문을 활짝 열고 예수님을 변치 않고 사랑하는 마음으로 더 큰 은혜 받으시기를 예수님의 이름으로 축원합니다.

예화)

우리 성도들과 미국 형제 자매들과 목사님들의 기도로 저는 지난 월요일에 산호세 공항에서 출발하여 로스엔젤리스와 뉴욕을 거쳐 9시간만에 멕시코 칸쿤에 도착하였습니다. 그리고 그곳에서 작은 비행기로 갈아타고 1시간 걸려 치첸이짜 공항에 도착했습니다. 마중 나온 이 피터, 에스더 선교사님 부부와 베리또 집사님과 성도들의 영접을 받아 집회를 하는 멕시코리바이벌교회로 갔습니다. 100여명의 교민들과 300여명의 원주민들이 모여 집회를 위해 찬송을 큰소리로 매우 열정적으로 부르고 있었습니다. 그들은 율동을 하며 찬송을 불렀는데 저는 설교 전에 큰 은혜를 받았습니다. 그리고 멕시코어로 안이숙 여사가 지은 '내일은 난 몰라요'라는 특송을 부를 때 눈물이 났습니다.

저는 첫째 날에 고린도전서 13장 13절과 시편 1편을 읽고 사랑에 대한 설교를 했습니다. 이 피터 선교사님이 사회를 맡으시고, 멕시코인인 에스더 사모님이 통역을 하였습니다. 한국에 유학했던 에스더 사모님의 유창한 통

Jerusalem, and in all Judea and Samaria, and to the ends of the earth."

2 Timothy 4:2 Preach the Word; be prepared in season and out of season; correct, rebuke and encourage--with great patience and careful instruction.

Acts 5:20 "Go, stand in the temple courts," he said, "and tell the people the full message of this new life."

As the word of God above say, I always tried to pray to be filled with the Holy Spirit before delivering the word of God. Then the power of God started healing and people would be empowered to overcome trials.

Beloved! I hope and pray that you may receive God's favor all the more through opening your heart toward Jesus with an undying love.

Example)

Thanks to the prayers of the congregations of the FGSJ Church, American brothers and sisters, and the pastors of my prayer group, the revival in Mexico was successful in God's grace. I departed from San Jose Airport last Monday to arrive at Cancun, Mexico via Los Angeles and New York after about 9 hours of flight. There I changed planes to fly one more hour to arrive at Chichen itza airport.

Peter lee and his wife Esther (missionaries to Mexico), and Deacon Barito were waiting for me at the airport. When I arrived at the Mexico Revival church with them, about 100 Korean immigrants and 300 natives were waiting for the revival to begin, singing hymns with great fervor. I was deeply inspired even before my preaching to see them dancing and singing hymns. And I felt emotional to hear their singing in their Mexican language *If I perish, I perish* –which Ms. Ahn I-sook wrote.

On the first day of the revival, I preached about love based on 1

역으로 말씀에 모두 큰 은혜를 받았습니다.

둘째 날에는 그곳에서 80여 마일 떨어진 툰눈에 제 후배인 정석산 선교사님이 목회하는 장로교회와 50여 마일 떨어진 아스라무에레스에서 선교하는 감리 교회의 이정인 선교사님이 교인들과 함께 와서 수백 명이 연합으로 모였습니다. 주님의 인도하심으로 은혜가 넘쳤습니다.

마지막 날인 셋째 날에는 제 동생 김승언 장로와 함께 한국에서 칸쿤으로 관광 온 장로님들과 교인들 100여명이 합류했습니다. 제 동생 김승언 장로와 친구인 이영락 장로님, 최수복 장로님, 정영진 장로님이 오면서 '예수천당'을 비롯한 주기철 목사님의 전기를 가지고 왔습니다. 낮 시간에는 이 책들을 영화로 만든 동영상을 상영하였습니다. 그리고 밤 7시부터 부흥회가 시작되었습니다. 여의도순복음교회 장로님들과 성도들이 주기철 목사님의 '서쪽하늘 붉은 노을 영문 밖에 비치누나'와 찬송가 '저 높은 곳을 향하여'를 불렀습니다. 찬양을 부른 후에, 설교직전에 모두 일어서서 위기상황에 있는 한국을 위해 통성으로 기도했습니다.

이어서 저는 마태복음 6장 33절과 이사야 58장 6절을 본문으로 은혜를 사모하는 가운데 구국의 말씀을 전하고, 제가 경험한 비참했던 한국전쟁의 비극을 말하고 이와 같은 일이 다시 일어나지 않도록 기도를 했습니다.

그리고 예배 후에 신유기도를 했습니다. 200여명의 교민, 한국서 오신 100여명, 그리고 수백 명의 원주민들이 통성으로 기도하며 신유기도를 하였습니다. 이곳에도 많은 환자들이 있었습니다.

여행사를 운영하는 데 풍토병으로 고생하는 이영숙 집사님, 교통사고로 왼쪽다리 골절상을 입은 이상진 청년, 백내장 수술을 받은 이순미 권사님,

Corinthians 13:13 and Psalm 1.

1 Corinthians 13:13 And now these three remain: faith, hope and love. But the greatest of these is love.

Peter Lee presided over the revival and Esther, his Mexican wife, interpreted my sermon. People at the revival were deeply inspired by the word of God as Esther, who had studied abroad in Korea, did wonderful job in her interpretation of my sermon.

On the second day of the revival, we had a joint worship of about several hundred people.

Those people were the saints from a Presbyterian church in Tinum (Rev. Cheong Seok-san, one of my junior at the seminary I went) who drove about 80 miles and those from a Methodist church in Azramueres (Lee Jeong-in) having driven about 50 miles to be at the revival. So everyone at the revival was filled with the power of the Holy Spirit.

On the third day, which was the last day of the revival, about 100 Koreans—elders and saints from Yoido Full Gospel Church who were visiting Cancun as tourists—came to the revival. Elders of Yoido Full Gospel Church: Kim Seung-eun (my younger brother), Lee Young-rak (a friend of mine), Choi Su-bok, and Jeong Young-jin brought from Korea many copies of books (that I had written) such as biography of Rev. Ju-Gi-cheol and *Jesus-heaven*. And they played movies made from those books during the day.

The final day of the revival began at seven in the evening. The elders and saints from Yoido Full Gospel Church sang *the flaming sunset in the west sky shines over the hill*, which was written by Rev. Ju Gi-cheol, and *I'm pressing on the upward way*. Then before listening to the word of God, all of us stood up to pray for Korea. And then having read Matthew 6:33 and Isaiah 58:6 from the Bible, I spoke on the salvation of Korea, sharing the tragic experience of mine from the Korean War. After the preaching, we all prayed for peace in Korea.

Matthew 6:33 But seek first his kingdom and his

위암 수술 받은 정진우 씨, 간경화로 치료받는 차영수 씨, 머리타박상으로 수술 받은 장차영 씨, 치매로 분별을 못하는 김상근 노인, 알코올중독으로 몸이 떨리는 어스카, 담배중독으로 폐렴에 걸린 찌바, 불면증으로 눈이 충혈된 데란트, 마약상에게 총격을 당한 경찰 모마이블, 수면제 과잉복용으로 중독이 된 오카토, 입에 염증이 생겨 우측 볼이 부풀은 로히드, 담배중독으로 폐에 염증이 생긴 덴카스 외 50여명이 기도를 부탁했습니다.

저는 마가복음 16장 17-18절과 사도행전 4장 30절 말씀대로 주님의 능력으로 고쳐달라고 최선을 다해 안수기도를 했습니다. 그리고 집회에 참석한 세 분의 선교사님들과 함께 안수기도를 했습니다. 멕시코인 특유의 기도소리로 모인 곳이 진동하도록 통성으로 기도했습니다. 다 나을 줄로 믿습니다.

오늘 그곳에서 100여명이 더 나았다고 연락이 왔습니다. 하나님께 영광을 돌립니다.

1. 우리는 주님의 사랑으로 반드시 은혜를 받아야 합니다.

우리가 어떻게 해야 은혜를 받습니까? 우리 주님은 은혜를 받는 방법을 말씀하셨습니다. 오늘 본문말씀 에베소서 6장 24절 "우리 주 예수 그리스도를 변함 없이 사랑하는 모든 자에게 은혜가 있을지어다"라고 했습니다. 저는 부흥회를 마치고 우리 교회로 돌아오는 데 9시간을 비행기 안에서 성경을 읽고 또 읽고, 기도하고 계속해서 기도했습니다. 저와 우리 성도들이 변함없이 우리 예수님을 사랑하여 한평생 은혜생활을 할 수 있도록 기도했

righteousness, and all these things will be given to you as well.

Isiah 58:6 "Is not this the kind of fasting I have chosen: to loose the chains of injustice and untie the cords of the yoke, to set the oppressed free and break every yoke?

Healing prayer followed right after the worship. About two hundred Koreans in Mexico, a hundred visitors from Korea, and hundreds of native Mexicans prayed out loud for God's healing the sick. There were about 50 people, who asked to receive healing prayer. The following people were those who needed prayer for healing the most at the revival:

Lee Young-sook, a CEO of a travel agency, with an endemic disease; Lee Sang-jin with a fracture in his left leg from a traffic accident; Lee Soon-mi, who had a cataract surgery; Jeong Jin-woo, who had a stomach cancer surgery; Cha Young-soo, who had been receiving treatment of his liver cirrhosis; Jang Cha-young, who received a surgery for bruise in his head; Kim Sang-geun with dementia; Aska, whose body had been shaking from his alcohol addiction; Ziba with pneumonia from his cigarette addiction; Derant, who had bloodshot in his eyes because of insomnia; Momaible, a police, who had gunshots from a drug dealer; Okato, who had been addicted to sleeping pills; Rohid, who had a swollen right cheek from infection in his mouth; Dencas with infection in his lung from his cigarette addiction.

I tried my best in praying for healing, placing my hands on the people I mentioned above based on Mark 16:17-18 and Acts 4:30.

Mark 16:17-18 [17] And these signs will accompany those who believe: In my name they will drive out demons; they will speak in new tongues; [18] they will pick up snakes with their hands; and when they drink deadly poison, it will not hurt them at all; they will place their hands on sick people, and they will get well."

Acts 4:30 Stretch out your hand to heal and perform miraculous signs and wonders through the name of your holy

습니다. 성령님의 인도하심으로 마음 속에 음성이 들렸습니다.

또 기도하다가 성경을 폈는데 이 말씀을 주셨습니다. 바로 오늘 본문말씀입니다. 에베소서 6장 24절 "우리 주 예수 그리스도를 변함 없이 사랑하는 모든 자에게 은혜가 있을지어다"라고 했습니다. 우리 구주 예수님은 변함없이 사랑하는 성도들에게 항상 은혜를 베풀어 주십니다. 우리 주님은 말씀하셨습니다. 데살로니가전서 5장 28절 "우리 주 예수 그리스도의 은혜가 너희에게 있을지어다"라고 했습니다. 빌립보서 4장 23절 "주 예수 그리스도의 은혜가 너희 심령에 있을지어다"라고 했습니다.

우리는 주 예수님을 변함없이 사랑하여 항상 은혜생활을 하시길 바랍니다. 그래서 사랑이 가장 중요합니다. 우리 교회 표어성구인 고린도전서 13장 13절에 "그런즉 믿음, 소망, 사랑, 이 세 가지는 항상 있을 것인데 그 중의 제일은 사랑이라"고 했습니다. 하나님의 사랑은 영원한 사랑이기 때문에 알파에서 오메가까지, 창조에서 종말까지, 영원에서 영원까지, 변치 않고 우리를 사랑하십니다. 우리도 영원한 사랑, 주님의 사랑을 본받아 서로 사랑해야 합니다.

오늘 이 사랑을 생각하시고 은혜 받으시기를 바랍니다. 사랑을 받을 필요가 없을 만큼 부자도 없고, 사랑을 줄 수 없을 만큼 가난한 사람도 없습니다. 종은 울릴 때까지 종이 아니요, 사랑은 사랑할 때까지 사랑이 아니라고 했습니다. 저는 멕시코 부흥성회를 인도할 때 우리 교회의 멕시코 형제자매들을 생각하며 그들에게 사랑을 느꼈습니다.

여러분! 우리가 예수님의 사랑으로 서로 사랑하고 존경할 때 가장 큰 은혜를 받습니다. 예수님은 사랑의 계명을 주셨습니다. 마태복음 22장 37-39

servant Jesus.

And the three missionaries who were at the revival joined me in the healing prayer, laying their hands on the sick. The sound of the prayers, peculiar to the Mexican was so powerful that I felt the place of the revival was shaken. Just as I believed their healing on that day, I give glory to God to hear today that about a hundred of those who received healing prayer at the revival in Mexico have been healed so far.

Subject 1. We, the saints, should receive God's favor with an undying love of Jesus.

What could be the way to receive God's favor?
Jesus our Lord showed us how to receive it in Ephesians 6:24.
Ephesians 6:24 Grace to all who love our Lord Jesus Christ with an undying love.

I happen to read the word of God above from the Bible in the plane on my way back from the revival in Cancun. I was reading the Bible and praying for the whole 9 hours in the plane for the saints of the FGSJ Church and for myself to receive God's favor in our entire life through undying love of Jesus. It was right at that time that the Holy Spirit inspired me with **Ephesians 6:24**. It is what Jesus does for those who love him.
1 Thessalonians 5:28 The grace of our Lord Jesus Christ be with you.
Philippians 4:23 The grace of the Lord Jesus Christ be with your spirit. Amen.

Loving Jesus with an "undying love"is the way to receive God's

절 “37 예수께서 이르시되 네 마음을 다하고 목숨을 다하고 뜻을 다하여 주 너의 하나님을 사랑하라 하셨으니 38 이것이 크고 첫째 되는 계명이요 39 둘째도 그와 같으니 네 이웃을 네 자신 같이 사랑하라 하셨으니”라고 했습니다. 요한계시록 2장 4절 “그러나 너를 책망할 것이 있나니 너의 처음 사랑을 버렸느니라”고 했습니다. 우리는 어떠한 일이 있어도 회개하여 처음 믿었을 때 그 순수하고 열정에 넘치고 전심전력을 다하고 최선을 다했던 첫 신앙을 회복해야 합니다.

사랑하는 성도 여러분! 처음 믿었던 주님의 사랑을 회복하여 하나님을 사랑하고 이웃을 내 몸같이 사랑하고 서로 사랑하여 주님의 영원한 축복받으시기를 예수님의 이름으로 축원합니다.

2. 은혜를 받은 사람은 성령의 열매를 맺고 마음에 평안이 옵니다.

성령론을 쓴 토레이 박사는 ‘성령의 열매를 맺으려면 마음에 평안을 주시는 성령님께 간구하고 회개하고 용서받고 용서하고, 서로 사랑하고 기도하면 성령의 열매를 맺는다’고 했습니다. 갈라디아서 5장 22-23절 “22 오직 성령의 열매는 사랑과 희락과 화평과 오래 참음과 자비와 양선과 충성과 23 온유와 절제니 이같은 것을 금지할 법이 없느니라”고 했습니다.

성령의 열매는 주님의 사랑의 열매이기 때문에 모든 불안과 공포를 이기고 마음에 평안을 줍니다. 누가복음 1장 28절 “그에게 들어가 이르되 은혜를 받은 자여 평안할지어다 주께서 너와 함께 하시도다”라고 했습니다. 그러므로 주님께서 주신 평안은 히브리어로 샬롬입니다.

favor. Therefore love is most important as the FGSJ Church slogan of the year writes: **1 Corinthians 13:13 "And now these three remain: faith, hope and love. But the greatest of these is love."**

The love of God, who is Alpha and Omega, lasts eternally without changing from creation to the end of the world, from eternity to eternity.

As Jesus loves us with his unchanging love, which lasts eternally, we should also love one another.

There is no one who is rich enough (in love) who does not need to be loved, and poor (in love) who cannot give love. It is said that a bell is not a bell until it tolls; love, not love until one gives love. I felt compassion and love for the people in Mexico at the revival as they reminded me of the Mexican brothers and sisters who worship at the FGSJ Church. When you love and respect one another in Jesus, you will enjoy greatest favor of God.

The Commandment of love is from Jesus.

Matthew 22:37-39 [37] Jesus replied: "'Love the Lord your God with all your heart and with all your soul and with all your mind.' [38] This is the first and greatest commandment. [39] And the second is like it: 'Love your neighbor as yourself.'

Revelations 2:4 Yet I hold this against you: You have forsaken your first love.

Therefore, (in order to love Jesus) we should repent and restore the first love, pure and passionate, which we had for Jesus when we first believed. Beloved! May the eternal blessing of God be with you who, through restoring their first love for Jesus, love God and love your neighbors as yourselves in the name of Jesus!

Subject 2. Those who received God's favor bear fruit of the Holy Spirit and restore peace in their hearts.

우리 한국이 분단 70년만에 통일대박이 온다고 전임 대통령은 말했습니다. 그러나 요즈음 북한 김정은 체제는 말할 수 없는 불안과 공포를 더 조성하고 있습니다. 이번에 한국에서 멕시코 치첸이짜에 오신 장로님들과 성도들은 이러한 극한 상황을 통하여 복음통일이 이루어 질 것이라고 말했습니다. 북한 공산당 붉은 용 우상마귀는 머지않아 망할 것입니다.

집회 마지막 날에, 성령님의 인도하심으로 제가 한국전쟁 당시의 처참했던 상황을 말할 때 모두 눈물을 흘렸습니다. 개성공단의 수조 원의 재산이 몰수를 당했을지라도 우리가 눈물로 기도하고 간구하면 기어코 복음통일이 올 줄로 믿습니다. 1907년에 일어났던 성령의 역사로 한국의 예루살렘이라고 했던 평양에서 다시 성령의 불길이 타올라 잔인무도한 공산당은 물러가고 복음통일이 올 줄로 믿습니다.

우리 조국 대한민국이 진정한 그의 나라와 의를 구하고, 1,200만 성도들과 6만 교회와 12만의 목사님들과 27,000여 명의 선교사님들이 단합하고 뭉쳐서 다시 한번 대각성 회개 기도를 해야 합니다. 그래서 성령충만하고 은혜가 충만하여 성경에서 예언한 70년 희년의 해에 전국민이 은혜를 받는 꿈에도 소원인 복음통일이 이루어질 줄로 믿습니다.

오늘 말씀의 끝으로 은혜 받는 말씀에 기본이 되는 본문말씀 두 구절만 읽어드리겠습니다. 에베소서 6장 24절 "우리 주 예수 그리스도를 변함 없이 사랑하는 모든 자에게 은혜가 있을지어다"라고 했습니다. 고린도후서 6장 2절 "이르시되 내가 은혜 베풀 때에 너에게 듣고 구원의 날에 너를 도왔다 하셨으니 보라 지금은 은혜 받을 만한 때요 보라 지금은 구원의 날이로다" 라고 했습니다.

Dr. Torrey, an author of a book on Pneumatology, said that you will bear fruit of the Holy Spirit when you repent, forgive and love one another, and pray in the Holy Spirit.

Galatians 5:22-23 [22] But the fruit of the Spirit is love, joy, peace, patience, kindness, goodness, faithfulness, [23] gentleness and self-control. Against such things there is no law.

Love, which is a fruit of the Holy Spirit, enables us to overcome anxiety and fear, and eventually brings peace to our hearts—Peace from Jesus is *shalom* in Hebrew.

Luke 1:28 The angel went to her and said, "Greetings, you who are highly favored! The Lord is with you."

A former president of Korea said that unification of South and North Korea will bring greatest prosperity to Koreans. Nevertheless, the North Korean regime under Kim Jong-eun has been aggressive to cause enormous instability and terror in the Korean peninsula. In the midst of the current crisis in Korea, there are some Koreans, who see positive result out of it: some of the elders and saints who were visiting from Korea and attended the revival at Chichen itza hoped that through this extreme turbulence, the unification of Korea should be achieved. As they believed, the day of the fall of the North Korean communist regime will come shortly.

When I shared on the last day of the revival in Mexico the horrible stories of the Korean War that I had witnessed and experienced, people in the conference shed tears to hear the cruelty of the war. Although we have painfully watched the whole property (which could be multitrillion won's of worth) of the businesses in Gaeseong Industrial Complex in North Korea being confiscated by North Korean regime, Korean Christians will not stop praying for unification of Korea through the power of the Gospel until it is accomplished. The Holy Spirit of fire in 1907 which had inflamed

사랑하는 성도 여러분! 오늘 주님의 사랑으로 계속 전진하여 더 큰 은혜를 받으시고, 주님께서 주신 꿈과 희망을 가지고 성령충만 말씀충만 은혜충만 하시기를 예수님의 이름으로 축원합니다.

Pyeongyang, the Jerusalem of Korea, will inflame Korea one more time to burn down the communist of North Korea through the power of the Spirit.

In order to achieve unification of Korea through the power of the Gospel, the Korean—the 12 million saints, 60,000 churches, 120,000 pastors in Korea and 26,000 Korean missionaries around the world—should seek God's kingdom and God's righteousness first. They should begin a great awakening movement accompanied by prayer of repentance for that. Then the Korean will be able to see their unified nation in the jubilee year as the Bible foretold.

I will present the following word of God through which you will be reminded of God's grace and receive God's favor entire your life.

Ephesians 6:24 Grace to all who love our Lord Jesus Christ with an undying love.

2 Corinthians 6:2 For he says, "In the time of my favor I heard you, and in the day of salvation I helped you." I tell you, now is the time of God's favor, now is the day of salvation.

Beloved!

I pray that you may will forward in the dream and hope that are given from Jesus with an undying love of Jesus and receive God's favor by being filled with the Holy Spirit and with the Word!

4
은혜와 기쁨

빌립보서 4장 4-5절 "[4] 주 안에서 항상 기뻐하라 내가 다시 말하노니 기뻐하라 [5] 너희 관용을 모든 사람에게 알게 하라 주께서 가까우시니라"

데살로니가전서 5장 16-18절 "[16] 항상 기뻐하라 [17] 쉬지 말고 기도하라 [18] 범사에 감사하라 이것이 그리스도 예수 안에서 너희를 향하신 하나님의 뜻이니라"

우리 성도들은 교회에 나와서 은혜를 받아야 합니다. 은혜를 받으면 기뻐지고, 교회의 일에 더욱 적극적으로 봉사하고 싶은 마음이 생기는 것입니다. 제가 10월 첫 주간에 시애틀 부흥성회와 둘째 주간에 켄터키 부흥성회를 인도할 때 성령충만한 은혜가 넘친 것은 우리 성도들과 쉘터에서 봉사하는 목사님들과 시리아에서 오신 선교사님들이 계속 기도해 주신 능력 때문이었습니다. 주최했던 시애틀에 계신 목사님들과 성도들이 은혜를 사모하며 마음 문을 열고, 불철주야로 기도를 했기 때문입니다. 저도 금식하고 눈물로 주님께 간절히 간구하며 성회를 준비했었습니다. 그 결과로 성령님의 능력으로 신유의 역사가 임하여 예수님의 은혜로 많은 환자들이 고침을 받았습니다. 그리고 목표한 1,000벌의 한국 노숙자 겨울잠바 헌금을 모을

4
Grace and Joy

Philippians 4:4-5 [4] Rejoice in the Lord always. I will say it again: Rejoice! [5] Let your gentleness be evident to all. The Lord is near.

1 Thessalonians 5:16-18 [16] Be joyful always; [17] pray continually; [18] give thanks in all circumstances, for this is God's will for you in Christ Jesus.

The saints of the church should be reminded of the grace of God through worship in the church. It is because once they are filled with the Spirit through God's grace, they will gladly devote to serving at the church. I always experience this when I speak at revivals. I spoke at the revivals in Seattle on the first week and in Kentucky on the second week of October this year. Thanks to those people, who had been praying for the revivals including myself praying in fasting, people at the revivals were filled with the power of the Holy Spirit and were healed. And I was able to meet the goal to raise fund for 1,000 winter jackets for the homeless in Korea at the revival in Seattle. Glory to God for those who supported the revivals: those of the congregations of the FGSJ Church, the pastors who volunteer at shelters, and missionaries in Syria who were visiting America, and the host church in Seattle (its pastor and the

수가 있었습니다.

그리고 교파를 초월하여 연합으로 모인 켄터키 부흥성회에서도 더욱 성령충만한 은혜가 임하여 목표한 헌금 외에 500벌을 더 헌금하였습니다. 주님께 영광 돌립니다. 예수님의 능력으로 병 고침을 받은 성도들이 성령님의 인도하심으로 은혜를 받고 넘치도록 헌금을 하였습니다. 특히 교통사고로 머리에 중상을 입고 여섯 번 수술을 받았는데 현대의학으로서는 회복이 불가능하다는 이상진 씨가 계속 함께 기도를 하여 정신이 맑아지고 정상이 되었습니다. 가족들이 너무 기쁘고 감사하여 200벌의 잠바 헌금을 하였습니다. 하나님께 더욱 영광 돌리며 감사 드렸습니다.

은혜를 받으면 마음이 기뻐지고 봉사하고 싶어지는 것입니다. 부흥회 때 은혜를 받아도 기뻐지고, 오늘 우리 교회에서도 성령님이 도우셔서 은혜를 받으면 기뻐지고 봉사하고 싶어집니다. 그래서 가난하고 불쌍하고 외롭고 병든 사람들을 더 돕고 싶어지는 것입니다. 노숙자 겨울잠바도 더 많이 모아서 한국에 보내고 싶은 마음이 더욱 간절해지는 것입니다.

요즈음 한국은 IMF때 보다도 노숙자들이 더 증가했다고 합니다. 알코올중독자들과 마약중독자들과 자살하는 사람들도 더 많아졌기 때문에 우리가 중보기도하고 도와주어야 합니다. 요한복음 10장 10절 "도둑이 오는 것은 도둑질하고 죽이고 멸망시키려는 것뿐이요 내가 온 것은 양으로 생명을 얻게 하고 더 풍성히 얻게 하려는 것이라"고 했습니다. 사랑의 잠바를 한 벌이라도 더 많이 보내주어 실질적으로 도와주고, 성경도 보급하여 읽고 써서 은혜를 받도록 해야 합니다. 성령님의 인도하심으로 사랑을 베풀면 은혜를 받게 됩니다. 은혜를 받으면 주 안에서 기뻐집니다.

saints).

I give thanks to the Lord for the overflowing blessings at the joint revival in Kentucky. We raised the fund exceeded the initial goal for homeless winter jackets (five hundred pieces more). This happened because those who were healed at the revival willingly gave thank offerings to be added to the fund for homeless winter jackets already collected. Among those who were healed was Lee Sang-jin, who restored clear mental state from the healing prayer at the revival, who, withal six times of surgeries for a serious injury in his head from a traffic accident, had been told his state will be incurable by modern medicine. His family were so rejoiced over his healing that they donated fund for 200 winter jackets.

When you are filled with the Holy Spirit at a revival or at the FGSJ Church like today, you will be able to joyfully serve the poor, lonely, and sick, and will long for sending more winter jackets for the homeless in Korea.

It is reported that there are more homeless people in Korea than it was during the IMF, and the number of Alcohol addicts, drug addicts, and of those who commit suicide has increased. Therefore we should not only pray but to help them practically and physically. What we can do for them are trying to send as many winter jackets as we could, and provide copies of the Bible for them to read through which they may receive the Gospel.

John 10:10 The thief comes only to steal and kill and destroy; I have come that they may have life, and have it to the full.

Grace is *Karis* in Greek which means you become joyful when you receive grace.

1 Thessalonians 5:16-18 [16] Be joyful always; [17] pray continually; [18] give thanks in all circumstances, for this is God's will for you in Christ Jesus.

여러분! 은혜란 말은 헬라어로 '카리스'이며, 영어로는 '그레이스'라고 합니다. 이 말은 은혜를 받으면 기뻐진다는 뜻입니다. 오늘 성경본문 데살로니가전서 5장 16-18절에서 사도바울은 "16 항상 기뻐하라 17 쉬지 말고 기도하라 18 범사에 감사하라 이것이 그리스도 예수 안에서 너희를 향하신 하나님의 뜻이니라"고 했습니다. 그리고 빌립보서 4장 4절 "주 안에서 항상 기뻐하라 내가 다시 말하노니 기뻐하라"고 했습니다.

사랑하는 성도 여러분! 오늘 마음 문을 열고 시애틀과 켄터키의 부흥성회에서처럼 더 큰 은혜를 받으시고, 성령님의 인도하심 속에서 은혜와 기쁨으로 병은 낫고 문제는 해결되고 기적이 일어나시기를 예수님의 이름으로 축원합니다.

예화)

오늘 또 감사한 것은 저의 신학교 선배인 켄터키한인교회 박종민 목사님이 두 권의 책을 보내주었습니다. 교회에서 은혜를 받아 병 치료를 받은 후, 켄터키 프라이드치킨(KFC)을 창립한 커널 샌더스의 영문판과 한글판 자서전입니다. 첫 페이지부터 은혜가 넘쳤습니다. 인생의 위기를 축복으로 바꾼 커널 샌더스의 켄터키 프라이드치킨 역전 스토리 (1,008번까지 실패했으나, 1,009번째에 성공한 켄터키 프라이드치킨)입니다. 샌더스는 평생 동안 사업을 했는데 하는 일마다 실패를 했습니다. 남북전쟁 이후로 경제가 매우 어려운 때였습니다. 연이은 사업의 실패로 자포자기하고 마음과 몸에 병이 들어 절망에 빠졌습니다.

그의 나이가 66세일 때 마음과 몸이 지쳐 절망에 빠져 있었는데, 크리스

Philippians 4:4 Rejoice in the Lord always. I will say it again: Rejoice!

Beloved! I pray that you may open your mind to receive the Holy Spirit and the great favor of God as those who were at the revivals in Seattle and Kentucky did so that you may be healed and overcome trials in the name of Jesus!

Example)

Rev. Park Jong-min, one of my seniors from Chongshin Seminary, sent me two copies—English and Korean versions—of a biography of Colonel Sanders, the founder of the KFC. It is a story of Colonel Sanders of the KFC who turned crisis in life to blessing who had failed in his business 1,008 times to succeed in his 1,009th try. The following is a summary of his biography.

Sanders always wanted to run his own business his entire life. But every time he started a new business, he would end up failing. As fate would have it, American economy was in crisis in the midst of the Civil War in those days. So by his repetitive failures in his business, he fell sick out of despair.

When he was totally worn out at the age of 66, a friend invited him to go to the church. So he, accompanied by his friend, went to attend a Sunday worship at the Louisville Evangelical Church. There he was deeply impressed by the sermon of Rev. Ryman Rogers of the church. His sermon title was "the healing power of Jesus"based on Mark 9:23 and Matthew 6:33.

Mark 9:23 "'If you can'?" said Jesus. "Everything is possible for him who believes."

Matthew 6:33 But seek first his kingdom and his righteousness, and all these things will be given to you as well.

천 친구가 찾아와 교회에 가기를 권유했습니다. 주일날 친구의 부축을 받아 루이빌 복음교회의 예배에 참석했습니다. 레이만 로저스 목사님이 마가복음 9장 23절과 마태복음 6장 33절 말씀으로 '치료하시는 예수님의 능력'에 관하여 설교를 했는데, 샌더스는 큰 은혜를 받았습니다. 어릴 때 유아세례를 받았던 신앙이 회복되었다고 했습니다. 예배를 드릴 때 성령님이 역사하셔서 온 몸이 불덩이같이 뜨거워지며 눈물로 회개를 할 때, 마음의 병과 육신의 병이 깨끗이 낫고 꿈과 희망을 가졌다고 했습니다. 그리고 몇 개월 후에 침례를 받고 새 생활을 시작했다고 했습니다.

샌더스는 성경말씀대로 먼저 그 나라와 그 의를 구하고, 할 수 있다는 믿음으로 나이가 66세였지만 교회의 도움을 받아 닭튀김만 전문으로 하는 조그만 가게를 시작했습니다. 닭을 순식물성 기름에 튀겨 근처 식당에도 찾아가 판매를 부탁했습니다. 그런데 가는 곳마다 거절을 당했습니다. 그러나 낙심하지 않고 로저스 목사님에게 상담을 하고 새벽마다 기도를 했다고 합니다. 거절을 당해도 계속 기도하며 식당들을 찾아가 판매를 부탁했습니다. 1,008번째 켄터키 전역의 식당에서 거절당한 후, 1,009번째에 루이빌 식당에서 받아드려 11가지의 양념을 개발하여 본격적으로 켄터키 프라이드치킨 사업을 시작했습니다.

하나님이 하늘 문을 열어 축복을 하기 시작했습니다. 그는 십일조를 정확히 드렸습니다. 미국 내에 2,000개의 체인점과 48개국에 6,000여 체인점이 세워졌습니다. 그는 하나님의 은혜에 너무 감사하여 체인점이 세워지는 곳마다 전도지를 보내고 개업 때마다 전도를 했습니다. 사업은 날로 번창하여 교회에 매월 270만달러의 십일조를 드렸고, 수많은 교회들을 세우는

From the moment he started to recover his childhood faith. He began to repent in tears as soon as his body felt enflamed by the power of the Holy Spirit. And he was completely healed physically and spiritually, and was filled with new hope and vision. Within a few months he received baptism and started a new life.

So he at the age of 66, seeking God's kingdom and God's righteousness, wih his faith "he could do anything in God"started a small restaurant, selling fried chicken with the support of the church. But every time he tried to sell the recipe of his fried chicken, which was deep-fried in pure vegetable oil, at nearby restaurants in Kentucky, he was rejected.

Yet he did not give in, instead, he sought wisdom from Rev. Rogers and prayed early in the mornings. Having been rejected 1,008 times at most of the restaurants in Kentucky, his recipe was finally accepted at the 1,009th restaurant in Louisville. He developed 11 seasonings of his fried chicken which was beginning of his KFC business. He offered exact tithe to the church.

And he felt that God opened the door to heaven to bless his business: he was able to open 2,000 chains in America and 6,000 around the world. Everywhere his chain store was established, he sent evangelical tracks to spread the Gospel through the store. He was known to have offered 2.7 million dollars of tithe every month, and planted numerous churches. The KFC has, through a contract with Doosan Co., opened about 150 chain stores in Korea.

Beloved! Sanders, having started the KFC business at the age of 66, stayed in his business until 90, relying on the Word "'If you can'?" said Jesus. "Everything is possible for him who believes." (Mark 9:23) May grace of God be with you in your businesses or at work as it was in the business of Sanders!

데 도왔다고 했습니다. 한국에서도 두산식품과 계약을 맺고 현재 150여개의 매장을 두고 있습니다.

여러분! 커널 샌더스는 66세에 KFC를 시작하여 90세까지 마가복음 9장 23절 "예수께서 이르시되 할 수 있거든이 무슨 말이냐 믿는 자에게는 능히 하지 못할 일이 없느니라"는 하나님의 말씀을 부여잡고 장수하며 성공했습니다. 우리도 이러한 믿음을 본받아 주님의 은혜로 성공하시기를 예수님의 이름으로 축원합니다.

1. 은혜를 받으려면 마음 문을 열고 범사에 감사해야 합니다.

시편 100편 4절 "감사함으로 그의 문에 들어가며 찬송함으로 그의 궁정에 들어가서 그에게 감사하며 그의 이름을 송축할지어다"라고 했습니다. 빌립보서 4장 6절 "아무 것도 염려하지 말고 다만 모든 일에 기도와 간구로, 너희 구할 것을 감사함으로 하나님께 아뢰라"고 했습니다. 사도 바울은 로마의 지하감옥에 갇혀 있으면서도 도리어 밖에 있는 성도들에게 범사에 감사하라고 했습니다. 자기가 위로를 받아야 할 처지에 있는데도, 옥중에 있는 자신을 찾아온 사람에게 기뻐하라고 했습니다. 데살로니가전서 5장 16-18절 "16 항상 기뻐하라 17 쉬지 말고 기도하라 18 범사에 감사하라 이것이 그리스도 예수 안에서 너희를 향하신 하나님의 뜻이니라"고 했습니다. 이 말씀대로 우리 옆에 있는 분들과 '범사에 감사합시다'라고 인사하시기를 바랍니다.

시편 50편 23절 "감사로 제사를 드리는 자가 나를 영화롭게 하나니 그의 행위를 옳게 하는 자에게 내가 하나님의 구원을 보이리라"고 했습니다.

Subject 1. You need to open your heart and give thanks in order to receive God's favor.

Psalms 100:4 Enter his gates with thanksgiving and his courts with praise; give thanks to him and praise his name.

Philippians 4:6 Do not be anxious about anything, but in everything, by prayer and petition, with thanksgiving, present your requests to God.

Apostle Paul, although he himself needed consolation in his imprisonment, instructed the saints of the church to give thanks to the Lord. Let us greet one another by saying "Let's give thanks in all circumstances."

1 Thessalonians 5:16-18 [16] Be joyful always; [17] pray continually; [18] give thanks in all circumstances, for this is God's will for you in Christ Jesus.

We should give thanks to the Lord either when the church grows, or (when the FGSJ Church) receives warning from San Jose city hall because we let the homeless sleep in the church, or when we get sick because we have faith in healing of Jesus; give thanks whether we are successful or failing, believing that we will prevail in the end.

Psalms 50:23 He who sacrifices thank offerings honors me, and he prepares the way so that I may show him the salvation of God."

So let us believe that it will be done as you confess through your own mouths because we know that "in all things God works for the

교회가 부흥해도 감사해야 하고, 노숙자를 재우다가 산호세 시청으로부터 경고를 받아도 감사해야 합니다. 몸이 아파도 나을 줄로 믿고 감사해야 합니다. 잘 되어도 감사하고, 못 되어도 잘 될 줄로 믿고 감사해야 합니다. 로마서 8장 28절 "우리가 알거니와 하나님을 사랑하는 자 곧 그의 뜻대로 부르심을 입은 자들에게는 모든 것이 합력하여 선을 이루느니라"는 말씀대로 믿고 감사하시길 바랍니다. 모든 일이 입으로 시인한대로 잘 될 줄로 믿습니다.

사랑하는 성도 여러분! 오늘 이 시간에 하늘 문이 열리고 기쁨이 넘쳐나서, 영혼이 잘 됨 같이 범사에 잘되고 강건 하시기를 예수님의 이름으로 축원합니다.

예화)

저는 11월에도 뉴욕과 로스엔젤리스에서 부흥성회를 인도합니다. 이번 시애틀과 켄터키에서 성령님이 인도하신 것처럼 꼭 가서 말씀을 전해야 합니다. 작년처럼 성령님이 인도하시므로 꼭 가야 합니다.

사도행전 1장 8절 "오직 성령이 너희에게 임하시면 너희가 권능을 받고 예루살렘과 온 유대와 사마리아와 땅 끝까지 이르러 내 증인이 되리라 하시니라"고 했습니다. 계속 은혜가 넘치는 부흥성회가 되도록 기도하시기를 바랍니다.

2. 은혜 받은 사람은 모두 성공적인 크리스천이 되어야 합니다.

사도행전 1장과 2장을 보세요. 예수님이 승천하실 때 500여 제자들이 승

good"for us.

Romans 8:28 And we know that in all things God works for the good of those who love him, who have been called according to his purpose.

Beloved! I hope and pray that the door to heaven opens for you so that your joy overflows, and "as your spiritual life goes well, enjoy good health and everything else goes well with you."

Example)

There will be revivals in New York and Los Angeles in November. I pray that the revivals there this year will also be filled with the power of the Holy Spirit as those in Seattle and Kentucky were. I feel that the Holy Spirit empowers me to go to speak at the revivals in New York and LA in the same way as last year.

Acts 1:8 But you will receive power when the Holy Spirit comes on you; and you will be my witnesses in Jerusalem, and in all Judea and Samaria, and to the ends of the earth."

Subject 2. The Christian who received God's favor will eventually succeed.

Acts 1 and 2 describe the ascension of Jesus and about 500 disciples, looking upon Jesus going up to heaven. But not all of those who watched Jesus going up to heaven were successful. It was only the 120 disciples of Jesus who prayed at the upper room of Mark that experienced the miracle of grace through the Holy Spirit, which divided like fire. Their prayer in unity brought miracle to them.

Acts 4:16 "What are we going to do with these men?" they

천하시는 예수님을 바라보았으나 다 성공한 것이 아닙니다. 오순절 마가요한의 다락방에 가서 열흘 동안 기도한 120명만 성령충만한 은혜를 받고 성공하였습니다. 사도행전 2장에 보면, 오순절 마가요한의 다락방에서 불의 혀같이 갈라지는 성령의 첫 기적이 일어난 것입니다. 한 마음 한 뜻으로 전혀 기도에 힘쓸 때에 기적이 일어난 것입니다. 사도행전 4장 16절 "이 사람들을 어떻게 할까 그들로 말미암아 유명한 표적 나타난 것이 예루살렘에 사는 모든 사람에게 알려졌으니 우리도 부인할 수 없는지라"고 했습니다. 이와 같이 성령님은 엄연히 역사적인 사실임을 말씀하고 있습니다. 그리고 저희로 인하여 유명한 표적이 나타났습니다. 어느 골방에서가 아니라 이스라엘의 수도 예루살렘입니다. 예루살렘에 사는 모든 사람에게 알려진 것입니다. 사도행전 4장 31절 "빌기를 다하매 모인 곳이 진동하더니 무리가 다 성령이 충만하여 담대히 하나님의 말씀을 전하니라"고 했습니다.

여러분! 사도행전 2장은 성령충만의 장입니다. 요엘 2장은 구약에서 일어난 성령행전의 사건입니다. 새 시대의 예언을 선포하신 것입니다. 요엘 2장 28-29절 "28 그 후에 내가 내 영을 만민에게 부어 주리니 너희 자녀들이 장래 일을 말할 것이며 너희 늙은이는 꿈을 꾸며 너희 젊은이는 이상을 볼 것이며 29 그 때에 내가 또 내 영을 남종과 여종에게 부어 줄 것이며"라고 했습니다.

여러분! 오순절의 역사는 과거에 있는 것이 아니라, 현재 일어나고 있는 사건입니다. 과거의 기적이 현재, 지금 이 시간에도 일어나고 있습니다. 우리는 선교하고 전도에 최선을 다해야 합니다. 그 나라와 그의 의를 먼저 구해야 합니다. 그럴 때 은혜를 받고 기쁨이 넘칩니다.

asked. "Everybody living in Jerusalem knows they have done an outstanding miracle, and we cannot deny it.

The Holy Spirit was surely present among the disciples of Jesus. And those who received the Holy Spirit have done miracle in Jerusalem—it did not happen in a small room. And miracle of the Spirit by the disciples of Jesus is widely known to the people in Jerusalem, the capital of Israel of the time.

Acts 4:31 After they prayed, the place where they were meeting was shaken. And they were all filled with the Holy Spirit and spoke the word of God boldly.

Acts 2 describes the disciples of Jesus who received the Holy Spirit. And description of what happens in Acts 2 in the Old Testament is Joel 2.

Joel 2:28-29 "[28] And afterward, I will pour out my Spirit on all people. Your sons and daughters will prophesy, your old men will dream dreams, your young men will see visions.
[29] Even on my servants, both men and women, I will pour out my Spirit in those days.

Beloved! The Pentecost is not just what happened in the past but what is happening here and now. The miracle of the past still happens today.

Therefore we should try our best in mission and evangelism, seeking first God's kingdom and God's righteousness. Then our joy will overflow as we devote to mission and preaching the Gospel.

The conclusive word of God of today that will fill you with grace and joy are as follows:

Matthew 6:33 But seek first his kingdom and his righteousness, and all these things will be given to you as well.

오늘 말씀의 끝으로 은혜와 기쁨의 기본이 되는 성경말씀 두 구절만 읽어 드리겠습니다. 마태복음 6장 33절 "그런즉 너희는 먼저 그의 나라와 그의 의를 구하라 그리하면 이 모든 것을 너희에게 더하시리라"고 했습니다. 빌립보서 4장 4절 "주 안에서 항상 기뻐하라 내가 다시 말하노니 기뻐하라"고 했습니다.

사랑하는 성도 여러분! 성령충만 받으시고 더 큰 은혜를 받아서 은혜와 기쁨이 영원히 넘치시기를 예수님의 이름으로 축원합니다.

Philippians 4:4 Rejoice in the Lord always. I will say it again: Rejoice!

Beloved!

May God bless you with the power of the Holy Spirit and may grace of God fill you with joy in the name of Jesus!

5
어머니의 마음을 본받자

에베소서 6장 1-4절 "[1] 자녀들아 너희 부모를 주 안에서 순종하라 이것이 옳으니라 [2] 네 아버지와 어머니를 공경하라 이것이 약속 있는 첫 계명이니 [3] 이는 네가 잘되고 땅에서 장수하리라 [4] 또 아비들아 너희 자녀를 노엽게 하지 말고 오직 주의 교양과 훈계로 양육하라"

잠언 23장 22-25절 "[22] 너 낳은 아비에게 청종하고 네 늙은 어미를 경히 여기지 말지니라 [23] 진리를 사고서 팔지 말며 지혜와 훈계와 명철도 그리할지니라 [24] 의인의 아비는 크게 즐거울 것이요 지혜로운 자식을 낳은 자는 그를 인하여 즐거울 것이니라 [25] 네 부모를 즐겁게 하며 너 낳은 어미를 기쁘게 하라"

오늘은 어머니 주일입니다. 오늘 부른 노래대로 어머니의 마음은 하늘보다 더 높고 바다보다 더 깊다고 했습니다. 이 노래 시를 지은 양재동 선생님은 현대문학에 등단한 제 선배로서, 제가 현대문학에 시 추천을 받을 때 많이 도와주셨습니다. 양 선생님은 평생을 자녀를 위해 헌신하고 희생하신 어머니를 생각하면서 이 시를 썼다고 했습니다. 오늘 어머니 주일에 우리는 부모님께 감사하며 효도해야 합니다. 어머니와 아버지께 맛있는 음식도 대

5
Let us model after a mother's heart

Ephesians 6:1-4 [1] Children, obey your parents in the Lord, for this is right. [2] "Honor your father and mother"--which is the first commandment with a promise-- [3] "that it may go well with you and that you may enjoy long life on the earth." [4] Fathers, do not exasperate your children; instead, bring them up in the training and instruction of the Lord.

Proverbs 23:22-25 [22] Listen to your father, who gave you life, and do not despise your mother when she is old. [23] Buy the truth and do not sell it; get wisdom, discipline and understanding. [24] The father of a righteous man has great joy; he who has a wise son delights in him. [25] May your father and mother be glad; may she who gave you birth rejoice!

We are celebrating Mother's Day today. As we have sung in the beginning of the worship, they say that the height and depth of a mother's heart is higher than the sky and deeper than an ocean. The poet, who wrote this poem—the word of this song—is one of my senior, who had started his literary career from *Hyundai Literature*. He once shared with me his story how he had gotten to write the poem, thinking of his mother, who had devoted her entire life to her children. I urge you to be good to your parents, expressing your gratitude, taking them out to eat, and bringing gifts to them. Let us greet each of our mothers to say "Thank you, please be well and

접하고 선물도 드리시길 바랍니다. 우리 다같이 어머니께 '감사합니다. 건강하시고 장수하세요'라고 크게 외치며 인사하시길 바랍니다. 어머니가 계시지 않는 분들은 어머니 연세만큼 되신 분들을 돕고 공경하시길 바랍니다.

어머니는 자녀들을 위해서 일생토록 보호하고 기도하며 희생하십니다. 그리고 자신의 목숨까지도 자녀들을 위해 내놓기 까지 합니다. 이번에 우리가 기도한대로 세크라멘토 세계선교기도회에서 거액의 구호헌금을 모아 지진으로 피해를 입은 에콰도로와 일본 구마모토를 도우면서 더 알게 된 일입니다.

에콰도르에서는 8.3 강도의 지진으로 수많은 사람들이 죽었습니다. 그 엄청난 지진으로 많은 집들이 무너졌는 데, 한 어머니가 무너지는 집더미 속에서 생후 8개월된 아기를 온 몸으로 보호하여 살렸습니다. 방송을 통해 구조대들이 피투성이가 되어 죽은 어머니의 품에서 아기를 꺼내는 것을 보았습니다. 어머니가 자신의 몸을 방패로 아이를 살린 것입니다.

일본 구마모토 지진현장에서는 사토코 목사님의 친척들이 죽은 건물더미에서 아이 울음소리가 들려서 6시간에 걸쳐 구조를 했다고 했습니다. 신문보도를 보면 구조된 여섯 살난 아이의 부모가 아이 옆에 깔려 죽었다고 했습니다. 부모들이 아이를 살리려고 자기의 생명을 희생하는 모습이었습니다. 이 일이 일본과 한국의 신문에 보도되었습니다.

이처럼 이 세상의 모든 어머니들은 어떤 재난이나 어려움 속에서도, 지진의 건물더미 속에서도 자신을 희생하면서까지 자녀를 구출하는 것입니다. 옛말에 '여자는 약하지만 어머니는 강하다'라고 했습니다. 그러므로 어머니는 인류역사에 우뚝 서서 자녀들을 위해 눈물의 기도를 합니다. 기도하는

live long." Some of you, whose mothers are not with you (or who lost their mother) may try to treat and be good to anyone around you, who is older than you.

A mother protects and prays for her children to the point of sacrificing her own life to the end. I could verify this love of mother when raising relief offering (a big amount of relief offering had been collected) for the earthquake victims in Ecuador and Kumamoto at the world mission conference in Sacramento.

At the ruins of Ecuador where the 8.3 magnitude of earthquake killed and destroyed numerous people and houses, a mother of 8 months old baby was found dead, covering the baby with her body. As we watched on air a rescue team pulling the baby from the bloodied body of its mother, we could see that her mother had struggled to become a shield of her baby.

In Kumamoto, Japan, relatives of Rev. Satoko who were helping a rescue team there heard a child crying under the ruins of the earthquake. After six hours of struggle, they finally saved the child from the ruins. Newspapers in Japan and in Korea reported that the parents of the child were crushed to death right beside the child, sacrificing their lives while attempting to save their six-year old child.

Like this, mothers are willingly sacrifice their lives to save their children in the midst of disasters, in the ruins of earthquake. It is said that a woman is weak but a mother is strong. A mother, who prays in tears for her child, as is proven through human history, provides her children with dream and hope. This is why Jesus, heading toward Golgotha in Luke 23:28 said: **"Daughters of Jerusalem, do not weep for me; weep for yourselves and for your children.**

어머니는 자녀들에게 찬란한 미래의 꿈과 희망을 줍니다. 그래서 우리 예수님은 십자가를 지고 골고다 언덕길을 올라가는 순간에도 말씀하셨습니다. 누가복음 23장 28절 "예수께서 돌이켜 그들을 향하여 이르시되 예루살렘의 딸들아 나를 위하여 울지 말고 너희와 너희 자녀를 위하여 울라"고 했습니다. 이 말씀은 눈물로 자녀들을 위하여 기도하라는 뜻입니다.

훌륭한 사람들의 뒤에는 훌륭한 어머니의 기도가 있었다는 것을 알아야 합니다. 모세의 뒤에는 어머니 요게벳의 눈물의 기도가 있었습니다. 사무엘에게는 어머니 한나의 끊임없는 기도가 있었습니다. 어거스틴에게는 눈물로 밤낮으로 기도한 어머니 모니카가 있었습니다. 썬다싱에게는 항상 무릎을 꿇고 간절하게 기도하는 어머니가 있었습니다. 그래서 썬다싱은 '나의 신학교는 어릴 때부터 무릎에 앉히고 기도한 어머니의 무릎'이라고 했습니다. 요한 웨슬리도 19자녀들 중에 15번째인데 어머니가 늘 무릎에 앉혀서 기도하고 성경이야기를 했다고 합니다. 그래서 웨슬리도 '나의 신학교는 옥스포드 대학 신학과가 아니라 나를 위해 기도하신 어머니의 무릎이었다'고 했습니다.

어머니의 눈물의 기도는 이렇게 주님의 뜻을 이루는 능력이 있습니다. 우리 교회의 어머니와 아버지의 기도는 하늘에 빛나는 태양처럼, 무지개처럼, 별빛처럼 빛나고, 금대접의 향처럼 놀라운 응답으로 기적이 일어날 줄로 믿습니다. 그 기도의 응답은 높고 푸르른 우리 교회의 주변에 우뚝 솟은 나무들처럼 교회의 버팀목이 되고, 어려울 때 힘이 되고, 생명의 텃밭이 되고 있습니다.

더구나 우리 교회의 어머니들은 마태복음 2장 25절의 말씀대로 가난하고

It is quite true that a great mother nurtures a great figure out of her child through her prayer. There was the tearful prayer of Jochebet for her son Moses. For Samuel there was the unceasing prayer of Hanna. Monica prayed day and night in tears for Augustine. The mother of Sundar Singh always prayed placing him on her knees. Thus Sundar Singh said that his theological school was his mother's lap. John Wesley, the 15th son among his 19 siblings, sitting on his mother's lap, always heard the stories from the Bible. He also confessed that his theological school was not Oxford but his mother's lap.

Prayers of mothers are powerful enough to fulfill God's will for their children. Therefore I bless the prayers of the mothers and fathers of the FGSJ Church that shine like the Sun or rainbow or stars or incense on a golden plate to be rewarded in miracles.

And I also pray that those parents in the FGSJ Church will be, like the tall green street trees around this church, props of the church and carriers of life like a vegetable garden.

I especially give thanks for the mothers of the FGSJ Church who serve in loving care of the lonely and sick, providing meals for them every Sunday after worship (Matthew 25). I believe that the saints of the FGSJ Church are the most blessed in the kingdom of God through their services for the Homeless.

Beloved! I advise you, the children of the FGSJ Church, to be good to and love your parents.

Proverbs 23:22 Listen to your father, who gave you life, and do not despise your mother when she is old.

The Ten Commandments given through Moses command us to

불쌍하고 외롭고 병든 사람들을 도와주고, 주일마다 식사를 제공하는 사랑과 봉사의 어머니들입니다. 어느 어머니들보다도 주님의 나라에서 가장 큰 축복을 받을 줄로 믿습니다.

여러분! 우리 교회의 자녀들은 부모님께 더 효도하고 사랑을 많이 해야 합니다. 오늘 본문말씀 잠언 23장 22절 "너를 낳은 아비에게 청종하고 네 늙은 어미를 경히 여기지 말지니라"고 했습니다. 모세를 통해 주신 하나님의 십계명에도 "네 부모를 공경하라"고 했습니다. 우리 예수님은 십자가를 지시는 최후의 순간에도 어머니를 당부하셨습니다. 요한복음 19장 26-27절 "26 예수께서 자기의 어머니와 사랑하시는 제자가 곁에 서 있는 것을 보시고 자기 어머니께 말씀하시되 여자여 보소서 아들이니이다 27 또 그 제자에게 이르시되 보라 네 어머니라 하신대 그 때부터 그 제자가 자기 집에 모시니라"고 했습니다. 그리고 예수님은 효도는 첫 계명이라고 말씀하셨습니다. 오늘 본문말씀 에베소서 6장 2-3절 "2 네 아버지와 어머니를 공경하라 이것은 약속이 있는 첫 계명이니 3 이로써 네가 잘되고 땅에서 장수하리라"고 했습니다.

오늘 우리가 어머니를 위해 통성으로 기도한대로 어머니의 마음을 되새기며 즐겁게 해드리고 효도하시길 바랍니다. 이세상의 어떠한 기인 열사라고 할지라도 어머니 없이는 태어날 수가 없고, 어머니의 보살핌 없이 자라날 수가 없습니다. 오늘 저와 여러분들도 부모님 때문에 이 세상에 태어날 수가 있었고, 보살핌이 있었기에 이렇게 장성하여 주님의 택한 성도가 된 것입니다. 신명기 5장 16절 "너는 네 하나님 여호와께서 명령한 대로 네 부모를 공경하라 그리하면 네 하나님 여호와가 네게 준 땅에서 네 생명이 길고 복을

honor our father and mother.

Jesus on the cross asked John to take care of his mother:

John 19:26-27 [26] When Jesus saw his mother there, and the disciple whom he loved standing nearby, he said to his mother, "Dear woman, here is your son," [27] and to the disciple, "Here is your mother." From that time on, this disciple took her into his home.

Jesus also teaches us to honor our parents as the first commandment in Ephesians 6:2-3.

Ephesians 6:2-3 [2] "Honor your father and mother"--which is the first commandment with a promise-- [3] "that it may go well with you and that you may enjoy long life on the earth."

Today I encourage you to try to please your mother as we had prayed out loud in the beginning of worship today. There is no one, no matter how they are great, who is born without mother, nor grew up without the nurture of a mother. We owe our mother our life in the earth who had nurtured us to grow up to worship as chosen people at the church.

Deuteronomy 5:16 "Honor your father and your mother, as the LORD your God has commanded you, so that you may live long and that it may go well with you in the land the LORD your God is giving you.

When you honor you mother and father, you may also enjoy health and long life. I have a few friends, whose mothers are over 100 years old. They tend to enjoy good life and have been doing well in their ministries. And their parents also enjoy longevity as, I believe, they honor their parents.

누리리라"고 했습니다. 부모님께 효도하고 순종하면 건강하고 장수합니다. 제 친구들 중에 몇 명은 백세 이상된 어머니를 모시고 삽니다. 그 친구 부부들이 부모님께 지극정성으로 효도를 하기 때문에 부모님도 장수하시고 목회도 잘되고 건강하게 살고 있습니다. 이와 같이 효도하면 건강하고 장수하는 축복을 받습니다. 부모님의 사랑과 하나님의 사랑은 아가페 사랑으로 직결되어 있습니다. 예수님은 보이는 부모님을 사랑하지 못하는 사람이 어찌 보이지 않는 하나님을 사랑하겠느냐고 말씀하고 계십니다.

우리 예수님은 평소에도 육신의 어머니이신 동정녀 마리아에게 효성을 베푸시고 항상 사랑하셨습니다. 그리고 예수님은 수제자 베드로의 집에 들어가셔서 그의 장모가 열병으로 누운 것을 보시고 열병을 깨끗이 고쳐 주셨습니다. 마태복음 4장에 보면, 우리 예수님은 모든 약한 것과 모든 병을 다 고쳐 주셨습니다. 천국복음을 전파하시며 귀신을 쫓아내시고 자연계를 통치하셨습니다. 데가볼리와 갈릴리와 예루살렘과 온 유다를 두루 다니시며 영과 육에 병든 사람들을 치료하여 주셨습니다 (마 4:23-25). 누가복음 18장에 보면, 어머니들이 어린아이들을 안고 오면 만져 주시고 축복기도를 해주시며 병도 고쳐주셨습니다.

사랑하는 성도 여러분! 오늘 어머니 주일을 맞이하여 우리 구주 예수님의 효도를 본받아 부모님께 효도하여 주님의 영원한 축복받으시기를 예수님의 이름으로 축원합니다.

예화)

이번에 저는 사모와 함께 세계선교기도회를 다녀온 후에 더 성령충만함

The love of God and that of parents is inter-related: both of them are *Agape*. Jesus asks us a question: how we could love the non-visible God when we would not love our visible parents.

Jesus always honored and loved his mother, the Virgin Mary. Jesus goes to the house of Peter to heal his mother-in-law from fever. Jesus in Matthew 4 heals the weak and the sick, set the demon-possessed free and rules the nature through preaching the Gospel. People who came from Decapolis, Jerusalem, and Judea would come to Jesus to be healed physically and spiritually. Jesus heals and blesses by touching the children who came in their mother's arm in Luke 18.

Matthew 4:23-25 [23] Jesus went throughout Galilee, teaching in their synagogues, preaching the good news of the kingdom, and healing every disease and sickness among the people. [24] News about him spread all over Syria, and people brought to him all who were ill with various diseases, those suffering severe pain, the demon-possessed, those having seizures, and the paralyzed, and he healed them. [25] Large crowds from Galilee, the Decapolis, Jerusalem, Judea and the region across the Jordan followed him.

Beloved! May God bless those who honor their parents modeling after Jesus Christ on this Mother's Day!

Example)

I have been praying at the Mount Hermon prayer center for the fund-raising project at revivals) ever since my wife and I were filled with the Holy Spirit from the world mission conference at Sacramento. And I have received answers for my prayers. Glory to God! The schedule for my future revivals are as follows:

After participating in the annual mission conference in Korea at

을 받아서 헬몬산 기도원에서 계속 기도하여 응답을 받았습니다. 주님께 감사하며 영광을 돌립니다. 저는 이달 말에 매년 열리는 한국의 선교대회를 참석한 후에 일본에 가서 사토코 목사님과 함께 후쿠시마와 쿠로이소에서 집회를 합니다. 그 후에 지진피해를 입은 구마모토순복음교회(오모리 목사님)에서 말씀을 전하기로 약속을 했습니다. 몽골의 울란바토르 교회와 산지족 교회에서도 부흥회를 인도하기로 했습니다. 상하이에 있는 저의 사촌동생 김영자 선교사가 시무하는 상하이한인교회에 가서도 돕고, 말씀을 증거합니다. 또 우리가 개척한 용산 노숙자선교교회에 북미총회에서 헌금한 급식비를 전달하고 총회원들과 일일 봉사를 하기로 했습니다. 오 장로님은 먼저 한국으로 가서 탈북 노숙자 선교지에 선교헌금을 전달하고 봉사하기로 했습니다.

마가복음 16장 15절 "너희는 온 천하에 다니며 만민에게 복음을 전파하라"고 했습니다. 사도행전 1장 8절 "오직 성령이 너희에게 임하시면 너희가 권능을 받고 예루살렘과 온 유대와 사마리아와 땅 끝까지 이르러 내 증인이 되리라"고 했습니다.

1. 어머니 주일을 맞이하여 우리를 나으신 어머니를 기쁘게 해드리고 더 기도해야 합니다.

어머니는 우리에게 살을 주시고 피를 주셨습니다. 해산의 수고를 하셨습니다. 창세기 3장 16절 "또 여자에게 이르시되 내가 네게 임신하는 고통을 크게 더하리니 네가 수고하고 자식을 낳을 것이며 너는 남편을 원하고 남

the end of this month, I will visit Yongsan homeless shelter (which the FGSJ Church established) to deliver the relief offering, collected from the North California general assembly, and to serve meals together with the members of the general assembly for the day. Elder Oh Young-eui will go to Korea before me to deliver relief offering and serve a church for the North Korean refugees in Korea.

Then I will go to Hukushima and Kuroiso in Japan and will speak at revivals together with Rev. Satoko. I will also speak at Kumamoto Full Gospel Church (Rev. Omori), which had been damaged by an earthquake. After the revivals in Japan, I will be leaving to Mongolia in order to speak at revivals in Ullanbaator church and a church for mountain tribes. Then I will visit Shanghai Korean church in Shanghai where Kim Young-ja, one of my cousins, serves. I am planning to help her ministry during my stay there besides speaking at a revival.

Mark 16:15 "Go into all the world and preach the good news to all creation.

Acts 1:8 But you will receive power when the Holy Spirit comes on you; and you will be my witnesses in Jerusalem, and in all Judea and Samaria, and to the ends of the earth."

Subject 1. Let us try to please and pray sincerely for our mothers on this Mother's Day.

Mothers gave us flesh and blood, having gone through the pain of delivery.

Genesis 3:16 To the woman he said, "I will greatly increase your pains in childbearing; with pain you will give birth to

편은 너를 다스릴 것이니라"고 했습니다. 우리는 어머니의 해산의 은덕을 잊을 수가 없습니다. 어린 시절에는 알지 못하다가 어른이 되어 결혼을 해서 애기를 낳고 길러보아야 비로소 알게 됩니다.

인간의 고통 중에 해산의 고통이 가장 크다고 주님은 말씀하셨습니다. 요한복음 16장 21절 "여자가 해산하게 되면 그 때가 이르렀으므로 근심하나 아기를 낳으면 세상에 사람 난 기쁨으로 말미암아 그 고통을 다시 기억하지 아니하느니라"고 했습니다. 갈라디아서 4장 19절 "나의 자녀들아 너희 속에 그리스도의 형상을 이루기까지 다시 너희를 위하여 해산하는 수고를 하노니"라고 했습니다. 이처럼 해산하느라고 수고하신 어머니의 은덕을 우리는 영원히 잊을 수가 없습니다. 그리고 우리 교회의 어머니들처럼 평생 자녀들을 위한 기도와 서원기도가 기어코 응답될 줄로 믿습니다.

사랑하는 성도 여러분! 오늘 어머니 주일을 맞이하여 자녀들을 위한 어머니의 기도가 금대접의 향이 되어 자녀를 사랑으로 성공시키시고, 주님의 사랑으로 복주고 복주며 번성케 하시기를 예수님의 이름으로 축원합니다.

예화)

유태인의 탈무드에 보면, 하나님께서 천사 가브리엘을 시켜서 이 세상에서 가장 아름다운 것을 세 가지를 가져오라고 했습니다. 천사는 인간세상에 와서 두루 다니다가 가장 아름다운 세 가지를 찾았습니다. 첫째는 아름답게 핀 꽃, 둘째는 어린아이의 아름다운 웃음, 셋째는 어머니의 사랑이었습니다.

가브리엘 천사는 이 세 가지를 가지고 구름을 지나 달을 거쳐 은하수를

children. Your desire will be for your husband, and he will rule over you."

Jesus says that the pain of delivery is the greatest among human pains.

John 16:21 A woman giving birth to a child has pain because her time has come; but when her baby is born she forgets the anguish because of her joy that a child is born into the world.

Galatians 4:19 My dear children, for whom I am again in the pains of childbirth until Christ is formed in you,

Therefore, we cannot forget the favor we received from our mother, who endured the pain of delivery. Nevertheless, we don't know the pain of delivery until we become a mother. I believe that God will surely answers for the prayers of mothers, who pray for their children, as those of the congregations of the FGSJ Church do.

Beloved! I believe that the prayers of mothers for their children will become incense on a golden plate to bring everlasting blessings to their children so that they will prosper in the love of Jesus.

Example)

There is a story from Talmud:

God told angel Gabriel to bring the most beautiful three things in the world. Gabriel wandered around the world to find, first, a beautiful flower, second, the laughter of a child, third, the love of a mother.

It took a long time for Gabriel to take those three things to the heaven, having passed the cloud, the moon, and crossed Milky

건넜습니다. 하늘나라로 가는 길에 세월이 너무 흘러 가브리엘 천사가 하나님 앞에 섰을 때는 꽃은 시들었고, 아이는 자라 아름다운 웃음을 잃었으나 어머니의 사랑만은 변함없이 아름다웠다는 것입니다. 이 귀한 어머니의 사랑이 여러분의 가슴 속에 영원히 깃들기를 축원합니다.

2. 어머니는 희생적인 사랑을 가지고 우리를 사랑하고 있습니다.

실로 어머니의 사랑은 하나님의 사랑의 거울이요 그림자입니다. 그래서 유대인의 전설에 보면 하나님이 이렇게 말씀하셨다고 합니다. '내가 어머니의 등을 만들어 너를 업어 길렀고, 내가 어머니의 유방을 만들어 젖을 먹이고 품에 안고 기르게 했다'고 했습니다. 사람은 한평생 살면서 사랑의 빚을 많이 지고 삽니다. 그러나 어머니에게 받은 사랑은 평생을 두고 보답해도 갚을 길이 없습니다. 잠언 23장 22절 "너를 낳은 아비에게 청종하고 네 늙은 어미를 경히 여기지 말지니라"고 했습니다. 25절에 "네 부모를 즐겁게 하며 너를 낳은 어미를 기쁘게 하라"고 했습니다. 이 말씀은 외형적인 것보다 어머니의 마음을 편하게 하라는 것입니다. 부모님들이 가장 기뻐하시고 좋아하시는 것을 해드리라는 것입니다.

출애굽기 20장 12절 "네 부모를 공경하라 그리하면 네 하나님 여호와가 네게 준 땅에서 네 생명이 길리라"고 했습니다. 잠언 1장 8-9절 "8 내 아들아 네 아비의 훈계를 들으며 네 어미의 법을 떠나지 말라 9 이는 네 머리의 아름다운 관이요 네 목의 금 사슬이니라"고 했습니다. 이와 같이 어머니의 손은 안수하는 손이요, 어머니의 발은 선녀같이 접근하며 피곤할 때는 안식처요, 어려운 일이 있을 때는 견고한 피난처입니다. 그러므로 어머니는 우리

Way. Standing in front of God on arrival, the angel found out that the flower withered and the child lost its laughter to have grown up, however the love of a mother was still beautiful.

I hope and pray that this precious love of mother dwells in your life forever.

Subject 2. Mothers are willing to sacrifice in their love for their children.

The love of a mother is the mirror and shadow of the love of God. In a Jewish myth, God says "I made your mother's back so that she could carry you on her back, I made your mother's breast so that she could breastfeed and hold you in her bosom." A person owes his/her mother so much of love entire his/her life. However it is beyond us to pay back the love, which we have received from our mother.

Proverbs 23:22 Listen to your father, who gave you life, and do not despise your mother when she is old.

Proverbs 23:25 May your father and mother be glad; may she who gave you birth rejoice!

The word of God above teach us, rather than trying to satisfy our mother with material stuff, to try to make our mother feel comfortable and to do whatever they are pleased with.

Exodus 20:12 "Honor your father and your mother, so that you may live long in the land the LORD your God is giving you.

Proverbs 1:8-9 [8] Listen, my son, to your father's instruction and do not forsake your mother's teaching. [9] They will be a garland to grace your head and a chain to adorn your neck.

를 길러주는 위대한 원정이며 사랑의 등불이며 위대한 제사장입니다.

어머니를 예찬하려면 말로 다 표현할 수가 없습니다. 이러한 어머니도 세월이 가면 이마에는 주름살이 생기고, 머리카락은 희끗 희끗 백발이 되어 가고, 허리는 굽고, 손은 부들 부들 떨리고, 다리는 휘청 휘청하고, 눈은 어두워지고, 음성은 변하는 것입니다. 그러므로 주님께서는 비유하여 말씀하셨습니다.

잠언 16장 31절 "백발은 영화의 면류관이라 공의로운 길에서 얻으리라"고 했습니다. 주님의 귀한 격려의 말씀입니다. 어머니의 이러한 모습을 바라보면서 우리는 효도를 해야 합니다. 어머니가 돌아가신 분들은 어머니 연세만큼 되신 어르신들을 도우시고 공경하시길 바랍니다.

오늘 말씀의 끝으로 어머니에게 큰 위로가 되는 성경말씀 두 구절을 읽어드리겠습니다. 골로새서 3장 20절 "자녀들아 모든 일에 부모에게 순종하라 이는 주 안에서 기쁘게 하는 것이니라"고 했습니다. 사무엘상 15장 22절 하반절 "순종이 제사보다 낫고"라고 했습니다.

사랑하는 성도 여러분! 오늘 어머니 주일을 맞이하여 어머니는 자녀를 위해 기도하시고, 자녀들은 효도하고 순종하여 자손대대로 영원한 축복받으시기를 예수님의 이름으로 축원합니다.

A mother's hand is on your head to pray and her feet are as light as those of the angel who draws near to take care of you. She is a resting place and a stable shelter in times of trouble. She is our source of existence, a lamplight of love and a great priest. It is beyond us to describe the love of a mother in words.

However mothers, as time goes by, get old with gray hair, bent back, trembling hands, staggering legs, dim eyesight, and changing voices. Thus Jesus figuratively said about aging mother as follows:

Proverbs 16:31 Gray hair is a crown of splendor; it is attained by a righteous life.

Jesus encourages us to honor mothers. I again advise those whose mothers have already passed away to honor any aged people around them.

I chose the following words of God to give comfort to the mother:
Colossians 3:20 Children, obey your parents in everything, for this pleases the Lord.

1 Samuel 15:22b To obey is better than sacrifice

Beloved!
I hope and pray that you, parents, may pray for your children, and the children, honor and obey your parents so that you may be blessed generation to generation.

6
하나님께 귀하게 쓰임 받는 성도가 되자

마태복음 14장 28-33절 "[28] 베드로가 대답하여 이르되 주여 만일 주님이시거든 나를 명하사 물 위 로 오라 하소서 하니 [29] 오라 하시니 베드로가 배에서 내려 물 위로 걸어서 예수께로 가되 [30] 바람 을 보고 무서워 빠져 가는지라 소리 질러 이르되 주여 나를 구원하소서 하니 [31] 예수께서 즉시 손 을 내밀어 그를 붙잡으시며 이르시되 믿음이 작은 자여 왜 의심하였느냐 하시고 [32] 배에 함께 오르 매 바람이 그치는지라 [33] 배에 있는 사람들이 예수께 절하며 이르되 진실로 하나님의 아들이로소 이다 하더라"

요한복음 21장 15-17절 "[15] 그들이 조반 먹은 후에 예수께서 시몬 베드로에게 이르시되 요한의 아 들 시몬아 네가 이 사람들보다 나를 더 사랑하느냐 하시니 이르되 주님 그러하나이다 내가 주님을 사랑하는 줄 주님께서 아시나이다 이르시되 내 어린 양을 먹이라 하시고 [16] 또 두 번째 이르시되 요한의 아들 시몬아 네가 나를 사랑하느냐 하시니 이르되 주님 그러하나이다 내가 주님을 사랑하는 줄 주님께서 아시나이다 이르시되 내 양을 치라 하시고 [17] 세 번째 이르시되 요한의 아들 시몬아 네가 나를 사랑하느냐 하시니 주께서 세 번째 네가 나를 사랑하느냐

6
Let us be used nobly by God

Matthew 14:28-33 [28] "Lord, if it's you," Peter replied, "tell me to come to you on the water." [29] "Come," he said. Then Peter got down out of the boat, walked on the water and came toward Jesus. [30] But when he saw the wind, he was afraid and, beginning to sink, cried out, "Lord, save me!" [31] Immediately Jesus reached out his hand and caught him. "You of little faith," he said, "why did you doubt?" [32] And when they climbed into the boat, the wind died down. [33] Then those who were in the boat worshiped him, saying, "Truly you are the Son of God."

John 21:15-17 [15] When they had finished eating, Jesus said to Simon Peter, "Simon son of John, do you truly love me more than these?" "Yes, Lord," he said, "you know that I love you." Jesus said, "Feed my lambs." [16] Again Jesus said, "Simon son of John, do you truly love me?" He answered, "Yes, Lord, you know that I love you." Jesus said, "Take care of my sheep." [17] The third time he said to him, "Simon son of John, do you love me?" Peter was hurt because Jesus asked him the third time, "Do you love me?" He said, "Lord, you know all things; you know that I love you." Jesus said, "Feed my sheep.

It is the Father's Day today. Professor Kim Hyun-seong recommended me three times to start my literary career at the

하시므로 베드로가 근심하여 이르되 주님 모든 것을 아시오매 내가 주님을 사랑하는 줄을 주님께서 아시나이다 예수께서 이르시되 내 양을 먹이라"

오늘은 '아버지 날'입니다. 제가 학생 때 현대문학지에 시를 쓰게 하여 3회 추천까지 완료하게 해주고, 신춘문예에 입상하도록 시를 가르쳐 주신 김현승 교수님은 '아버지'라는 산문시를 이렇게 썼습니다. '아버지는 어린 자녀들을 위하여 추울 때는 난로불을 피우며, 더울 때는 부채질로 자녀들을 시원하게 합니다. 가을이 오면 낙엽을 주우며 기도하는 아버지입니다. 아버지는 세상이 험난하면 전깃줄에 앉은 새처럼 마음을 두근거리며 자녀들의 앞날을 생각합니다. 아버지의 눈에는 눈물이 보이지 않으나 자녀들을 위하여 기도할 때는 눈물이 고입니다. 아버지는 오늘도 가족을 위해 기도합니다.'라고 했습니다. 기도하는 아버지는 하나님께 귀하게 쓰임을 받습니다.

여러분! '아버지 날'을 맞이하여 부모님들께서는 건강하시고 장수하셔서 하나님께 귀하게 쓰임 받기를 축원합니다. 미국에서 '어머니 날'은 5월 둘째 주일이고, '아버지 날'은 6월 셋째 주일입니다.

오늘 '아버지 날'을 맞이하여 오클랜드, 샌프란시스코, 산호세, 몬트레이에서는 아버지와 함께 하는 각종 페스티발이 열리고 있습니다. 하지만, 우리가 무엇보다 먼저 하나님께 예배 드릴 때 더 큰 은혜 와 행복과 축복이 교회와 가정에 임할 줄로 믿습니다.

사랑하는 성도 여러분! 오늘 아버지 날을 맞이해서 부모님께 더 효도하

Contemporary Literature and helped me to write poem to win an annual spring literary contest. He wrote a prose poem, *Father*:

'A father Turns a heater on for his little children when it gets cold and fan when hot; he prays for his children as he picks up fallen leaves in the fall; he gets anxious of his children's future like a bird on a wire to see the world becoming tough to live; Though showing no tears for himself, tears well up in his eyes when praying for his children; Today a father still prays for his family.'

May God bless our parents with health and longevity on this Father's Day! May they be used nobly by God! The Mother's Day in America is the second Sunday of May, and the Father's Day, the third Sunday of June.

Oakland, San Francisco, San Jose, and Monterey hold various festivals to celebrate the Father's Day Today. However, I believe that those people, the church, and families that worship God before all will be most blessed.

Beloved! The saints should honor their parents according to the Word of blessings from the Deuteronomy 28 and Hebrew 6:14 on this Father's Day.

Example)

The origin of the Father's Day goes back to 1910 at Washington State of America. A girl named Sonora Smart Dodd in Washington who was raised by his father after her mother had passed, wanted to

여 신명기28장의 축복의 말씀과 히브리서 6장14절의 말씀대로 하나님의 영원하신 축복을 한량없이 받으시기를 주님의 이름으로 축원합니다.

예화)

오늘날 '아버지 날'의 유래는 1910년에 미국 워싱턴 주에서부터 시작되었습니다. 워싱턴 주에 사는 '소노라 스마트 도드'란 한 소녀가 어머니가 세상을 떠난 후 아버지가 홀로 자기를 길렀기 때문에, 너무나 아버지께 감사해서 아버지 날이 유래되었다고 합니다. 소노라의 아버지는 남북 전쟁 당시에 어머니가 세상을 떠난 후에 재혼하지 않고 소노라를 키웠습니다.

그 후 소노라가 장성하여 출가한 후에 아버지는 노환으로 세상을 떠났습니다. 소노라는 아버지가 홀로 사시며 자기를 기른 것을 생각하며 아버지를 추모하는 마음으로 교회에 추모예배를 부탁하였습니다. 그리고 아버지가 평소에 흰색 장미를 좋아하시고 정원에서 가꾼 것을 생각하여 아버지의 묘소에 흰색 장미로 장식하고 추모예배를 드렸습니다. 이러한 아버지를 기리는 추모예배가 워싱턴 주를 중심으로 파급되었습니다.

1910년 5월, 교회에서 어머니 날 설교를 듣던 소노라는 홀로 6남매를 키우며 고생하신 아버지를 생각했습니다. 그리고 그녀는 아버지의 생일인 6월 5일을 아버지 날로 제정할 것을 제안했습니다. 그런데 전국적으로 아버지 날에 대한 지지가 확산되었으나, 상업적으로 이용될 수 있다는 우려로 연방의회에서 통과되지 못했습니다. 그 후 1972년 닉슨 대통령 때 국회를 통과한 후, 6월 셋째 주일을 '아버지 날'로 제정하였습니다.

오늘 아버지 날을 맞아 부모님께 더 효도하여 주님의 영원하신 축복을

thank her father. Her father lost his wife during the Civil War and raised Sonora by himself.

However, he died of old age after Sonora got married. Then she, wanting to commemorate her late father, asked the church to hold a memorial service of her father. She decorated her father's casket with white roses, his favorite flower, which he used to grow in his garden. And her requiem for her father had spread around America with Washington as the center.

After that, when she was in the church to worship on the Mother's Day in May 1910, she was reminded of her father, who had gone through trouble in supporting his six children by himself. So she petitioned to designate June 5, his father's birthday, as Father's Day. But it failed to pass the Federal Assembly with reason that it could be used commercially even though the public had supported the bill to designate Father's Day.

Afterwards, President Nixon passed the bill in 1972 to designate the third Sunday of June as Father's Day.

May God bless those who honor their parents on this Father's Day!

Subject 1. God has purpose for each of God's creation.

God had purpose to allow our parents to be born in this world so that we could be born though them. Then God allowed the FGSJ Church to be planted for us to worship giving glory to God at this

받으시기를 축원합니다.

1. 이 세상의 모든 만물에는 하나님께서 쓰시기 위하여 지으신 목적이 있습니다.

하나님께서 우리의 부모님들을 이 세상에 태어나게 하시고, 부모님을 통해 우리를 후손으로 태어나게 하신 것입니다. 그래서 우리를 이렇게 미국에 보내시고, 이곳에 교회를 세워 주시고, 예배를 드리게 하시고, 하나님께 영광을 돌리도록 부르심을 받은 것입니다. 산호세에 우리 동포들이 수 만명이 살고 있지만 천에 하나, 만에 하나 중에 우리를 택하여 순복음산호세교회의 성도가 되게 하셨습니다. 우리를 사명자로 택하여 불쌍하고 외롭고 병든 사람들을 주님의 품으로 인도하게 하는 것입니다. 우리는 이 놀라운 사명을 자랑스럽게 여기며 하나님께 감사하여 자손 천대의 축복을 받을 줄로 믿습니다. 오늘은 아버지 날이지만 우리 형제 자매들은 공원이나 놀이터에 놀러 가지 않고 주님이 택해서 이렇게 성령님의 인도하심을 받아 부모님들을 모시고 예배 드리러 온 것입니다.

토기장이가 그릇을 만들 때 목적이 있는 것처럼, 우리 하나님은 하나님의 형상대로 우리를 창조하시고 택하여 가장 귀중한 예배를 드리도록 인도하시고, 예배를 통하여 영광 받으시고 한없는 축복을 해 주시는 것입니다. 그리고 죄인 되었던 우리를 예수 그리스도의 보혈로 값 주고 사셔서 구원시키시고, 하나님이 귀하게 쓰시기 위하여 우리를 택하여 부르신 것입니다.

오늘 본문 말씀인 마태복음 14장28절에 보면, 예수님이 택하셔서 부르실 때 베드로는 물 위를 걸을 수가 있었고, 그를 반석 위에 교회를 세우기 위해

church when we immigrated to America. We, the saints of the FGSJ Church were chosen among one out of thousand or ten thousand to become members of the church. We were called to guide the poor, lonely, and sick to Jesus. May God bless thousands of generations of those who give glory to God through carrying out their calling proudly! We are here today as the Holy Spirit guided us to worship together with our parents on this Father's Day instead of spending time in a park or at a playground.

As potters have purpose for the pottery that they make, so does God. God who made us as God's image, also called us. Then God redeemed us from the blood of Jesus Christ in order to use us nobly. Jesus, in Matthew 14:28 from today's scripture reading, called Peter to walk on the water, and to establish the church on his name.

Beloved! I want you to know that God called us to save the souls of the poor, lonely, and sick through serving them at the Full Gospel Assembly of God San Jose Church. May God bless you who give thanks to the Lord for your calling to serve the homeless! May you all prevail in your life in the name of Jesus!

Example)

I always give thanks for the prayers of the congregations of the FGSJ Church, the pastors in my prayer group, and American brothers and sisters who worship at the FGSJ Church. It was thanks to their intercessory prayers that I was able to finish my two weeks' schedule in Korea and come back to America safely.

Let me summarize my homeless ministry in Korea this year. To

부르신 것입니다.

사랑하는 성도 여러분! 하나님께서 우리를 순복음산호세교회로 부르신 것은, 가난하고 불쌍하고 외롭고 병들고 소외된 사람들의 영혼 구원을 위하여 도우라는 것입니다. 우리 모두가 이 귀한 사명을 더욱 감사하시고, 주님의 이름으로 승리하시기를 축원합니다.

예화)

이번에 우리 성도님들과 목사님들과 미국 형제 자매들의 기도로 두 주간 동안 한국에 가서 여의도순복음교회를 비롯하여 지성전에서 말씀을 전하였습니다. 마산장로교회에서 3일간 집회를 가졌습니다.

그리고 더욱 감사한 것은 우리 교회와 서중부 지방회의 교회들과 각 지역 교회 성도들의 정성어린 헌금으로 한국의 노숙자들을 도운 것입니다. 용산역 근처의 700여명의 노숙자들과 서울역 근처의 500여명의 노숙자들에게 셔츠와 양말을 나누어 주고, 교통비(3,000원 혹은 5,000 원)를 전도지에 동봉하여 나누어 주며 전도하였습니다. 참으로 감사하며 기도를 드렸습니다. 그리고 앞으로는 대전과 부산에도 노숙자 쉘터를 만들 수 있도록 기도를 했습니다. 성령님의 인도하심으로 두 주간 동안 바쁜 일정을 무사히 마치고 돌아오게 하신 주님께 감사 드립니다. 기도해 주신 성도들께도 감사 드립니다.

2. 하나님이 귀하게 쓰는 사람은 성령충만하고 담대한 사람입니다.

예수님의 제자들은 성령을 받기 전에는 겁장이였고 기회주의자였습니다.

begin with, I delivered the word of God at the main chapel of Yoido Full Gospel Church and at some of its branch churches. And then I spoke at the three days' revival in Masan Presbyterian Church.

I especially give thanks to the Lord that I was able to serve the homeless in Korea with the offering, which had been collected from many churches of North America, including those of the Mid-West district of Assemblies of God church and the FGSJ Church.

Thanks to the offering, I was able to give away necessities to about 700 homeless in the vicinity of Yongsan Station and 500 in Seoul Station such as shirts, socks, along with evangelical track and money for transportation ($3-5) in an envelope. The volunteers who worked with me to serve the homeless joyfully prayed in thanksgiving. We also prayed for establishing shelters at Daejeon and Busan. Once again I give thanks to the Lord and for the prayers of the congregations of the FGSJ Church to support the homeless ministry in Korea.

Subject 2. God uses nobly those who are audacious by the power of the Holy Spirit.

The disciples of Jesus before their receiving the Holy Spirit were coward and opportunists. However they boldly preached ever since they were filled with the Holy Spirit. Peter before receiving the Holy Spirit denied and even cursed Jesus three times when a little girl accused him to be a follower of Jesus (Luke 22).

그러나 성령 충만을 받은 후에는 담대하게 복음을 증거했습니다. 누가복음 22장에 보면, 성령을 받기 전에 수제자인 베드로는 조그만 소녀가 자신을 예수믿는 당이라고 지적하자, 예수님을 모른다고 부인했습니다. 세 번이나 부인하며 저주까지 하였습니다. 그러나 그 후에 회개하고, 오순절 날 마가 다락방에서 성령을 받은 베드로는 담대한 사람이 되었습니다.

베드로가 성령 충만을 받은 후에 담대하게 천국 복음을 전하였을 때 엄청난 구원의 역사가 일어났습니다. 사도행전 2장 41절에 보면, 하루에 3,000명이 회개하고 주님을 영접했습니다. 사도행전 4장 4절에 보면, 그날 믿는 사람이 5,000명이 되었다고 했습니다. 사도행전 4장 8절에 보면, 예수님이 재판 받은 산헤드린에 가서 담대히 복음을 전파했습니다.

믿음을 가지고 담대하게 나갈 때 기적이 일어나는 것입니다. 담대하게 나갈 때 하나님의 축복을 받습니다. 담대하게 나갈 때 앉은뱅이가 일어났습니다 (행 3:6). 담대하게 나갈 때 죽은 다비다가 살아 났습니다 (행 9:40). 담대하게 나갈 때 베드로의 그림자만 덮여도 병이 나았습니다 (행 5:15).

사랑하는 성도 여러분! 오늘 이 시간에 성령 충만하여 담대하게 입으로 시인하여 병이 낫고 문제가 해결되고 기적이 일어나시기를 예수님의 이름으로 축원합니다.

예화)

저는 어제 밤에 우리 성도들이 제출한 기도제목대로, 기도원 뒷산에서 기도를 하고 있는데 마음이 오싹했습니다. 많은 기도 제목들이 마음에 힘들게 다가왔습니다. 그러나 담대하게 기도하고 찬송 부르고 성경말씀을 외우

However, having received the Holy Spirit at the upper room of Mark, Peter became a man of courage. There were massive numbers of people who were saved by Peter when he was preaching in the power of the Holy Spirit: 3,000 (Acts 2:41) and 5,000 (Acts 4:4) repented in a day, receiving Jesus as their savior. Peter preached the Gospel boldly at Sanhedrin, where Jesus was on trial before him (Acts 4:8).

A bold faith creates miracle and attracts blessing to the saints. When Peter became bold, a cripple was healed (Acts 3:6), Tabitha came back to life (Acts 9:40), and even people were healed when covered by his shadow (Acts 5:15). Beloved! May God bless those who daringly confess their faith in their mouth with bountiful miracle, be healed, and prevail through the power of the Holy Spirit!

Example)
I felt chilled when I was praying in the hill where I usually pray last night for the congregations of the FGSJ Church according to what they wrote in their prayer request sheets. The burden of intercessory prayer pressed heavy on my heart. However as I took heart and prayed, sang hymns, and recited the word of God, I began to feel relieved and felt confident that all my intercessory prayers will be answered.

Subject 3. God cherishes and uses those who keep their spiritual fervor in their positive attitudes.

면서 계속 기도했더니 마음이 평안해졌고, 기도한 제목들을 모두 응답 받았습니다.

3. 하나님이 귀하게 쓰는 사람은 열심 있고 긍정적인 사람입니다.

하나님은 끊임없이 열심 있는 사람을 사용합니다. '할 수 있다 하면 된다'라는 사람을 사용하십니다. 마가복음 9장 23절에 "예수께서 이르시되 할 수 있거든이 무슨 말이냐 믿는 자에게는 능히 하지 못할 일이 없느니라"고 했습니다. 하나님은 열심 있고, '예와 아멘'으로 순종하는 사람을 사용하십니다. 고린도후서 1장 20절에 "하나님의 약속은 얼마든지 그리스도 안에서 예가 되니 그런 즉 그로 말미암아 우리가 아멘 하여 하나님께 영광을 돌리게 되느니라"고 했습니다.

사도행전 2장 42절에 "그들이 사도의 가르침을 받아 서로 교제하고 떡을 떼며 오로지 기도하기를 힘쓰니라"고 했습니다. 모두가 열심을 내어 봉사하고 기도에 열중했습니다. 사도행전 4장 31절에 "빌기를 다하매 모인 곳이 진동하더니 무리가 다 성령이 충만하여 담대히 하나님의 말씀을 전하니라"고 했습니다. 열심으로 기도할 때 하나님의 말씀을 담대히 전할 수가 있습니다. 우리가 주님을 섬기는 것도 열심을 다해야 합니다. 로마서 12장 11절에 "부지런하여 게으르지 말고 열심을 품고 주를 섬기라"고 했습니다.

베드로는 무식하고 결점이 많았지만, 열심이 있었기 때문에 하나님이 사용하셨습니다. 바울도 열심이 있었기 때문에 몸을 찌르는 가시 같은 불치병이 있었지만, 신유의 은사로 주님의 놀라운 기적을 행했습니다. 그의 손수건만 가져도 악귀가 떠나고 병이 나았습니다 (행 19:12). 사도행전 20장 9

God uses those who are enthusiastic with positive faith love to use the words such as 'I can do it.'

Mark 9:23 "'If you can'?" said Jesus. "Everything is possible for him who believes."

God also uses those who are obedient to the word of God by saying "Amen":

2 Corinthians 1:20 For no matter how many promises God has made, they are "Yes" in Christ. And so through him the "Amen" is spoken by us to the glory of God.

Acts 2:42 They devoted themselves to the apostles' teaching and to the fellowship, to the breaking of bread and to prayer.

Acts 4:31 After they prayed, the place where they were meeting was shaken. And they were all filled with the Holy Spirit and spoke the word of God boldly.

We become bold in preaching when we pray hard. We should also keep our spiritual fervor to serve the Lord.

Romans 12:11 Never be lacking in zeal, but keep your spiritual fervor, serving the Lord.

God used Peter because of his spiritual fervor withal his ignorance and weaknesses. Apostle Paul, a man of zeal, in the midst of his suffering from an incurable disease, performed miraculous healings: even those touching with his handkerchief were healed (Acts 19:12); Eutychus, who fell from the third story of the building,

절에 보면, 삼층에서 떨어져 죽은 유두고를 살렸습니다.

우리도 열심을 가지고 기도해야 합니다. 무슨 일에든지 열심을 다하고, 성령님의 인도하심으로 꿈과 희망을 가지고 주님께 간구하고 부르짖으면 모두 이루어질 줄로 믿습니다.

오늘 말씀의 결론으로 요한복음 21장에 보면, 예수님은 승천하시기 전에 열심 있는 베드로에게 사랑의 다짐을 하였습니다. 세 번씩이나 "네가 나를 사랑하느냐"라고 물으실 때, 베드로는 실패했던 과거를 회상할 때 마음이 불안했습니다. 그때에 예수님은 베드로가 어떠한 사랑의 행로를 걸을 것인가를 말씀하시며, 베드로의 미래를 말씀해 주셨던 것입니다 (요 21:18).

열심을 품고 예수님의 수제자가 되었던 베드로는 과거에 믿음으로 풍랑이는 밤바다를 주님을 바라보고 걸었습니다. 마태복음 14장 29절에 "오라 하시니 베드로가 배에서 내려 물 위로 걸어서 예수께로 가되"라고 했습니다. 베드로가 열심을 품고 긍정적인 믿음을 가지고 예수님을 바라볼 때 물 위를 걸었던 것입니다. 그러나 부정적인 마음이 들어 파도를 볼 때는 물에 빠졌습니다.

우리는 항상 긍정적인 믿음을 가지고 주님의 뜻을 이루기 위하여 열심을 다할 때 주님의 능력이 나타나고 기적이 일어납니다.

마가복음 9장 23절 "예수께서 이르시되 할 수 있거든이 무슨 말이냐 믿는 자에게는 능히 하지 못할 일이 없느니라"고 했습니다.

빌립보서 4장 13절 "내게 능력 주시는 자 안에서 내가 모든 것을 할 수 있느니라"고 했습니다.

마태복음 19장 26절 "예수께서 그들을 보시며 이르시되 사람으로는 할

came back to life.

Therefore, let us not forsake our zeal in praying. Let us cry out in the Holy Spirit, holding onto the hope and dream that were given from Jesus, then the Spirit of God will surely fulfill for the glory of God!

I will conclude with John 21, which describes Jesus before his ascension visits Peter, a man of zeal, to remind him of his love for Jesus. Peter became anxious to be reminded of his failure in the past when Jesus asked him three times: "Do you love me?" Then Jesus told Peter how he will walk the path of love in the future (John 21:18). When Peter, the best disciple of Jesus in his fervor, was looking upon Jesus in his faith, he was able to walk on the water. But he began to sink when he doubted.

Matthew 14:29 "Come," he said. Then Peter got down out of the boat, walked on the water and came toward Jesus.

It is when we become positive with fervor to do God's will that we experience the power of the Holy Spirit and miracle.

Mark 9:23 "'If you can'?" said Jesus. "Everything is possible for him who believes."

Philippians 4:13 I can do everything through him who gives me strength.

Matthew 19:26 Jesus looked at them and said, "With man this is impossible, but with God all things are possible."

수 없으나 하나님으로 서는 다 하실 수 있느니라"고 했습니다.

사랑하는 성도 여러분! 열심을 다해 부르짖어 기도하시고 긍정적인 믿음으로 최선을 다하여 하 나님께 가장 귀하게 쓰임 받는 성도들이 되시기를 예수님의 이름으로 축원합니다.

Beloved!

May you become noble servants of God through praying with fervor and trying your best in positive faith!

7
성경말씀으로 계속 전진하여 나가자

히브리서 4장 12-13절 "[12] 하나님의 말씀은 살아 있고 활력이 있어 좌우에 날선 어떤 검보다도 예리하여 혼과 영과 및 관절과 골수를 찔러 쪼개기까지 하며 또 마음의 생각과 뜻을 판단하나니[13] 지으신 것이 하나도 그 앞에 나타나지 않음이 없고 우리의 결산을 받으실 이의 눈 앞에 만물이 벌거벗은 것 같이 드러나느니라"

요한계시록 1장 3절 "이 예언의 말씀을 읽는 자와 듣는 자와 그 가운데에 기록한 것을 지키는 자는 복이 있나니 때가 가까움이라"

오늘은 순복음 미국교단이 1년에 한번 지키는 성서주일입니다. 한국에서는 12월 둘째 주일이 성서주일입니다. 세계기독교협의회에서는 하나님의 말씀을 견고하게 지키기 위해 수백 년 동안 성서주일을 지켜오고 있습니다. 우리는 성서주일을 맞이하여 정확무오한 성경말씀을 더 많이 깨닫고 믿어야 합니다. 예수님은 말씀하셨습니다. 마태복음 24장 35절 "천지는 없어질지언정 내 말은 없어지지 아니하리라"고 했습니다. 오늘 본문말씀 히브리서 4장 12절 "하나님의 말씀은 살아 있고 활력이 있어 좌우에 날선 어떤 검보다도 예리하여 혼과 영과 및 관절과 골수를 찔러 쪼개기까지 하며 또 마음

7
Let us move forward through the word of God

Hebrews 4:12-13 [12] For the word of God is living and active. Sharper than any double-edged sword, it penetrates even to dividing soul and spirit, joints and marrow; it judges the thoughts and attitudes of the heart. [13] Nothing in all creation is hidden from God's sight. Everything is uncovered and laid bare before the eyes of him to whom we must give account.

Revelation 1:3 Blessed is the one who reads the words of this prophecy, and blessed are those who hear it and take to heart what is written in it, because the time is near.

We are celebrating today the annual Bible Week of the Assemblies of God America. Korean churches designate the second Sunday of December every year as the Bible Week. The world Christian Association has been celebrating the Bible Week for hundreds of years for secure preservation of the word of God. On this Bible Week let us try to examine the Word so that we may have faith in the flawless word of God. Jesus said in Matthew 24:35 and Hebrews 4:12.

Matthew 24:35 Heaven and earth will pass away, but my words will never pass away.

Hebrews 4:12 For the word of God is living and active.

의 생각과 뜻을 판단하나니"라고 했습니다.

우리는 살아서 역사하시는 하나님의 말씀을 믿고 전진해 나가야 합니다. 이 성경말씀을 통하여 치료를 받고 새 힘을 얻고 성장해 나가야 합니다. 특히 우리 교회는 미국 형제 자매들에게 매주마다 성경을 읽고 쓰게 하여, 그들의 삶이 계속 변화 되어가고 있습니다. 우리 미국 순복음교단 하나님의 성회 지방회에서도 우리 교회가 성경을 많이 읽고 쓰고, 봉사하고 구제하고 기도를 많이 하는 아름다운 교회로 소문이 났다고 합니다. 그래서 우리 교회를 성경을 많이 읽고 쓰고 상고하는 모범된 교회라고 합니다.

사도행전 17장에 보면, 초대 교회의 사도 바울은 제2차 전도여행을 할 때 마게도니아를 거쳐 약 18마일 떨어진 2만명 정도가 사는 소도시인 베뢰아 지방에 도착했습니다. 그리고 그곳에 있는 베뢰아 교회의 교인들은 날마다 성경말씀을 읽고 상고하는 훌륭한 신앙인들이라고 칭찬을 했습니다.

사도행전 17장 11절 "베뢰아에 있는 사람들은 데살로니가에 있는 사람들보다 더 너그러워서 간절한 마음으로 말씀을 받고 이것이 그러한가 하여 날마다 성경을 상고하므로"라고 했습니다.

여러분! 우리도 시대적으로 종말에 가까운 이 마지막 때에 사도 바울이 칭찬한 베뢰아 교회 교인들처럼 하나님 말씀인 성경을 매일 매일 상고하고, 더 많이 읽고 쓰며 기도해야 합니다. 이것이 올바른 신앙입니다. 이와 같이 성경말씀을 중심한 성도들은 옛날이나 오늘이나 하나님의 영원하신 축복을 받습니다. 하나님의 칭찬을 받는 교회가 되는 것입니다. 과연 그렇습니다. 요한계시록 2장에 보면, 소아시아에 에베소 교회, 서머나 교회, 버가모 교회, 두아디라 교회, 사데 교회, 빌라델비아 교회, 라오디게아 교회 이렇게

Sharper than any double-edged sword, it penetrates even to dividing soul and spirit, joints and marrow; it judges the thoughts and attitudes of the heart.

We should move forward, trusting the living and active word of God. Through the Word, we receive healing, and our spirit renewed and strengthened. The FGSJ Church makes American brothers and sisters from shelters who worship at the church to read and copy the word of God every week. This has been touching their lives to be transformed.

I heard that the FGSJ Church is well-known to the Sacramento regional district of the American Assemblies of God as a beautiful church, whose members read and copy the Bible, and serve the poor, and pray. The FGSJ Church thus has been recognized by the denomination to be a model church, the members of which have devoted to reading, copying, and examining the word of God the most.

Apostle Paul of the early church was in his second evangelical trip when he arrived at Berea, a small city with population of 20,000, eighteen miles away from Macedonia (Acts 17). The Bereans were commended by Paul to be of noble character who read and examined the Word every day.

17:11 Now the Bereans were of more noble character than the Thessalonians, for they received the message with great eagerness and examined the Scriptures every day to see if what Paul said was true.

What I believe to be the right faith at the end time is to read, copy and examine the Word every day and pray like the Bereans, whom Apostle Paul commended. The saints and the church that

일곱 교회가 있었습니다. 이 교회들 중에 서머나 교회와 빌라델비아 교회만 이 주님의 칭찬을 받았습니다.

오늘 본문말씀 요한계시록 1장 3절 "이 예언의 말씀을 읽는 자와 듣는 자와 그 가운데에 기록한 것을 지키는 자는 복이 있나니 때가 가까움이라"고 했습니다. 이렇게 하나님 말씀은 원천적인 축복을 주는 좋은 말씀입니다. 읽으면 읽을수록 좋고, 들으면 들을수록 좋고, 보면 볼수록 좋아서 우리가 행동으로 옮길 수 있는 능력의 말씀입니다.

저를 기르신 장기려 박사님이 제가 어릴 때부터 매일 성경 한 구절씩 외우게 하여, 호떡을 상으로 주었습니다. 그런데 그 때 외웠던 성경말씀이 지금도 목회와 부흥회를 인도할 때 큰 도움과 능력을 줍니다. 이와 같이 성경은 꿀송이보다도 더 달고 귀한 영원한 하나님의 말씀입니다. 이 지구상에 1,800여개의 말(언어)이 있는데, 현재 성경은 1,763개의 언어로 번역되어 있다고 합니다. 노벨상을 받은 작품 중에서도 30여개 국어로 번역된 것이 가장 많이 번역된 책입니다.

그리고 하나님의 말씀인 신약성경과 구약성경에는 하나님의 치료의 말씀으로 가득 찼습니다. 그래서 우리 예수님은 공생애의 2/3를 성경말씀대로 병을 고치시고 치료하셨습니다. 어떤 병이든지 다 치료해 주셨습니다. 마태복음 8장은 치료에 대한 말씀입니다. 예수님은 우리의 모든 병을 다 짊어지셨습니다. 마태복음 8장 17절 "이는 선지자 이사야를 통하여 하신 말씀에 우리의 연약한 것을 친히 담당하시고 병을 짊어지셨도다 함을 이루려 하심이더라"고 했습니다. 사도행전 4장 30절 "손을 내밀어 병을 낫게 하시옵고 표적과 기사가 거룩한 종 예수의 이름으로 이루어지게 하옵소서 하더라"고

cherish the Word have always been blessed and commended by God. It sure is true when we examine Revelation 2. Among the seven churches in Asia Minor—the churches in Ephesus, Smyrna, Pergamum, Thyatira, Sardis, Philadelphia, and Laodicea, only the churches in Smyrna and Philadelphia were commended by God.

The word of God is the wellspring of blessing for those who read it. The more we read and listen to the word of God, the more we are empowered to practice it in life.

Revelation 1:3 Blessed is the one who reads the words of this prophecy, and blessed are those who hear it and take to heart what is written in it, because the time is near.

I was trained by Dr. Jang Gi-ryo, who had nurtured me, from my childhood to memorize a verse from the Bible daily. He would give me a piece of bread as reward for memorizing it. The training which I had received from my childhood has become great asset for me in my ministry and in speaking at revivals. The scripture is composed of the word of God, sweeter than honey and precious which last eternally.

There are about 1,800 languages around the world, among which 1,763 languages have their own translated versions of the Bible. This is amazing to compare with the fact that even a Novel Prize-winning literature has been translated into only 30 languages which is known to be translated the most so far.

The Bible, the New and the Old Testament, is full of words that heal. Jesus spent 2/3 of his life ministry in healing solely through his own words. There hardly is any illness, which Jesus can not heal. Matthew 8 especially explains how Jesus heals by carrying our diseases.

했습니다. 베드로전서 2장 24절 "친히 나무에 달려 그 몸으로 우리 죄를 담당하셨으니 이는 우리로 죄에 대하여 죽고 의에 대하여 살게 하려 하심이라 그가 채찍에 맞음으로 너희는 나음을 얻었나니"라고 했습니다. 마가복음 16장 17-18절 "[17] 믿는 자들에게는 이런 표적이 따르리니 곧 그들이 내 이름으로 귀신을 쫓아내며 새 방언을 말하며 [18] 뱀을 집어올리며 무슨 독을 마실지라도 해를 받지 아니하며 병든 사람에게 손을 얹은즉 나으리라 하시더라"고 했습니다.

구약성경의 출애굽기, 레위기, 민수기, 신명기에서 말라기까지 영과 육의 치료의 말씀으로 가득 찼습니다. 출애굽기 15장 26절 하반절 "내가 애굽 사람에게 내린 모든 질병 중 하나도 너희에게 내리지 아니하리니 나는 너희를 치료하는 여호와임이라"고 했습니다. 예레미야 30장 17절 하반절 "내가 너의 상처로부터 새 살이 돋아나게 하여 너를 고쳐 주리라"고 했습니다. 말라기 4장 2절 전반절 "내 이름을 경외하는 너희에게는 의로운 해가 떠올라서 치료하는 광선을 발하리니"라고 했습니다.

사랑하는 성도 여러분! 오늘 성서주일을 맞이하여 이 성경말씀으로 영과 육을 고침을 받고 문제는 해결되고 기적이 일어나시기를 예수님의 이름으로 축원합니다.

예화)

현재 미국은 인종차별 문제로 각 주에서 데모가 일어나고, 백인우월주의와 민권단체들이 대립을 하고 있습니다. 한국에서는 한미 을지훈련 중인데 수천 명의 종북세력들이 미군철수를 외치며 시청 앞 광장에서 데모를 하며

Matthew 8:17 This was to fulfill what was spoken through the prophet Isaiah: "He took up our infirmities and carried our diseases."

Acts 4:30 Stretch out your hand to heal and perform miraculous signs and wonders through the name of your holy servant Jesus."

1 Peter 2:24 He himself bore our sins in his body on the tree, so that we might die to sins and live for righteousness; by his wounds you have been healed.

Mark 16:17-18 [17] And these signs will accompany those who believe: In my name they will drive out demons; they will speak in new tongues; [18] they will pick up snakes with their hands; and when they drink deadly poison, it will not hurt them at all; they will place their hands on sick people, and they will get well."

The Old Testament is full of the Word that heals both physically and spiritually from Exodus, Leviticus, Numbers, and Deuteronomy to the book of Malachi.

Exodus 15:26b I will not bring on you any of the diseases I brought on the Egyptians, for I am the LORD, who heals you."

Jeremiah 30:17a I will restore you to health and heal your wounds,' declares the LORD

Malachi 4:2a But for you who revere my name, the sun of righteousness will rise with healing in its wings.

Beloved! I hope and pray for miracle in your life on this Bible Week that you may be healed spiritually and physically and overcome troubles in life through the word of God in the name of Jesus!

초 긴장상태에 있습니다. 이 때 우리의 구국기도가 응답이 되고 있음을 감사 드립니다. 더욱 감사하는 것은 미국 장로교총회 지도자들과 순복음 하나님의 성회 지도자들이 백악관 채플린들에게 건의하여, 지난 주부터 워싱턴 백악관과 40개 주가 동참하여 성경읽는 운동이 시작되었다고 합니다. 대통령을 비롯한 각료들과 주지사들이 성경을 읽기 시작했다고 합니다. 이와 같이 미국이 어둠으로 기울어질 때, 하나님의 말씀으로 돌아와 회개하여 청교도의 신앙이 회복되는 미국이 될 줄로 믿습니다.

전쟁의 참호 속에서도 성경을 읽고 기도했던 초대 대통령 죠지 워싱턴처럼, 집무실에서 매일 성경을 읽으며 눈물로 기도했던 16대 대통령 에브라함 링컨처럼, 우리 성도들과 미국 국민들과 위정자들이 성경을 읽으며 기도할 때 현재 미국의 위기는 극복될 줄로 믿습니다. 에브라함 링컨은 성경말씀 중에서 여호수아 1장을 많이 읽었다고 합니다. 그리고 좌우명처럼 외었던 말씀은 여호수아 1장 8절 "이 율법책을 네 입에서 떠나지 말게 하며 주야로 그것을 묵상하여 그 안에 기록된 대로 다 지켜 행하라 그리하면 네 길이 평탄하게 될 것이며 네가 형통하리라"고 했습니다. 이 말씀대로 우리도 아무리 바쁠지라도 링컨처럼 주야로 이 성경말씀을 읽고 암송하시길 바랍니다.

어제도 오전에는 벧엘교회에서 저와 쉘터에서 봉사하는 목사님들과 미국 목사님들이 함께 미국 순복음 교단이 건의하고 백악관의 장로교 채플린들이 주도한 성경읽기 운동이 시작됨을 감사하며 기도했습니다. 조국을 위해서도 구국기도를 더 간절히 했습니다. 그리고 2차로 오후에 우리 교회에 와서 계속하여 모인 곳이 진동하도록 기도했습니다. 앞으로 10일간 진행되는 한미 을지훈련으로 일촉즉발의 핵전쟁의 위기에 처한 조국을 위해 더 기

Example)

Racial discrimination has been the cause of demonstrations in many of the states in America, and there has been ongoing conflict between the white supremacists and civil rights groups lately. Tension has been extremely high in Korea in the midst of exercise Ulchi Freedom Guardian 2017 when thousands of people, who allegedly regarded to be pro-North Korean forces, gathered at the plaza in front of the Seoul City Hall to protest for withdrawal of the US armed forces in Korea.

However, we give thanks to the Lord to see signs that prayers for Korea may receive answer sooner or later. One thing that I could see is that in an answer for our prayer for Korea, some leading pastors of the Presbyterian Church and of the Assemblies of God in America persuaded the White House chaplain to start a Bible reading movement in the White House and in 40 states of America. As a result, President of America and members of the Cabinet, and governors are said to have started reading the Bible since last week. I pray that Americans in the midst of its inclination toward spiritual darkness to repent and return to the Word so that they may recover their Puritan faith.

Like George Washington, who read the Bible and prayed in his trench during war, and Abraham Lincoln, the 16th President of America who read the Bible and prayed in tears in his oval office every day, the congregations of the FGSJ Church, and Americans and their politicians should pray to overcome crisis. It is said that Abraham Lincoln read Joshua 1:8 as often as he could which became his life motto. I recommend the saints of the church also read the word of God day and night as Lincoln did.

Joshua 1:8 Do not let this Book of the Law depart from your mouth; meditate on it day and night, so that you may be careful to do everything written in it. Then you will be prosperous and

도했습니다. 히스기야 왕이 찬양하며 기도할 때 하나님의 사자가 앗수르 군대를 물리치신 것처럼, 전능하신 하나님이 북한의 핵을 해결하시도록 기도했습니다. 열왕기하 19장 35절 "이 밤에 여호와의 사자가 나와서 앗수르 진영에서 군사 십팔만 오천 명을 친지라 아침에 일찍이 일어나 보니 다 송장이 되었더라"고 했습니다. 우리는 김정은과 북한 공산당과 남한에 깊이 들어와 있는 종북세력들을 제거해 달라고 기도했습니다.

그리고 신유기도를 하였습니다. 삼성주재원으로 출장 온 김진호 씨가 몸살과 독감으로 부은 편도선이 낫도록 기도를 부탁했습니다. 중국인 쥬 목사님은 쉘터에 있는 폐렴초기인 스텔스 덴을 위해 기도를 부탁했습니다. 김빌립 목사님은 10년 전에 심장혈관 수술을 했는 데 염증이 생기지 않도록 기도를 부탁했습니다. 저는 우리 교회주변 아파트에 사는 헨리가 담배중독으로 폐와 심장이 감염 되어 휠체어를 타고 공원에 산책을 나왔는데, 데리고 와서 기도를 부탁했습니다.

우리 모두는 마가복음 16장 17-18절과 사도행전 4장 30절 말씀대로 예수님의 능력으로 고쳐달라고 모인 곳이 진동하도록 기도했습니다. 모두 예수님의 능력으로 다 나을 줄로 믿습니다.

1. 성경말씀은 사탄 마귀를 이기게 합니다.

하나님의 말씀은 우리 조국을 괴롭히는 붉은 용 공산당 마귀도 물리칩니다. 에베소서 6장 17절 "구원의 투구와 성령의 검 곧 하나님의 말씀을 가지라"고 했습니다. 하나님의 말씀을 가져야 마귀를 물리칩니다. 하나님 말씀으로 공중권세 잡은 자와 싸워 이깁니다. 예수님은 하나님의 말씀으로

successful.

In the morning yesterday, the pastors from my prayer group, and a few American pastors and I prayed in thanksgiving at the Bethel Church for the Bible reading movement suggested by the Assemblies of God American church and led by the White House chaplain (from the Presbyterian church). Then we prayed for peace both in Korea and in America.

In the afternoon after praying at the Bethel Church a number of us came to pray more for Korea at the FGSJ Church. The Koreans seems to be anxious to see Korea to be at a flashpoint of nuclear war, facing the 10 days' exercise Ulchi Freedom Guardian 2017 soon. So we prayed that God may interfere in the current crisis of Korean peninsula like Hezekiah, who praised God in the midst of national crisis, through which the angel of God defeated Assyrian troops. What we felt urgent in order to solve the threat of nuclear war from North Korea is the fall of Kim Jong-eun, his communist regime, and the pro-North Korea forces who might have infiltrated into South Korea.

2 Kings 19:35 That night the angel of the LORD went out and put to death a hundred and eighty-five thousand men in the Assyrian camp. When the people got up the next morning--there were all the dead bodies!

Then we prayed for healing for the following people at the prayer meeting of the FGSJ Church: Kim Jin-ho, a foreign correspondent from Samsung Co., having been aching all over his body from his tonsil infection and flu, asked to receive a healing prayer. Rev. Jew wanted to pray for Stealth Ten from a shelter who was in the beginning stage of pneumonia. Rev. Philip Kim wanted to pray for himself, concerned about infection ever since he had received a vascular surgery ten years before. I came with Henry, who lives in

마귀를 물리쳤습니다. 예수님이 광야에서 40주, 40야를 금식하며 기도하실 때, 마귀가 와서 경제적인 시험, 정치적인 시험, 종교적인 시험을 하였습니다. 그 때 예수님은 신명기 8장 3절을 인용하여, 하나님 말씀으로 단호히 물리치셨습니다. 마태복음 4장 4절 "예수께서 대답하여 이르시되 기록되었으되 사람이 떡으로만 살 것이 아니요 하나님의 입으로부터 나오는 모든 말씀으로 살 것이라 하였느니라"고 했습니다.

이 악한 마귀는 인간의 힘으로는 절대로 물리칠 수가 없습니다. 나의 무력으로도 물리칠 수 없습니다. 오직 하나님 말씀인 성경말씀으로 마귀를 물리칠 수 있습니다. 예수님의 보혈의 말씀으로, 하나님의 살아있는 말씀으로 물리쳐야 합니다. 히브리서 4장 12절 "하나님의 말씀은 살아 있고 활력이 있어 좌우에 날선 어떤 검보다도 예리하여 혼과 영과 및 관절과 골수를 찔러 쪼개기까지 하며 또 마음의 생각과 뜻을 판단하나니"라고 했습니다. 신약과 구약의 양날 가진 날선 말씀의 검으로 물리쳐야 합니다. 요한계시록에 나오는 공산당 붉은 용 마귀도 성경말씀으로 물리치면 완전하게 소멸될 줄로 믿습니다. 에베소서 6장 12절 "우리의 씨름은 혈과 육을 상대하는 것이 아니요 통치자들과 권세들과 이 어둠의 세상 주관자들과 하늘에 있는 악의 영들을 상대함이라"고 했습니다.

사랑하는 성도 여러분! 오늘 성서주일에 구약 39권과 신약 27권인 66권의 성경말씀으로 마귀를 물리치시고, 병은 낫고 문제는 해결되고 기적이 일어나시기를 예수님의 이름으로 축원합니다

성경을 읽으면 자기 자신을 발견하게 되고 새 사람으로 거듭나게 됩니다.

an apartment near the FGSJ Church, whom I happened to meet at the Fair Oaks Park while he was taking a walk in his wheel-chair. He, a tobacco addict, was suffering from infection in his lung and heart.

We believe that those who received healing prayers will surely be healed according to the Word as follows:

Mark 16:17-18 [17] And these signs will accompany those who believe: In my name they will drive out demons; they will speak in new tongues; [18] they will pick up snakes with their hands; and when they drink deadly poison, it will not hurt them at all; they will place their hands on sick people, and they will get well."

Acts 4:30 Stretch out your hand to heal and perform miraculous signs and wonders through the name of your holy servant Jesus."

Subject 1. The Word of God empowers us to overcome the Satan.

The Word will empower the Koreans to overcome North Korean communist regime, which has been harassing South Koreans.

Ephesians 6:17 Take the helmet of salvation and the sword of the Spirit, which is the word of God.

The Satan, the spiritual forces of evil in the heavenly realms, can be defeated only by the word of God. Jesus drove out devil through the Word of God. While Jesus was fasting for forty days and forty nights in the desert, the devil tempted him in three fields: economic, political, and religious. Jesus, in response, cited from Deuteronomy 8:3, to overcome the temptation of the devil.

Matthew 4:4 Jesus answered, "It is written: 'Man does not live on bread alone, but on every word that comes from the

베드로전서 1장 23절 "너희가 거듭난 것은 썩어질 씨로 된 것이 아니요 썩지 아니할 씨로 된 것이니 살아 있고 항상 있는 하나님의 말씀으로 되었느니라"고 했습니다. 우리가 거듭난 것은 하나님의 살아있는 말씀으로 된다고 했습니다. 우리 모든 사람들은 원죄와 자범죄를 가지고 있습니다. 그래서 육의 사람을 거듭나게 하는 방법은 이 성경말씀을 읽고 변화되는 것입니다. 예수님께 나와서 회개하면 다 용서를 받습니다. 그리고 이 성경말씀을 읽고 선한 일도 해야 합니다.

탕자 중에 탕자였던 어거스틴은 어머니 모니카의 눈물의 기도가 응답이 되어, 로마서 13장 11-14절을 읽다가 주야로 눈물을 흘리며 회개하고 변화되어 성 어거스틴이 되었다고 합니다. 로마서 13장 11-14절 "[11] 또한 너희가 이 시기를 알거니와 자다가 깰 때가 벌써 되었으니 이는 이제 우리의 구원이 처음 믿을 때보다 가까웠음이라 [12] 밤이 깊고 낮이 가까웠으니 그러므로 우리가 어둠의 일을 벗고 빛의 갑옷을 입자 [13] 낮에와 같이 단정히 행하고 방탕하거나 술 취하지 말며 음란하거나 호색하지 말며 다투거나 시기하지 말고 [14] 오직 주 예수 그리스도로 옷 입고 정욕을 위하여 육신의 일을 도모하지 말라"고 했습니다.

아시스의 갑부의 아들 성 프랜시스는 마태복음 19장 29을 읽고, 그 많은 재산을 가난한 사람들에게 나누어 주고 성 프랜시스가 된 것입니다. 마태복음 19장 29절 "또 내 이름을 위하여 집이나 형제나 자매나 부모나 자식이나 전토를 버린 자마다 여러 배를 받고 또 영생을 상속하리라"고 했습니다.

영국을 구출하고 전 세계에 복음을 전한 스펄전 목사님은 이사야 40장 31절을 읽고 놀라운 하나님의 꿈과 비전을 받아 가장 많이 설교하고 전도

mouth of God.'"

Neither human power nor any military force can ever defeat the Satan but only the living Word, i.e., the Word that proves the blood of Jesus.

Hebrews 4:12 For the word of God is living and active. Sharper than any double-edged sword, it penetrates even to dividing soul and spirit, joints and marrow; it judges the thoughts and attitudes of the heart.

The Word both from the Old and the New Testament, as double-edged sword, can defeat the Satan, North Korean communist regime, which is described as a red dragon in Revelation.

Ephesians 6:12 For our struggle is not against flesh and blood, but against the rulers, against the authorities, against the powers of this dark world and against the spiritual forces of evil in the heavenly realms.

Beloved! Through the word of God from the sixty six books of the Bible—thirty nine books of the Old Testament and twenty seven of the New Testament, I hope and pray on this Bible Week for miracle in your life to overcome the power of the Satan and trials in life and to be healed.

Subject 2. The word of God helps you to find yourself to become a new creation.

1 Peter 1:23 For you have been born again, not of perishable seed, but of imperishable, through the living and enduring word of God.

The Bible writes that we are to be born again through the living

를 한 부흥사가 되었다고 합니다.

이사야 40장 31절 "오직 여호와를 앙망하는 자는 새 힘을 얻으리니 독수리가 날개치며 올라감 같을 것이요 달음박질하여도 곤비하지 아니하겠고 걸어가도 피곤하지 아니하리로다"라고 했습니다.

죠지 부시 전 대통령이 한국에 와서 잠실체육관에서 간증집회를 했습니다. 그는 대학을 졸업할 때까지 술이 없으면 살 수 없었던 알콜중독자였다고 했습니다. 그런데 어느 날 텍사스 달라스에서 빌리 그래함 목사님이 부흥성회를 했는데, 그때 은혜를 받았다고 했습니다. 죠지 부시는 특별히 상담할 수 있는 기회를 얻었습니다. 그 때 빌리 그래함 목사님은 알코올중독인 그를 꾸짖지 않고 무조건 성경만을 읽으라고 권면했다고 했습니다. 그리고 부드러운 모습으로 할 수 있다는 희망을 주었다고 했습니다. 그 후 부시는 성경을 읽다가 성령을 받아 새 사람이 되었습니다. 그날 후에 희망과 꿈을 갖고 석유사업을 하였습니다. 그리고 많은 사람들을 돕는 길은 정치라고 생각하여 주지사에 출마하여 당선되었습니다. 그 후에 드디어 대통령에 당선되었다고 했습니다. 이와 같이 성경은 누구나 변화시킵니다. 어떠한 지위고하, 남녀노소를 막론하고 이 성경말씀은 모두를 거듭나게 하고 희망과 꿈을 줍니다.

오늘 말씀의 끝으로 성경말씀을 읽어야 하는 기초가 되는 말씀 두 구절만 읽어드리겠습니다. 디모데후서 3장 16절 "[16] 모든 성경은 하나님의 감동으로 된 것으로 교훈과 책망과 바르게 함과 의로 교육하기에 유익하니 [17] 이는 하나님의 사람으로 온전하게 하며 모든 선한 일을 행할 능력을 갖추게 하려 함이라"고 했습니다.

word God. All humans are burdened with original sin and actual sins. Therefore, the word of God is the source of transformation of the humanity of flesh to become a new creation. The passage to transformation should be first forgiveness through repenting in front of Jesus, and then follows doing good according to the word of God.

Augustine, a prodigal son before his conversion, was born again to be called St. Augustine. It was the answer for the tearful prayer of his mother that he, while reading Romans 13:11-14, began to weep in repentance day and night and was completely transformed.

Romans 13:11-14 [11] And do this, understanding the present time. The hour has come for you to wake up from your slumber, because our salvation is nearer now than when we first believed. [12] The night is nearly over; the day is almost here. So let us put aside the deeds of darkness and put on the armor of light. [13] Let us behave decently, as in the daytime, not in orgies and drunkenness, not in sexual immorality and debauchery, not in dissension and jealousy. [14] Rather, clothe yourselves with the Lord Jesus Christ, and do not think about how to gratify the desires of the sinful nature.

St. Francis of Assisi, a son of a rich man in Assisi, after reading Matthew 19:29 gave away all his possessions to the poor before serving the Lord.

Matthew 19:29 And everyone who has left houses or brothers or sisters or father or mother or children or fields for my sake will receive a hundred times as much and will inherit eternal life.

Spurgeon, an evangelist who preached the Gospel around the

사랑하는 성도 여러분! 오늘 성서주일을 맞이하여 이 성경 66권을 읽고 또 읽고 쓰고 하여 병은 낫고 문제는 해결되고, 모든 고난을 성경말씀으로 극복하여 주님의 영원한 축복받으시기를 예수님의 이름으로 축원합니다.

world ever since he had received a vision from God after reading Isaiah 40:31, saved England through preaching the Gospel.

Isiah 40:31 but those who hope in the LORD will renew their strength. They will soar on wings like eagles; they will run and not grow weary, they will walk and not be faint.

George Bush, a former US President, visited Korea once and gave his testimony at Jamsil Gymnasium. According to his testimony, he was fatally addicted to drinking alcohol until graduating from college. But one day he went to a revival of Billy Graham in Dallas, Texas where he had a chance to receive a counsel from him. The pastor, without rebuking him, gently recommended him to read the Bible, and encouraged him to have hope by saying that it was possible for him to overcome his addiction. Afterwards, he received the Holy Spirit while reading the Bible. He, led by hope and a vision, ran an oil business. And then he decided to become a politician to help the public. He was elected to be a governor, then a President of America. Like this, the Bible has power to transform humanity. The word of God does not discriminate status or gender but has power to transform all humanity and give them hope and dream.

Let me introduce conclusive word of God for today which will encourage you to read the Bible.

2 Timothy 3:16-17 [16] All Scripture is God-breathed and is useful for teaching, rebuking, correcting and training in righteousness, [17] so that the man of God may be thoroughly equipped for every good work.

Beloved!

May God bless those who read and copy the word of God from the sixty six books of the Bible to be healed and to overcome troubles in life in the name of Jesus!

8
우리 예수님께서 지신 고난의 십자가

누가복음 9장 22-23절 "[22] 이르시되 인자가 많은 고난을 받고 장로들과 대제사장들과 서기관들에게 버린 바 되어 죽임을 당하고 제삼일에 살아나야 하리라 하시고 [23] 또 무리에게 이르시되 아무든지 나를 따라오려거든 자기를 부인하고 날마다 제 십자가를 지고 나를 따를 것이니라"

고린도전서 1장 18절 "십자가의 도가 멸망하는 자들에게는 미련한 것이요 구원을 받는 우리에게는 하나님의 능력이라"

오늘은 예수님이 고난 받으신 종려주일입니다. 우리 예수님께서 나귀를 타시고 예루살렘으로 입성하신 후에 최후의 고난을 당하신 모습을 생각하는 주간입니다. 우리 예수님은 공생애 동안 마지막이 가까움을 느끼시고, 십자가에서 죽으셨다가 삼일 만에 살아나실 것을 여러 번 말씀하셨습니다. 그리고 제자들에게 말씀하셨습니다. 오늘 본문 누가복음 9장 23절 "또 무리에게 이르시되 아무든지 나를 따라오려거든 자기를 부인하고 날마다 제 십자가를 지고 나를 따를 것이니라"고 했습니다. 이 말씀은 마가복음에도 동일하게 기록되어 있습니다. 마가복음 8장 34절 "무리와 제자들을 불러

8

Jesus, who bore the cross of suffering

Luke 9:22-23 [22] And he said, "The Son of Man must suffer many things and be rejected by the elders, chief priests and teachers of the law, and he must be killed and on the third day be raised to life." [23] Then he said to them all: "If anyone would come after me, he must deny himself and take up his cross daily and follow me.

1 Corinthians 1:18 For the message of the cross is foolishness to those who are perishing, but to us who are being saved it is the power of God.

It is Palm Sunday today. Palm Sunday commemorates the day when Jesus, riding on a donkey, went into Jerusalem to take up his cross, his final suffering in the earth. Jesus, realizing that his last day of ministry in the earth was approaching, told his beloved disciples many times about his bearing cross and being raised to life on the third day. Jesus said in Luke and Mark:

Luke 9:23 "If anyone would come after me, he must deny himself and take up his cross daily and follow me."

Mark 8:34 Then he called the crowd to him along with his

이르시되 누구든지 나를 따라오려거든 자기를 부인하고 자기 십자가를 지고 나를 따를 것이니라"고 했습니다. 이와 같이 예수님은 십자가를 지고 나를 따르라고 했습니다.

십자가는 성경 66권 전체의 주제입니다. 모세 오경(창세기, 출애굽기, 레위기, 민수기, 신명기)은 십자가에 대한 그림자요, 역사서는 십자가의 필요성을 입증하는 것입니다. 시편은 십자가의 진실성의 묘사이며, 선지서는 십자가의 예언입니다. 사복음서(마태복음, 마가복음, 누가복음, 요한복음)은 십자가의 실체를 선포하고 있습니다. 사도행전은 십자가의 능력을 증거합니다. 바울 서신들은 십자가의 목적을 설명하고 있습니다. 그리고 요한계시록은 예수님의 십자가의 완성을 증거하고 있습니다. 이와 같이 신, 구약 성경 66권은 예수님의 십자가를 완전하게 증거하는 증서라고 할 수 있습니다.

여러분! 십자가는 예수님의 사랑의 증표요 승리의 깃발입니다. 우리 성도들이 십자가를 튼튼히 붙잡고 먼저 그 나라와 그의 의를 구할 때 성공하고 축복을 받습니다. 마태복음 6장 33절 "너희는 먼저 그의 나라와 그의 의를 구하라 그리하면 이 모든 것을 너희에게 더하시리라"고 했습니다.

로마의 콘스탄틴 황제는 원래 크리스천은 아니었습니다. 그의 어머니 헬레나가 평생을 숨어서 아들 콘스탄틴을 위하여 기도했습니다. 그 당시 예수를 믿으면 국법에 의하여 처형을 받기 때문입니다. 그런 상황 속에서 평생을 아들 콘스탄틴을 위하여 기도했는데 결국 임종 무렵에 유언하며, 최후의 기도를 했습니다. 그 때 성령님이 역사하셨습니다. 그 마지막 주님께 드린 기도가 응답이 되어 아들 콘스탄틴이 예수님을 영접하였습니다. 그 후 콘

disciples and said: "If anyone would come after me, he must deny himself and take up his cross and follow me.

The cross (of Jesus) is the theme of the sixty six books of the Bible: Pentateuch (Genesis, Exodus, Leviticus, Numbers, and Deuteronomy) portray the shadow of the cross; Historical books, the inevitability of the cross; Psalms, the veracity of the cross; Prophets, the prophecy of the cross; the Gospel (Matthew, Mark, Luke, and John), the true nature of the cross; Acts, the power of the cross; Epistles, the purpose of the cross; Revelation, the completion of the cross. Therefore, the sixty six books of the Old and the New Testament can be said to be the perfect proof of the cross of Jesus.

Beloved! The cross of Jesus is the evidence of love of and the flag of victory of Jesus. The cross of Jesus is the way to success and blessing of the saints who, holding onto it, "seek first his kingdom and his righteousness."

Matthew 6:33 But seek first his kingdom and his righteousness, and all these things will be given to you as well.

Constantine the Great was the first Roman emperor, who legalized Christianity in his empire. His mother Helena had prayed secretly for him until his conversion—those who believed in Jesus was to be executed under the Roman law. When Helena was on her death bed, she prayed one last time for her son, leaving her last will for his conversion. Since then the Holy Spirit started working for Constantine. And when Rome under the reign of Constantine was on the verge of destruction by its enemy, he had a dream on that night. And an angel in his dream appeared and fetched him a cross-shaped flag, saying 'go and win the war, holding this flag.' Having woken up, he organized a troop in the same shape of the cross of

스탄틴은 로마 황제가 되었습니다. 그런데 자신이 통치할 때, 적군들의 침략을 받아 수도가 함락되기 직전이었다고 합니다. 그 때 콘스탄틴 황제는 그 날 밤에 꿈을 꾸었습니다. 천사가 나타나 십자가 깃발을 주며 '이 깃발을 들고 나가서 이기라'고 했습니다. 그래서 콘스탄틴 황제는 꿈에 보았던 그 깃발의 모형대로 십자가 형으로 전위대를 조직하여 진격해서, 로마군의 몇 배가 넘는 적군을 물리치고 십자가로 승리를 하였습니다. 그로 인하여 로마는 기독교 국가가 되었습니다.

십자가에는 놀라운 능력이 있습니다. 십자가를 앞세우는 나라들은 승리했습니다. 십자가의 도를 전하는 나라들은 고난을 극복하고 다 선진국이 되고 부강한 나라가 되었습니다. 그 실례로, 조그만 섬나라인 영국이 예수님 십자가의 도를 받아들여, 십자가 국기를 앞세우고 전진해 나갈 때 승리하였습니다. 그리고 대영성서공회를 만들어 각 나라에 성경을 보급하였습니다. 그 결과 해가 지지 않는 대영제국이라는 부강한 나라가 되었던 것입니다.

그리고 아무 쓸모가 없는 불모지 땅 덴마크는 십자가를 새긴 국기를 중심으로 나갈 때 아름다운 옥토의 나라로 변화가 되어, 세계가 부러워하는 선진국이 되었습니다. 스위스와 핀란드와 그리스 등 십자가를 국기에 새긴 나라들과 백성들은 거의 모두가 부강한 나라가 되었습니다.

북경대학의 진자우 교수는 북한이 한반도에서 평화를 위협하고, 수많은 교회를 파괴하고 십자가가 세워진 곳에 김일성과 김정일 동상을 세우고, 크리스천들을 잔인하게 박해한 나라이기 때문에 이로 인해 망할 것이라고 했습니다. 그리고 북한 김정은 정권은 대량살상용 핵무기와 화학무기를 계속

the flag which he had seen in his dream, and won a great victory against the enemy of which number was double than that of the Roman soldiers. Out of this, Constantine legalized Christianity in the Roman Empire.

I want you to know that there is a wonderful power in the cross. Those countries which spread the Gospel of the cross of Jesus were able to overcome trials to become advanced countries. The Great Britain, for example, upon receiving the Gospel, won every war they fought, placing its national flag in which the cross was inscribed at the head of its army. The county spread the Bible over the world through the Great Britain Bible Society. As a result, it became the Great Britain in which they say that the sun never sets. Denmark, another country with a cross inscribed in its national flag, also became an advanced country. It became an object of envy from the world which has turned its barren land into fertile soil.

Those nations such as Swiss, Finland, or Greece, which spread the Gospel became wealthy countries or once enjoyed prosperity.

Professor Gintzaw at Peking University claims that North Korea, which threatens peace in the Korean Peninsula, destroying churches, building statues of Kim Il-seong and Kim Jong-il, and brutally persecuting Christians will fall in the end. The Kim Jong-eun's regime in North Korea has been threatening not only South Korea but the whole world, continuously developing nuclear and chemical weapons of mass destruction. They have carried out nuclear experiments six times and test-fired 28 times medium long-range ballistic missiles so far and attempted cyber-terror attack. They have provoked America since last week, as a protest against a joint South Korea-US military exercise. They are aggravating all the more by firing a medium-range ballistic missile just before

개발해서 한반도뿐 만 아니라 세계 인류에게 위협을 주고 있습니다. 지금까지 6차 핵실험을 하였습니다. 중장거리 미사일을 28번이나 실험발사를 했습니다. 사이버테러까지 하고 있습니다. 더구나 지난 주간부터는 한미연합 훈련을 핑계삼아 더 위협적인 도발을 하고 있습니다. 미국까지 위협을 하고 있습니다. 이번에 미국과 한국과 일본이 정상회담을 앞두고 있을 때, 중장거리 탄도미사일을 또 발사해 큰 화근을 불러 일으키고 있습니다. 그리고 계속해서 7차 핵실험을 준비하는 것이 포착되었다고 합니다. 이 때문에 미국과 유엔은 북한 핵억제 결의를 하여 한반도에 핵항공모함과 첨단 무기들을 배치하는 등 우리 한국은 지금 위급한 시기에 처해 있습니다.

뿐만 아니라, 북한은 교회를 폐쇄하고 32,000여개의 김일성과 김정일과 김정은 동상을 세워 강제로 숭배하게 하고 있습니다. 그리고 10만 이상의 기독교인들을 수용소에 가두어 박해를 하고 있다고 합니다. 인권탄압은 물론 잔인한 공포정치로 자기 친족을 비롯한 수많은 사람들을 처형하고 있습니다. 이러한 김정은 정권은 자멸하고 말 것입니다.

여러분! 한국에서 엄청난 살상을 일으키는 핵전쟁이 절대로 일어나서는 안됩니다. 우리는 이러한 상황 속에서 예수님의 고난주일을 맞이하여 기도하고 있습니다. 이 엄청나고 무서운 전쟁을 막을 수 있는 길은 오직 전능하신 하나님께 간구하고 기도해야 합니다. 대각성 기도를 해야 합니다. 금식하며 기도해야 합니다. 사무엘상 17장 47절 "또 여호와의 구원하심이 칼과 창에 있지 아니함을 이 무리에게 알게 하리라 전쟁은 여호와께 속한 것인즉 그가 너희를 우리 손에 넘기시리라"고 했습니다.

이 고난주간에 750만 해외동포들은 모세, 여호사밧 왕, 히스기야 왕, 엘

Korea-US-Japan summit meeting. And they got caught to have been preparing for the 7th nuclear experiment. In response to this, the US and the UN have resolved nuclear deterrence of North Korea by deploying nuclear aircraft carrier and smart weapon in the Korean Peninsula. All of these happenings have been driving Korea to a critical state.

Furthermore, North Korea closed the church in its nation, forcing instead people to worship 32,000 idols of Kim Il-sung and Kim Jong-il. They persecute over 100,000 Christians in North Korea, having locked them in prison. In addition to its violating human rights, the regime of Kim Jong-eun has been playing politics of fear, executing numerous people including his own relatives. The brutality of the communist regime of Kim Jong-eun will bring destruction upon themselves in the end.

Beloved! Nuclear war in the Korean Peninsula which will result in mass-killing should never happen. In the midst of the crisis, Korean Christians have been praying during the Lent, recognizing that it is only God that can protect Korea from the horrible war. What is needed, I believe, is a movement of fasting prayer for great awakening in Korea.

1 Samuel 17:47 All those gathered here will know that it is not by sword or spear that the LORD saves; for the battle is the LORD'S, and he will give all of you into our hands."

I propose that the 7.5 million Koreans who live abroad devote to prayers during the Lent for Korea as Moses, Jehoshaphat, Hezekiah, Elijah, and Daniel did. As all the people in Nineveh repented on the verge of its destruction, we should repent and pray for great awakening for the Koreans.

Jonah 3:10 When God saw what they did and how they turned

리야, 다니엘처럼 구국기도를 해야 합니다. 니느웨성이 멸망 직전에 모든 백성들이 회개하고 기도하여 살아난 것처럼, 우리도 회개하며 대각성기도를 해야 합니다.

요나 3장 10절 "하나님이 그들이 행한 것 곧 그 악한 길에서 돌이켜 떠난 것을 보시고 하나님이 뜻을 돌이키사 그들에게 내리리라고 말씀하신 재앙을 내리지 아니하시니라"고 했습니다. 미국의 4,600여 한인교회와 성도들을 비롯한 130여개국에 이민가서 사는 우리 한민족의 한인교회들과 성도들이 조국을 위해 회개하며 기도해야 합니다. 한국의 5만 교회와 1,200만 성도들, 10만여명의 목회자들, 28,000여명의 선교사들, 3만여명의 탈북동포들이 눈물로 회개하며 기도해야 합니다. 우리가 고난주일을 맞이하여 통회자복하며 대각성 회개기도를 할 때 전화위복이 되어 열면 닫을 자가 없고, 닫으면 열 자가 없는 하늘 문이 열려서 복음통일이 올 줄로 믿습니다. 오늘 고난주일에 우리가 기도할 때 기어코 하나님께서 응답을 하셔서 한국을 보호해주시고, 복음통일이 앞당겨 질 줄로 믿습니다.

성경에는 우리 크리스천들을 십자가 군병들로서 복음의 투사들이라고 했습니다. 디모데후서 2장 3절 "너는 그리스도 예수의 좋은 병사로 나와 함께 고난을 받으라"고 했습니다. 사도 바울은 그리스도인은 그리스도의 군사라고 했습니다. 우리는 예수님의 고난의 십자가를 바라보면서 십자가의 도로서 승리하는 군사들이 되어야 합니다. 오늘 본문 고린도전서 1장 18절 "십자가의 도가 멸망하는 자들에게는 미련한 것이요 구원을 받는 우리에게는 하나님의 능력이라"고 했습니다. 예수 그리스도의 십자가의 도는 고난을 극복합니다. 문제를 해결합니다. 저주와 멸망을 해결합니다. 핵전쟁도

from their evil ways, he had compassion and did not bring upon them the destruction he had threatened.

The Korean churches and their saints in 130 countries around the world including 4,600 Korean churches in America and their saints should repent and pray for Korea. Likewise, the 50,000 churches, 12 million saints, 100,000 pastors, 30,000 North Korean defectors in Korea, and 28,000 Korean missionaries around the world need to pray in repentance. Our prayer of repentance during the Lent may work to turn evils into blessings: God may open the door to heaven which "No one can shut what he opens, and no one can open what he shuts"and South and North Korea will be unified.

The Bible describes the Christians as warriors of the cross, that is, warriors of the Gospel.

2 Timothy 2:3 Endure hardship with us like a good soldier of Christ Jesus.

Apostle Paul declares the Christians to be the warriors of Christ. We, the warriors of Christ, are triumphant when we follow the way of the cross only looking upon the cross of Jesus. The way of the cross of Jesus enables us to overcome trials, to prevail in life, and has power to put an end to curses and destruction in life even nuclear war. Miraculous healing is reserved for those who follow the way of the cross.

1 Corinthians 1:18 For the message of the cross is foolishness to those who are perishing, but to us who are being saved it is the power of God.

Beloved! May God allow blessing of miraculous healing and power to overcome trials for those who pray, holding onto the cross of Jesus for protection of Korean Peninsula from a fatal nuclear war!

막을 수가 있습니다. 병을 고쳐주며 기적이 일어납니다.

사랑하는 성도 여러분! 오늘 십자가 튼튼히 붙잡고 기도하여 핵전쟁의 위기에 처한 한반도(조국)를 구출하고, 예수님의 능력으로 병은 낫고 문제는 해결되고 기적이 일어나시기를 예수님의 이름으로 축원합니다.

예화)

올해도 종려주일(팜 선데이)을 맞이하여 산타크루즈 헬몬산 기도원 근처 여섯 곳에 십자가가 세워졌습니다. 그리고 사우스산호세 언더힐과 길로이 산에 십자가가 세워졌습니다.

저와 쉘터에서 봉사하는 목사님들과 기도원에서 기도하시는 목사님들은 고난주간을 맞이하여 가장 높은 지역에 세워진 십자가 아래서 기도를 했습니다. 핵전쟁의 위협에 처해 있는 조국을 위해 눈물로 구국기도를 했습니다. 더구나 한미연합훈련 중에 미국의 핵항공모함과 최첨단 공격무기들을 계속 한반도에 배치하는 것을 볼 때, 6.25전쟁 이후 최악의 위기에 직면한 조국을 위하여 모두 눈물로 금식하며 기도했습니다. 그런데 베이지역 일대가 폭우와 강풍이 불어 산사태가 나서 나무가 쓰러지고 고속도로가 훼손되고, 10만여 가구에 정전이 되었습니다. 산타크루즈 일대에도 폭우가 내리고 강풍이 불었지만, 우리가 기도하는 지역은 산이 바람을 막아주었고 비도 기적적으로 그쳐서 계속 기도할 수가 있었습니다.

몬트레이장로교회 조동섭 원로목사님(84세)이 아들인 조이삭 이란선교사의 부축을 받아 와서 함께 기도하셨습니다. 조동섭 목사님은 50년 이상 목회를 하셨습니다. 그런데 연로하셔서 자신의 몸도 가누기 힘든데 조국과

Example)

They put once again this year about six crosses near Mount Hermon prayer center in Santa Cruz for the Palm Sunday, and two more crosses at Underhill in South San Jose and on a mountain in Gilroy.

I prayed underneath of the biggest cross among the six built in Santa Cruz with the pastors in my prayer group who volunteer at shelters and those who had been praying in a prayer mountain. We could not help but fasting and praying in tears for Korea, which has been under the threat of nuclear war, the most dangerous state ever since the Korean War—nuclear aircraft carrier and state-of-the-art weaponry have been deployed in Korea while the joint South Korea-US military exercise was taking place.

While we were praying there, a storm with harsh wind blew in the bay area which caused a landslide. Trees fell, freeway damaged, and about 100,000 households had blackouts because of the storm. There was a heavy rain and gale in Santa Cruz, too. But the mountain, where we had been praying, became a shield for us and the rain stopped miraculously which helped us to keep on praying.

A retired Pastor Cho Dong-seop (84 years old, the Montray Presbyterian Church) came accompanied by his son, Isaac, a missionary to Iran. Rev. Cho had served the church for over 50 years before his retirement. However, we were so deeply impressed to see him praying, withal his age, so painfully writhing in his prayers for Korea that we extended one more day of fasting prayer.

Psalms 121:1-2 [1] I lift up my eyes to the hills--where does my help come from? [2] My help comes from the LORD, the Maker of

민족을 위하여 얼마나 몸부림치며 기도하시든지, 우리들도 본받아 하루 더 금식하며 눈물로 통회하며 부르짖어 기도했습니다. 시편 121편 1-2절 "[1] 내가 산을 향하여 눈을 들리라 나의 도움이 어디서 올까 [2] 나의 도움은 천지를 지으신 여호와에게서로다"라고 했습니다. 이사야 58장 6절 "내가 기뻐하는 금식은 흉악의 결박을 풀어 주며 멍에의 줄을 끌러 주며 압제 당하는 자를 자유하게 하며 모든 멍에를 꺾는 것이 아니겠느냐"라고 했습니다.

저는 지난 뉴욕부흥성회 때 기용덕 장군(87세)이 현재 북한이 확보한 핵무기만으로도 남한과 일본까지 불바다가 된다고 했던 말이 기억나 더욱 부르짖고 기도했습니다. 북한이 이 악하고 무서운 핵폭탄을 만들었을지라도 전능하신 하나님이 막아 주실 줄로 믿습니다. 하늘과 땅을 만드시고 우주와 지구를 만드신 하나님 앞에 핵폭탄은 아무것도 아닙니다. 조동섭 목사님과 조이삭 선교사님과 이곳 산호세 지역의 목사님들의 대각성 금식기도를 기어코 응답해 주실 줄로 믿습니다. 모든 흉악의 결박이 풀리고 압제 당한 자들이 자유를 얻을 줄로 믿습니다. 다시 한번 읽겠습니다. 이사야 58장 6절 "내가 기뻐하는 금식은 흉악의 결박을 풀어 주며 멍에의 줄을 끌러 주며 압제 당하는 자를 자유하게 하며 모든 멍에를 꺾는 것이 아니겠느냐"라고 했습니다. 우리들이 이 말씀대로 기도했을 때, 모든 목사님들의 마음에 평안이 왔습니다.

한반도에서 핵전쟁은 결코 일어나지 않고, 세계인류를 위하여 잔인한 북한 공산당 김정은 정권은 와해되고 무너질 줄로 믿습니다. 그리고 복음통일이 앞당겨질 줄로 믿습니다. 이번에 플로리다에서 열린 트럼프 대통령과 중국의 시진핑 주석과의 정상회담도 모든 것이 합력하여 유익이 될 줄로 믿

heaven and earth.

Isaiah 58:6 "Is not this the kind of fasting I have chosen: to loose the chains of injustice and untie the cords of the yoke, to set the oppressed free and break every yoke?

I, having been reminded of a former general Gi Yong-deok (87 years old), who said that South Korea and Japan will be in flames only with the nuclear weapons currently procured by North Korea, had to pray even harder. I believe that a nuclear bomb is nothing in front of God, the creator of heaven and earth and of the universe.

God will answer the fasting prayers of Rev. Cho Dong-seop, Isaac Jo, and pastors in San Jose. Fasting prayer will "loose the chains of injustice"and "set the oppressed free." We felt peace when praying according to:

Isaiah 58:6 "Is not this the kind of fasting I have chosen: to loose the chains of injustice and untie the cords of the yoke, to set the oppressed free and break every yoke?

I pray in the belief that nuclear war will never breakout and North Korean regime will fall so that unification of Korea through the power of the Gospel will be accomplished. God will "works for the good"through the summit of Trump and Xi Jinping in Florida.

In the morning yesterday, the pastors from my prayer group, and a few American pastors and I prayed for peace both in Korea and in America at the Bethel Church. In the afternoon a number of us came to pray more for Korea at the FGSJ Church.

습니다.

어제도 오전에는 벧엘교회에서 저와 우리 목사님 일행들이 미국 목사님들과 함께 미국과 한국을 위해 구국기도를 했습니다. 오후에는 우리 교회에 와서 모인 곳이 진동하도록 기도했습니다.

1. 십자가 튼튼히 붙잡고 주님을 의지하면 병도 낫고 문제도 해결됩니다.

이사야 53장 5절 "그가 찔림은 우리의 허물 때문이요 그가 상함은 우리의 죄악 때문이라 그가 징계를 받으므로 우리는 평화를 누리고 그가 채찍에 맞으므로 우리는 나음을 받았도다"라고 했습니다. 우리 예수님은 십자가를 지시고 우리의 죄악을 담당하시고 용서하시고 치료해주셨습니다. 그리고 예수님은 말씀하셨습니다. 오늘 본문 누가복음 9장 23절 "아무든지 나를 따라오려거든 자기를 부인하고 날마다 제 십자가를 지고 나를 따를 것이니라"고 했습니다. 십자가를 지는 것 같은 고난이 올 때는 괴로워 견딜 수가 없지만, 주님을 바라보며 십자가 튼튼히 붙잡고 나가면 고난을 극복할 수가 있습니다. 골로새서 1장 20절 "그의 십자가의 피로 화평을 이루사 만물 곧 땅에 있는 것들이나 하늘에 있는 것들이 그로 말미암아 자기와 화목하게 되기를 기뻐하심이라"고 했습니다.

여러분! 우리 주 예수 그리스도의 십자가는 무엇을 의미합니까? 수직적인 것은 십자가의 보혈을 통하여 하나님과 직결되어 영적으로 능력을 받는 것입니다. 수평적인 것은 하나님과 막혔던 죄의 담을 허물어 버리고 화목을 이루는 것입니다. 예수 그리스도는 십자가의 보혈로서 죄의 담을 허물어버

Subject 1. You will be healed and overcome trials when you trust the power of the cross of Jesus.

Isaiah 53:5 But he was pierced for our transgressions, he was crushed for our iniquities; the punishment that brought us peace was upon him, and by his wounds we are healed.

Jesus was punished on the cross so that we may receive forgiveness and healing.

And then Jesus said:

Luke 9:23 Then he said to them all: "If anyone would come after me, he must deny himself and take up his cross daily and follow me.

The burden of the cross may be too heavy for us. However we are empowered to overcome through trusting the power of the cross of Jesus.

Colossians 1:20 "and through him to reconcile to himself all things, whether things on earth or things in heaven, by making peace through his blood, shed on the cross."

Beloved! What do you think is the meaning of the cross of Jesus? There are vertical and horizontal dimensions in the cross. The former (the vertical dimension of the cross) symbolizes the blood of Jesus, which grants us spiritual power, that is, grace through our relationship with God; the latter symbolizes peace among ourselves through forgiveness of sins. The cross of Jesus Christ broke the wall, that is, sin, which blocks God and humans. And the resurrection of Jesus granted humanity forgiveness and to become a new being.

렸습니다. 그리고 예수님께서 십자가에서 죽으셨다가 살아나심으로 우리도 용서받고 살아났습니다.

사랑하는 성도 여러분! 오늘 이 고난주간에 십자가를 더 바라보면서 예수님의 보혈의 피로 다 씻음 받으시고 병은 낫고 문제는 해결되고 기적이 일어나기를 예수님의 이름으로 축원합니다.

2. 십자가의 길을 따르는 사람은 선으로 악을 이깁니다.

십자가는 선으로 악을 이기는 무저항적 사랑의 힘입니다. 로마서 12장 21절 "악에게 지지 말고 선으로 악을 이기라"고 했습니다. 전도서 3장 12절 "사람들이 사는 동안에 기뻐하며 선을 행하는 것보다 더 나은 것이 없는 줄을 내가 알았고"라고 했습니다. 갈라디아서 6장 9절 "우리가 선을 행하되 낙심하지 말지니 포기하지 아니하면 때가 이르매 거두리라"고 했습니다. 아모스 5장 14절 "너희는 살려면 선을 구하고 악을 구하지 말지어다 만군의 하나님 여호와께서 너희의 말과 같이 너희와 함께 하시리라"고 했습니다.

우리는 악에게 지지 말고 선으로 악을 이겨야 합니다. 악한 자가 잘 되고 불순종하는 자들이 잘된다는 말에 속아 넘어가지 맙시다. 악한 자는 바람에 나는 겨와 같습니다. 오직 적극적인 방법으로 선으로 악을 이겨야 합니다. 헬라원어에 보면, 선으로 악을 이기는 것은 능동형 — 적극형으로 표현되어 있습니다. 그러므로 선행이란 적극적으로 선행을 하여, 선으로 악을 이기는 것입니다.

오늘 말씀의 끝으로 우리 예수님께서 선으로 악을 이기신 대표적인 말씀,

Beloved! During the Lent I hope and pray in the name of Jesus that we may look upon Jesus, through whose blood we are reconciled to God, who grants us miraculous healing and power to overcome evil.

Subject 2. Those who follow the way of the cross of Jesus overcome evil with good.

The cross of Jesus represents the non-violent love of God through which we overcome evil with good.

Romans 12:21 Do not be overcome by evil, but overcome evil with good.

Ecclesiastes 3:12 I know that there is nothing better for men than to be happy and do good while they live.

Galatians 6:9 Let us not become weary in doing good, for at the proper time we will reap a harvest if we do not give up.

Amos 5:14 Seek good, not evil, that you may live. Then the LORD God Almighty will be with you, just as you say he is.

We should not be overwhelmed by evil but overcome evil with good. Let us not be deceived by what they say 'the evil and the disobedient are to be successful.' The evil are "like the chaff that the wind blows away." So we should actively do good to overcome evil. "To overcome evil with good"is written in active form in Greek. Therefore, to do good means to overcome evil with good by actively engaging in doing good.

Conclusively, the seven words of Jesus on the cross with which Jesus overcomes evil with good are as follows:

십자가 상에서 하신 마지막 일곱 말씀을 읽어드리겠습니다. ① "아버지여 저희를 사하여 주옵소서"(눅 23:34) ② "오늘 네가 나와 함께 낙원에 있으리라"(눅 23:43) ③ "여자여 보소서 아들이니이다"(요 19:26) ④ "엘리 엘리 라마 사박다니" (마 27:46) ⑤ "내가 목마르다"(요19:28) ⑥ "다 이루었다"(요 19:30) ⑦ "아버지여 내 영혼을 아버지의 손에 부탁하나이다"(눅 23:46)

사랑하는 성도 여러분! 오늘 고난주일을 맞이하여 예수님의 십자가 튼튼히 붙잡고 더 기도하여, 핵전쟁을 막고 복음통일은 이루어지고 이적과 기사가 일어나기를 예수님 이름으로 축원합니다.

1. "Father, forgive them, for they do not know what they are doing." (Luke 23:34)
2. "I tell you the truth, today you will be with me in paradise." (Luke 23:43)
3. "Dear woman, here is your son," (John 19:26)
4. "Eloi, Eloi, lama sabachthani?" (Matthew 27:46)
5. "I am thirsty." (John 19:28)
6. “It is finished.”(John 19:30)
7. "Father, into your hands I commit my spirit." (Luke 23:46)

Beloved!

I pray on this Lent that you, holding onto the cross of Jesus, may pray that God interferes in the crisis of Korea to block nuclear war and fulfill unification of South and North Korea. May God bless you all to be filled with wonders and miracles in your life in the name of Jesus!

9
예수님의 성찬예배를 드려서 영과 육을 치료받자

히브리서 9장 11-12절 "[11] 그리스도께서는 장래 좋은 일의 대제사장으로 오사 손으로 짓지 아니한 것 곧 이 창조에 속하지 아니한 더 크고 온전한 장막으로 말미암아 [12] 염소와 송아지의 피로 하지 아니하고 오직 자기의 피로 영원한 속죄를 이루사 단번에 성소에 들어가셨느니라"

출애굽기 23장 16절 "맥추절을 지키라 이는 네가 수고하여 밭에 뿌린 것의 첫 열매를 거둠이니라 수장절을 지키라 이는 네가 수고하여 이룬 것을 연말에 밭에서부터 거두어 저장함이니라"

오늘은 성찬예배 주일이면서, 맥추감사절입니다. 내일은 미국의 241주년 독립기념일입니다. 한국의 대부분 교회들은 맥추감사절을 지키지만, 미국에서는 거의 모든 교회가 지키지 못하고 맥추절의 의미도 모르는 분들도 많습니다. '글쎄, 무슨 이민생활에서 뜻도 모르는 맥추감사절까지 지키느냐'고 반문하는 분들도 있습니다. 그러나 우리는 맥추감사절이 성경에 있기 때문에 지키는 것입니다. 맥추감사절은 오늘 본문 성경말씀 출애굽기 23장에 잘 표현되어 있습니다. 구약성경에 보면 이스라엘 백성들이 여호수아를

9

Let us be healed physically and spiritually through communion

Hebrews 9:11-12 [11] When Christ came as high priest of the good things that are already here, he went through the greater and more perfect tabernacle that is not man-made, that is to say, not a part of this creation. [12] He did not enter by means of the blood of goats and calves; but he entered the Most Holy Place once for all by his own blood, having obtained eternal redemption.

Exodus 23:16 "Celebrate the Feast of Harvest with the first fruits of the crops you sow in your field. "Celebrate the Feast of Ingathering at the end of the year, when you gather in your crops from the field.

Today we are going to celebrate the Feast of Harvest and communion in worship. And we will celebrate the 241st Fourth of July (Independence Day of America) tomorrow. While most of the churches in Korea celebrate the Feast of Harvest, those in America hardly do or ignorant of it, seeming to be passive in preserving its tradition—they would say 'what is the use of keeping it when we don't even understand the meaning of it?'

Nevertheless, we are obliged to keep it because it is written in Exodus 23, today's scripture reading. The Israelites led by Joshua,

중심으로 가나안 7족을 점령하였습니다. 젖과 꿀이 흐르는 약속의 땅 가나안에 들어가서 밭을 일구어 농사를 지어 첫 곡식의 열매를 하나님께 맥추감사로 드렸습니다. 이와 같이 드린 맥추감사절은 지금의 잡곡류인 보리 종류의 농사를 지어서 첫 수확을 드렸습니다. 그리고 4개월 후에 가을이 돌아와서 11월에 추수감사절을 드렸다고 합니다. 우리 교회는 성경말씀 중심의 교회이기 때문에 이 절기를 반드시 기억하고 맥추감사절을 지키는 예배를 드려 왔습니다. 오늘 본문 성경말씀 출애굽기 23장 16절 상반절 "맥추절을 지키라 이는 네가 수고하여 밭에 뿌린 것의 첫 열매를 거둠이니라"고 했습니다. 이 말씀대로 맥추 감사예배를 드려서 하나님의 영원한 축복을 받으시길 바랍니다.

그리고 우리 교회에서는 매달 첫 주에 어김없이 거행하는 성찬예배를 통하여 주님께서 주신 꿈과 희망을 가지고 영과 육을 치료받으시길 바랍니다.

오늘 본문말씀 히브리서 9장 12절 "염소와 송아지의 피로 하지 아니하고 오직 자기의 피로 영원한 속죄를 이루사 단번에 성소에 들어가셨느니라"고 했습니다.

사랑하는 성도 여러분! 오늘 맥추감사절을 맞이하여 성찬예배를 더 신령과 진정으로 드려서 주님의 깨어진 몸과 흘리신 보혈을 통하여 병은 낫고 문제는 해결되고 기적이 일어나기를 예수님의 이름으로 축원합니다.

예화)

우리 성도들이 성찬예배를 더 신령과 진정으로 드리기 위해서 지난 철야

having conquered the seven tribes of Canaan, went into the land where milk and honey flew. Then they, having cultivated field in the land, offered in the altar the first fruit (barley) of the crops which they harvested. After four months in November, when it was autumn, they gave thanksgiving offering. The FGSJ Church, which always tried to be obedient to the word of God, has made sure to preserve the Feast of Harvest until now.

Exodus 23:16a "Celebrate the Feast of Harvest with the first fruits of the crops you sow in your field.

May God bless those who give thanks to the Lord through the Feast of Harvest in worship!

And I pray that the saints of the FGSJ Church, holding onto dream and hope which were given from Jesus, may be healed spiritually and physically through communion which we celebrate every first Sunday of the month.

Hebrews 9:12 He did not enter by means of the blood of goats and calves; but he entered the Most Holy Place once for all by his own blood, having obtained eternal redemption.

Beloved! May God bless those who celebrate communion and the Feast of Harvest through worship in spirit and truth and be miraculously healed through the broken body and shed blood of Jesus in the name of Jesus!

Example)

The congregations of the FGSJ Church gathered at the late night prayer meeting last Friday to pray for today's communion as always. The 42 Korean pastors, who come to pray at the Mount Hermon prayer center every year and three students from a theological school in Korea visited the FGSJ Church twice to pray for Korea. They also prayed for today's communion, surrounding

예배 때도 기도를 많이 했습니다. 그리고 매년마다 한국에서 헬몬산 기도원에 오시는 42명의 목사님들과 3명의 신학생들이 우리 교회에 두 번이나 방문해서 구국기도를 드린 후에, 여기 성찬상 주변에 모여서 성찬예배에 은혜가 넘치도록 기도했습니다.

어제도 오전에는 벧엘교회에서 한국에서 오신 목사님들과 쉘터에서 봉사하는 목사님들과 지방회 목사님들과 동문회 목사님들과 미국 목사님들이 함께 구국기도를 했습니다. 삼 일간(월-수) 금식기도를 하고 성찬예배를 드린 목사님들이었기 때문에 더 더욱 성령충만하여 모인 곳이 진동하도록 기도했습니다. 그리고 오후에는 두 팀으로 나누어서, 한 팀은 노숙자 쉘터를 방문하였습니다. 다른 한 팀은 우리 교회에 와서 조국과 미국을 위해서 더 중보기도를 했습니다. 각자 시무하는 교회를 위해 기도한 후에 우리 교회의 성찬예배에 성령충만하도록 계속하여 기도했습니다. 그리고 서로의 건강을 위해 신유기도를 했습니다.

중국인 쥬 목사님은 친척 챙 할아버지가 완쾌되어 너싱홈에서 퇴원했다고 감사기도를 부탁했습니다. 한국의 안양순복음교회 김성진 목사님이 모시고 오신 82세의 김종진 원로목사님이 척추디스크와 당뇨초기로, 삼 일간 금식기도하여 기력이 약해지셨는데도 불구하고 부축을 받고 오셔서 기도를 부탁했습니다. 저와 총신동문인 잠실교회 홍삼열 목사님은 시력이 약해지고 빈혈이 있다고 기도를 부탁했습니다. 김빌립 목사님은 사모님이 수술받았는데 완쾌를 위해 기도를 부탁했습니다. 저는 한국전쟁 전사자 유족 중에 86세 장승룡 할아버지가 대장수술을 받았는데 낫도록 기도부탁을 했습니다.

the communion table of the FGSJ Church.

There was a prayer meeting at the Bethel Church yesterday in which pastors who were visiting from Korea, the pastors, who volunteer at shelters and those in my prayer group, and a few American pastors prayed together. The prayer meeting was filled with the power of the Holy Spirit as the participants (the Korean pastors) had been praying and fasting for three days (Monday through Wednesday) and had attended a communion prior to coming to the prayer meeting.

In the afternoon on the same day, the (Korean) pastors were separated into two groups, one of which went to serve at homeless shelters, the other group came to the FGSJ Church to pray. Those who came to the FGSJ Church prayed for Korea and America, for the church each of them serve, for communion at the FGSJ Church, and for healing.

In the prayer meeting at the FGSJ Church, Rev. Jew offered prayer of thanksgiving for Mr. Cheing, one of his relatives, who had been healed and discharged from the nursing home where he had been staying. And we prayed for a retired pastor Kim Jong-jin (who came with Rev. Kim Seong-jin of Ahnyang Full Gospel Church in Korea), who became weary as he had been fasting for three days for the healing of his disc and early stage of his diabetes.

Rev. Hong Sam-yeol of Jamsil Church in Korea, one of the alumnus at the seminary I went, asked to pray for his weakened eyesight and anemia. We also prayed for the wife of Philip Kim who received a surgery. I asked to pray for Jang Seung-ryong, an 86-year-old war-bereaved family, who received a colon surgery; for Chandley, a former Jehovah's Witness who used to spread the Watchtower, who had received Jesus as his savior ever since he read

여호와증인 신자로 파수대를 보급했던 사우스산호세 쉘터에 있는 챈들리가 성경을 읽고 쓰면서 변화를 받아 개종을 하였다고 기도를 부탁했습니다. 우리 목사님 일행들은 마가복음 16장 17-18절과 사도행전 4장 30절의 말씀대로 예수님의 능력으로 고쳐달라고 기도했습니다. 모두 고침 받을 줄로 믿습니다.

1. 성찬예배는 최선을 다하여 신령과 진정으로 드려야 합니다.

성찬예배는 우리 예수님께서 직접 베푸신 가장 귀한 예배입니다. 그래서 더 정성을 드려서 성결하게 드려야 합니다. 모든 크리스천들은 교파를 초월해서 성찬예배는 꼭 드려야 합니다. 그런데 성찬의 대한 여러 학설이 있습니다. 쯔빙글리는 기념설(주의 만찬을 행할 때에 떡과 포도주는 오직 그리스도에 대한 상징이라는 학설)을 주장했습니다. 칼빈은 실재설(주의 만찬을 행할 때에 그리스도가 영적으로 임재하신다는 설)을 말했습니다. 카톨릭에서는 화체설(성도들이 먹고 마시는 떡과 포도주가 즉시 예수 그리스도의 실제 몸과 피로 변한다는 학설)을 따릅니다. 루터교회에서는 공재설(주의 만찬을 거행할 때에 떡과 포도주에 그리스도가 임재하신다는 학설)을 따릅니다. 순복음교단과 장로교와 성결교, 침례교에서는 영적임재설을 따릅니다.

여러분! 성찬예배가 이렇게 중요하기 때문에 각 교파마다 신학은 다르지만 거룩하게 지킵니다. 성찬이란 뜻은 헬라어로 '유카리스'라고 하는데, '전심전력으로 감격하고 감사한다. 최선을 다하여 감사한다'라는 뜻입니다. 우리는 일점일획도 변치 않는 성경말씀대로 성찬예배를 드려야 합니다. 오늘 본문말씀 히브리서 9장과 요한복음 6장과 마가복음 14장과 고린도전

and copied the Bible at the South San Jose Shelter.

We all prayed for the healing of those mentioned above based on the Word from Mark 4:30 and Acts 16:17-18.

Mark 16:17-18 [17] And these signs will accompany those who believe: In my name they will drive out demons; they will speak in new tongues; [18] they will pick up snakes with their hands; and when they drink deadly poison, it will not hurt them at all; they will place their hands on sick people, and they will get well."

Acts 4:30 Stretch out your hand to heal and perform miraculous signs and wonders through the name of your holy servant Jesus."

Subject 1. Let us try our best in keeping communion service in spirit and in truth.

Communion is the most significant worship service which Jesus himself gave for us. This is why we should try our best in keeping it holy and it must be kept beyond denomination.

There are various theories about communion. Zwingli insists the theology of Memorialist, which believes that nothing special happens at the Lord's Supper other than devotional reflection on Christ's death. Calvin claims the theology of Real Presence: Christ's body and blood are present to the faith of the believer as really as the bread and wine are present to their senses but this presence is "spiritual." Catholic Church follows the theology of Transubstantiation, which means that the elements cease to be bread and wine and actually become the Body and Blood of Christ in communion. Lutheran Church supports the theology of Consubstantiation that the body and blood of Christ are "truly and substantially present in, with, and under the forms"of the

서 11장의 말씀대로, 떡과 포도주는 주님의 살과 피를 상징합니다. 그래서 예수님은 이 성찬예식이 중요하므로 세상 끝날까지 지키라고 했습니다. 요한복음 6장 54-56절 "[54] 내 살을 먹고 내 피를 마시는 자는 영생을 가졌고 마지막 날에 내가 그를 다시 살리리니 [55] 내 살은 참된 양식이요 내 피는 참된 음료로다 [56] 내 살을 먹고 내 피를 마시는 자는 내 안에 거하고 나도 그의 안에 거하나니"라고 했습니다.

그러므로 이 성찬예식은 드려도 좋고, 안 드려도 좋은 것이 아니라 주님이 오시는 그 날까지 꼭 드려야 하는 것입니다. 마귀는 어떠한 방법을 써서라도 성찬식을 못 드리도록 방해를 합니다. 우리는 어떤 일이 있든지 휴거하는 그 날까지, 천년왕국 무궁세계에 들어갈 때까지 최선을 다하여 드려야 합니다. 성찬을 드리지 못 할 만큼 아무리 어려운 여건에 처한 분들도 결사적으로 성찬예배에 참여하여 주님의 깨어진 몸과 흘리신 보혈을 먹고 마실 때 영과 육이 치료를 받고 기적이 일어납니다.

그래서 레위기 2장, 3장, 5장, 6장, 7장에 나오는 속건제, 속죄제, 화목제, 감사제, 번제 등 이 모든 예식을 통틀어 드리는 것보다 더 중요한 것이 오늘 드리는 성찬예배입니다. 우리 주님은 오늘 본문말씀 히브리서 9장 12절 "염소와 송아지의 피로 하지 아니하고 오직 자기의 피로 영원한 속죄를 이루사 단번에 성소에 들어가셨느니라"고 했습니다. 그렇습니다. 아벨의 피와는 비교할 수도 없는 영원한 예수 그리스도의 보혈의 피를 드렸기 때문에 더 중요한 것입니다.

그러므로 우리는 속죄의 보혈의 피로 씻음을 받아 화목의 은혜를 입었습니다. 고린도후서 5장 18절 "모든 것이 하나님께로서 났으며 그가 그리스

consecrated bread and wine (but do not become the body and blood of Christ). The Full Gospel, the Presbyterian, the Holiness, the Baptist Church follow the theology of Real Presence.

Each church, although each denomination has its own theory of communion, keeps communion because of its significance for the church. Communion is *Ukaris* in Greek which means "give thanks in one's full strength and mind." Because the Bible is the unerring word of God, we should believe that communion symbolizes the flesh and blood of Jesus: Hebrews 9, today's scripture; John 6; Mark 14; 1Corinthian 11. Jesus asked us to keep it to the end of the day.

John 6:54-56 [54] Whoever eats my flesh and drinks my blood has eternal life, and I will raise him up at the last day. [55] For my flesh is real food and my blood is real drink. [56] Whoever eats my flesh and drinks my blood remains in me, and I in him.

Therefore, communion is not a choice but a must which we should keep until the day Jesus comes. Communion is so important for the saints that demons will always try to hinder them from celebrating communion. But we should do our best in keeping it until the day of Rapture. Anyone who is too ill to be in communion, yet still attend the communion to eat and drink the broken body and shed blood of Jesus will be healed both spiritually and physically.

Communion is more important than the sum of guilt offering, sin offering, fellowship offering, thank offering, and burnt offering, that are described in Levi 2, 3, 5, 6, 7. What makes communion most significant is the blood of Jesus, to which Abel's blood cannot be compared. **Hebrews 9:12 He did not enter by means of the blood of goats and calves; but he entered the Most Holy Place once for all by his own blood, having obtained eternal redemption.**

Therefore, we are reconciled having been purified through the

도로 말미암아 우리를 자기와 화목하게 하시고 또 우리에게 화목하게 하는 직분을 주셨으니"라고 했습니다.

사랑하는 성도 여러분! 오늘 성찬예배를 통하여 아벨의 피보다 비교할 수도 없는 영원무궁한 예수 그리스도의 피로 씻음 받으시기를 바랍니다. 십자가에서 죽으셨다가 살아나신 부활의 능력으로, 예수님의 피 묻은 못 자국 난 부활하신 능력의 손으로 안수 받으시고 다 치료받으시기를 예수님의 이름으로 축원합니다.

2. 예수님의 살과 피는 지극하신 예수님의 사랑으로 주신 언약입니다.

이번에도 한국에서 오신 목사님들은 삼 일간 금식기도를 한 후에 성찬식을 하였습니다. 그리고 노숙자 쉘터를 방문해서 음식을 나누어 주고, 양말과 속옷을 주며 전도를 하여 사랑을 실천하였습니다.

우리는 예수님의 깨어진 몸과 흘리신 보혈의 피는 예수님의 사랑의 언약임을 알아야 합니다. 요한복음 6장에 보면, 예수님은 우리를 사랑하사 자기의 살과 피를 다 주셨습니다 (요 6:54-55). 요한복음 19장에 보면, 물과 피를 다 쏟으시고 대동맥이 6군데가 파열되었습니다. 우리를 사랑하사 하늘과 땅 사이에 매달려 피를 주시고 살을 주시고 영원한 사랑을 주셨습니다 (요 19:34-35). 그리고 죽으셨다가 삼 일만에 살아나셨습니다.

여러분! 이 엄숙한 주님의 깨어진 몸과 흘리신 보혈을 통하여 더 강하고 담대한 믿음을 가지고 주님의 사랑으로 계속 전진하시기를 바랍니다. 사랑의 역사가 임할 때 불의 혀같이 임하는 성령의 역사가 일어났습니다 (행 2:1-4). 그리고 성령의 열매를 맺습니다. 갈라디아서 5장 22-23절 "[22] 오직

blood of Jesus.

2 Corinthians 5:18 All this is from God, who reconciled us to himself through Christ and gave us the ministry of reconciliation:

Beloved! I hope and pray that you may be purified through the eternal blood of the risen Jesus to which Abel's blood cannot be compared. May the Lord heal you in communion today by placing His powerful hands on you which are blood-stained from being nailed to the cross!

Subject 2. The flesh and blood of Jesus is the covenant of love of Jesus.

Those pastors who are visiting America from Korea fasted three days (as they did last year) before joining communion. Then they visited homeless shelters to serve the homeless with food, socks, and underwear in the love of Jesus Christ.

The saints of the church should know that the broken body and shed blood of Jesus is the symbol of his love for us. In John 6, Jesus in his love gave us his flesh and blood (John 6:54-55). In John 19, Jesus loved us to the point of shedding all the water and blood in his body when six of his arteries were broken, hung on the cross between the heaven and the earth (John 19:34-35). Then he died and was risen in three days.

Beloved! I hope and pray that you could move forward in the love and faith of the broken body and shed blood of Jesus. When you are empowered by the love from Jesus, you will see the miracle of the Pentecost: the descending spirit, which splits like tongue of fire (Acts 2:1-4) through which you are able to bear fruit of the

성령의 열매는 사랑과 희락과 화평과 오래 참음과 자비와 양선과 충성과 [23] 온유와 절제니 이같은 것을 금지할 법이 없느니라"고 했습니다.

초대 교회 성찬식처럼, 오늘 우리 교회에 더 뜨거운 주님의 보혈의 피로 인한 사랑의 역사가 일어날 줄로 믿습니다. 마가복음 14장에 보면, 이 놀라운 사랑의 역사가 일어났습니다. 그리고 예수님은 더 깊은 사랑을 이루시고 말씀하셨습니다. 마가복음 14장 24절 "이르시되 이것은 많은 사람을 위하여 흘리는 나의 피 곧 언약의 피니라"고 했습니다. 히브리서 9장 15절 "이로 말미암아 그는 새 언약의 중보자시니 이는 첫 언약 때에 범한 죄에서 속량하려고 죽으사 부르심을 입은 자로 하여금 영원한 기업의 약속을 얻게 하려 하심이라"고 했습니다.

염소와 송아지의 피로 아니하고 성소와 지성소에 직접 들어가셔서 우리를 구출하시고 주님의 피로 새 언약을 맺으신 것입니다. 히브리서 9장 14절 "하물며 영원하신 성령으로 말미암아 흠 없는 자기를 하나님께 드린 그리스도의 피가 어찌 너희 양심을 죽은 행실에서 깨끗하게 하고 살아 계신 하나님을 섬기게 하지 못하겠느냐"라고 했습니다. 그리고 이 사랑의 언약으로 영과 육을 치료해 주셨습니다. 우리 예수님은 최후까지 치료하시며 사랑의 언약을 다 이루시었습니다. 오랄 로버츠 목사님은 '예수 그리스도는 사랑으로 우리를 치료하러 오셨다'고 했습니다. 코어 목사님은 '우리 예수님은 모든 약한 것을 다 치료해주신다'고 했습니다. 죠나단 에드워드 목사님은 '예수님의 사랑은 치료와 언약을 완성하셨다'고 했습니다.

사랑하는 성도 여러분! 오늘도 신령과 진정으로 성찬예배를 드려서 예수님의 깨어진 몸과 흘리신 보혈로 영과 육을 다 치료받으시기를 예수님의 이

Spirit:

Galatians 5:22-23 [22] But the fruit of the Spirit is love, joy, peace, patience, kindness, goodness, faithfulness, [23] gentleness and self-control. Against such things there is no law.

As in the communion of the early church, I pray that the FGSJ Church may be filled with the love of Jesus through the blood of Jesus today. Mark 14 and Hebrews 9 explains this amazing love as follows:

Mark 14:24 "This is my blood of the covenant, which is poured out for many,"he said to them.

Hebrews 9:15 For this reason Christ is the mediator of a new covenant, that those who are called may receive the promised eternal inheritance--now that he has died as a ransom to set them free from the sins committed under the first covenant.

Not with the blood of goats or of calf, Jesus entered the Most Holy Place once for all by his own blood, having obtained eternal redemption. And through his blood, Jesus made a new covenant for us.

Hebrews 9:14 How much more, then, will the blood of Christ, who through the eternal Spirit offered himself unblemished to God, cleanse our consciences from acts that lead to death, so that we may serve the living God!

The covenant of love heals our body and spirit. Jesus' healing is completion of the covenant of love. Oral Roberts explained that Jesus Christ came to heal us through his love; Rev. Core maintains that Jesus heals what is weak inside of us; Jonathan Edward claims

름으로 축원합니다.

3. 성찬식은 새사람이 되게 하는 힘이 있습니다.

예수님의 깨어진 몸과 흘리신 보혈은 새사람이 되게 하는 강력한 힘이 있습니다. 고린도후서 5장 17-18절 "[17] 그런즉 누구든지 그리스도 안에 있으면 새로운 피조물이라 이전 것은 지나갔으니 보라 새 것이 되었도다 [18] 모든 것이 하나님께로서 났으며 그가 그리스도로 말미암아 우리를 자기와 화목하게 하시고 또 우리에게 화목하게 하는 직분을 주셨으니"라고 했습니다.

예수님의 살과 피만이 새사람이 되게 합니다. 예수님의 깨어진 몸과 보혈을 다시 한번 확인하는 말씀입니다. 영원히 구원의 확신을 주시는 말씀입니다. 생명의 속성을 주는 말씀입니다. 요한복음 6장 53절 "예수께서 이르시되 내가 진실로 진실로 너희에게 이르노니 인자의 살을 먹지 아니하고 인자의 피를 마시지 아니하면 너희 속에 생명이 없느니라"고 했습니다. 영원한 새 생명의 깨어진 몸과 보혈의 속성을 말했습니다.

오늘 말씀의 끝으로 성경말씀 한 구절만 더 읽어드리겠습니다. 요한복음 6장 54절 "내 살을 먹고 내 피를 마시는 자는 영생을 가졌고 마지막 날에 내가 그를 다시 살리리니"라고 했습니다.

사랑하는 성도 여러분! 오늘 맥추감사절을 맞이하여 주님의 깨어진 몸과 흘리신 보혈을 통하여 신령과 진정으로 성찬예배를 드려서 영과 육을 치료받으시고 더 큰 능력을 받아서 승리하시기를 예수님의 이름으로 축원합니다.

that the love of Jesus completes healing and his covenant.

Beloved! I pray that you may be healed spiritually and physically in the love and power of Jesus through today's communion.

Subject 3. There is power in communion to make us new beings.

The broken body and shed blood of Jesus has power to make humanity into a new creation.

2 Corinthians 5:17-18 [17] Therefore, if anyone is in Christ, he is a new creation; the old has gone, the new has come! [18] All this is from God, who reconciled us to himself through Christ and gave us the ministry of reconciliation:

It is only through the blood of Jesus that makes us new creation. The word of God (2 Corinthians 5:17-18) confirm the power of the broken body and shed blood of Jesus, and promise the eternal salvation of our soul. It explains the quality (attribute) of life: the eternal life which are recreated from the broken body and shed blood:

John 6:53 Jesus said to them, "I tell you the truth, unless you eat the flesh of the Son of Man and drink his blood, you have no life in you.

Today's conclusion is from John 6:54.

John 6:54 Whoever eats my flesh and drinks my blood has eternal life, and I will raise him up at the last day.

Beloved!

In celebrating the Feast of Harvest today, I pray that you may be

healed spiritually and physically through the broken body and shed blood of Jesus by attending communion in spirit and in truth in the name of Jesus!

10
우리 교회를 우리가 더 사랑하고 지켜 나가자

에베소서 1장 22-23절 "[22] 또 만물을 그의 발 아래에 복종하게 하시고 그를 만물 위에 교회의 머리로 삼으셨느니라 [23] 교회는 그의 몸이니 만물 안에서 만물을 충만하게 하시는 이의 충만함이니라"

요한복음 4장 24절 "하나님은 영이시니 예배하는 자가 영과 진리로 예배할지니라"

우리 성도들과 미국 형제 자매들은 우리 교회를 더 사랑하고 아름답게 영원한 교회가 되도록 지켜 나가야 합니다. 그리고 교회에 빠지지 말고 나와서 하나님이 가장 기뻐하시는 예배를 신령과 진정으로 드려야 합니다. 오늘 본문 말씀 요한복음 4장 24절 "하나님은 영이시니 예배하는 자가 신령과 진정으로 예배할지니라"고 했습니다. 교회는 이렇게 하나님께 영광 돌리는 예배를 드리기 때문에 가장 중요합니다. 우리 예수님께서 제일 먼저 말씀을 전하신 곳도 그 당시 유대인들의 회당인 교회였습니다.

교회의 역사를 보면, 구약시대에는 창세기 12장에 보면 족장시대(아브라함)에 제단에서부터 시작했습니다. 아브라함은 가는 곳마다 제단(예배)을 쌓았습니다. 성막시대에는 광야에서 이동을 하며 제단을 쌓았습니다 (예배

10

Let us cherish and preserve the church to be holy

Ephesians 1:22-23 [22] And God placed all things under his feet and appointed him to be head over everything for the church, [23] which is his body, the fullness of him who fills everything in every way.

John 4:24 God is spirit, and his worshipers must worship in spirit and in truth."

The congregations of the FGSJ Church including American brothers and sisters who worship at the church should love and try to preserve the purity of the church. And they should worship in spirit and in truth regularly with which God is most pleased.

John 4:24 God is spirit, and his worshipers must worship in spirit and in truth."

The church is important as it is the place of worship for the saints to give glory to God. It was at the synagogue, the Jewish temple, where Jesus spoke the word of God for the first time.

The origin of the church goes back to Geneses 12 in which Abraham built altar (tribal era). Abraham built altar everywhere he went. And in the era of tabernacle they built altar as they moved along the wilderness. Then in the era of monarchy Solomon built

를 드렸습니다). 왕정시대에는 솔로몬이 성전을 건축하여 예배를 드렸습니다.

그리고 신약시대에는 우리 예수님께서 3년간의 공생애 사역을 하시고, 사순절의 고난을 받은 후 십자가에서 죽으셨다가 부활하셨고 승천하셨습니다. 제자들이 마가요한의 다락방에서 기도할 때 예수님이 승천하시면서 약속하신 성령님이 임하셔서 성령충만이 임했습니다 (행 2장). 그 자리에 교회가 세워졌습니다. 그로부터 성령충만을 받은 베드로를 위시한 사도들을 통하여 복음이 전파되는 곳마다 성령이 임하여 교회가 세워졌습니다. 사도행전 1장 8절 "오직 성령이 너희에게 임하시면 너희가 권능을 받고 예루살렘과 온 유대와 사마리아와 땅 끝까지 이르러 내 증인이 되리라"고 했습니다. 이와 같이 성령이 임하는 곳에 초대 예루살렘 교회가 세워졌습니다. 그로부터 성령충만 받은 바울을 위시한 제자들로 인하여 에베소 교회가 세워졌고, 이방인들을 위한 안디옥 교회가 세워졌습니다. 소아시아에 일곱 교회가 세워졌습니다.

그리고 복음은 아시아에서 바울에게 주님이 환상 중에 지시하여 로마에서부터 유럽 전역에 전파되어 수많은 교회들이 세워졌습니다.

그러나 그 후 유럽의 교회들이 타락했습니다. 영국에서는 교회가 박해를 당해 미국을 향했습니다. 그래서 영국의 청교도들은 1620년에 신앙의 자유를 찾아 대서양을 건너 미국 메사추세츠 플리머스 항에 도착하였고, 먼저 예배를 드렸습니다. 그 해에, 매우 열악한 환경 속에서도 청교도들은 자기 집이나 학교보다, 교회를 먼저 건축하였습니다. 그리고 항상 신령과 진정으로 예배를 드려서 하나님의 무한한 축복을 받았습니다. 그 결과로 미국은

Solomon's Temple.

And then Jesus in the New Testament, after three years of ministry in the earth, having suffered (the Lent), died on the Cross, was raised, and was lifted to the heaven. After that, the disciples of Jesus who had prayed at the upper room of Mark received the Holy Spirit, which Jesus before his ascension had promised to send them. Later the place became a church. And wherever the disciples of Jesus, including Peter, having been filled with the Holy Spirit, preached the word of God, the church was built.

Acts 1:8 But you will receive power when the Holy Spirit comes on you; and you will be my witnesses in Jerusalem, and in all Judea and Samaria, and to the ends of the earth."

In this way, the early Jerusalem church was established by those who had received the power of the Holy Spirit. Ever since, the disciples of Jesus including Paul, having been filled with the Holy Spirit, built the church in Ephesus and in Antioch—a church for the gentiles, and the seven churches in Asia Minor.

Thanks to Apostle Paul, who was commissioned in Asia by Jesus in a vision, the Gospel was spread from Rome to the entire Europe, where numerous churches were built.

However, the church in Europe went astray afterwards. The Christians who were persecuted in the Great Britain had fled to America. The Puritan of the Great Britain who sailed across the Pacific Ocean searching for their religious freedom, arrived at Plymouth, Massachusetts in 1620. They built a church first in the midst of harsh environment of the land before building their own houses or school. Their habit to worship in spirit and in truth became foundation of the great blessing of America and which has

하나님의 크신 축복을 받아 오늘날까지 세계 최대의 국가로 전진해 나가고 있습니다.

여러분! 미국은 청교도들이 교회를 먼저 세워서 축복을 받았습니다. 교회를 중심하고, 교회를 사랑하는 나라와 민족은 축복을 받습니다. 가정, 개인, 사업, 직장에도 무한한 축복이 임합니다. 교회는 신성한 곳이요, 신비스러운 곳입니다.

그래서 교회는 첫째 신령과 진정으로 예배 드리는 곳입니다 (요 4:24). 둘째 기도하는 곳입니다 (막 11:17). 셋째 영과 육을 고치는 곳입니다 (막 4:30). 넷째 삶이 바뀌는 곳입니다 (요 3:3). 다섯째 구원을 받는 곳입니다 (막 16:16). 여섯째 축복의 원천입니다 (요삼 1:2). 일곱째 주님의 복음을 만방에 전파하는 선교하는 곳입니다 (막 16:15).

여러분! 우리 성도들은 어느 누구보다도 우리가 우리 교회를 더 사랑해야 합니다. 소수의 우리 성도들이 수 많은 금식기도와 산에서 눈물의 기도로 죽음의 고비를 넘겨 가면서 기도했을 때 하나님께서 이 교회건물을 우리에게 주셨습니다. 6개월동안 재건축하여, 1992년 11월 23일에 봉헌하는 헌당식을 거행하였습니다. 벌써 25년의 세월이 흘렀습니다. 그 동안 우리 성도들의 기도와 노력으로 성령님이 거하시는 마가요한의 다락방과 같은 아름다운 성전이 되었습니다. 그리고 교육관인 친교실을 증축하는데 우리 교회가 공원주변에 있기 때문에 허가 받기가 매우 어려웠습니다. 8년 동안 무려 아홉 번이나 설계를 변경하였습니다. 그러나 저와 우리 성도들이 매일 매일 성전과 산에서 불퇴진의 기도하여 하나님의 은혜로 시 직원들을 감동시켜서 친교실을 증축할 수가 있었습니다. 역대상 28장 10절 "그런즉 이

made America the world power until today.

Beloved! America was blessed through the Puritan, who built the church first before anything else. Those countries and people who cherish the church are blessed. Not only countries, but their households, businesses, and work places will be blessed. The church is holy and full of mystery.

The church is the place where we worship in spirit and in truth (John 4:24); where we pray (Mark 11:27); where we receive healing in our body and spirit (Mark 4:30); where our lives are to be transformed (John 3:3); where we receive salvation (Mark 16:16); the source of blessing (3 John 1:2); the base camp for the mission of preaching the Gospel to all nations (Mark 16:15).

Beloved! The FGSJ Church deserves to be cherished by the congregations of the church. The church was established by the sweat and tears of their fasting prayers—I even was on the verge of death while praying in a mountain for planting the FGSJ Church. After 6 months of reconstruction, the church was dedicated on November 23, 1992, and twenty five years have passed ever since. The church, through the prayers and efforts of its congregations, has become a beauty like the upper room of Mark.

When we had to build an extension of fellowship room beside the chapel, we had difficulty in receiving extension permit because it is located near a park, having had to change its design nine times in eight years. But the prayers of the saints along with mine in mountainside and at the church moved the mind of the officers of the city. And in God's grace, we were able to build the current fellowship room.

1 Chronicles 28:10 Consider now, for the LORD has chosen you

제 너는 삼갈지어다 여호와께서 너를 택하여 성전의 건물을 건축하게 하셨으니 힘써 행할지니라 하니라"고 했습니다. 왜 교회가 이렇게 중요합니까? 에베소서 1장 22-23절 "[22] 또 만물을 그의 발 아래에 복종하게 하시고 그를 만물 위에 교회의 머리로 삼으셨느니라 [23] 교회는 그의 몸이니 만물 안에서 만물을 충만하게 하시는 이의 충만함이니라"고 했습니다. 이렇게 교회는 예수님의 머리요 몸이기 때문에 가장 중요합니다. 그러므로 예수님의 교회에서는 예배 드리고, 찬송 부르고, 기도하고, 성경을 읽고 쓰며 항상 성결하고 깨끗하게 유지해야 합니다. 교회에서는 절대로 세속적인 말을 해서는 안됩니다. 교회에 속한 모든 비품이나 가구들을 아끼고 보존해야 합니다.

그리고 미국 형제 자매들은 절대로 교회에서나 주차장에서도 담배를 피워서는 안됩니다. 교회도 더럽혀지지만, 담배에는 79종류의 발암물질이 있기 때문에 몸도 망가집니다. 술을 마시고 예배에 들어와서는 절대로 안됩니다. 잠언 23장 32절 "그것이(술은) 마침내 뱀 같이 물 것이요 독사 같이 쏠 것이며"라고 했습니다.

우리 예수님께서는 교회가 성결하지 못한 다른 일을 할 때는 아주 강력하게 책망하셨습니다. 마가복음 11장 15-16절 "[15] 그들이 예루살렘에 들어가니라 예수께서 성전에 들어가사 성전 안에서 매매하는 자들을 내쫓으시며 돈 바꾸는 자들의 상과 비둘기 파는 자들의 의자를 둘러 엎으시며 [16] 아무나 물건을 가지고 성전 안으로 지나다님을 허락하지 아니하시고"라고 했습니다. 이와 같이 교회는 성결하고 거룩하게 해야 합니다. 하나님께 항상 감사하면서, 성결하고 깨끗한 분위기에서 예배를 드려야 합니다. 성령님이 임하실 수 있도록 해야 합니다.

to build a temple as a sanctuary. Be strong and do the work."

The church is important as it is the head and body of Jesus.

Ephesians 1:22-23 [22] And God placed all things under his feet and appointed him to be head over everything for the church, [23] which is his body, the fullness of him who fills everything in every way.

Therefore, we should preserve the church holy and clean. In the sanctuary, we are allowed only to worship, sing hymns, pray, and read the Bible; to talk what is secular or gossip is not allowed in the church. And we need to be careful in preserving the FGSJ Church and facilities to be clean. Smoking either inside or outside of the church is prohibited. Not only because it stains the church building, but a cigarette contains seventy nine poisonous elements that may cause cancer in your body. Those who are drunk are not allowed to participate in the worship at the church.

Proverbs 23:32 In the end it bites like a snake and poisons like a viper.

The church need to be kept holy so that the Holy Spirit may dwell in the worship. Jesus rebuked those who did anything, which defile the church.

Mark 11:15-16 [15] On reaching Jerusalem, Jesus entered the temple area and began driving out those who were buying and selling there. He overturned the tables of the money changers and the benches of those selling doves, [16] and would not allow anyone to carry merchandise through the temple courts.

Those who attend the worship in the church should offer thanksgiving to the Lord and worship in spirit and in truth with in-depth knowledge of the word of God:

Psalms 100:4 Enter his gates with thanksgiving and his courts with praise; give thanks to him and praise his name.

Psalms 84:10 Better is one day in your courts than a thousand

감사하고 감격하는 마음으로 예배를 드려야 합니다. 시편 100편 4절 "감사함으로 그의 문에 들어가며 찬송함으로 그의 궁정에 들어가서 그에게 감사하며 그의 이름을 송축할지어다"라고 했습니다. 우리는 이 귀한 성경말씀을 깨닫고 감사하며, 신령과 진정으로 예배 드려야 합니다. 이렇게 예배를 드리며 교회중심생활을 해야 합니다. 시편 84편 10절 "주의 궁정에서의 한 날이 다른 곳에서의 천 날보다 나은즉 악인의 장막에 사는 것보다 내 하나님의 성전 문지기로 있는 것이 좋사오니"라고 했습니다.

여러분! 우리 몸도 예배를 드리는 성전이라고 했습니다. 고린도전서 3장 16절 "너희는 너희가 하나님의 성전인 것과 하나님의 성령이 너희 안에 계시는 것을 알지 못하느냐"라고 했습니다. 고린도전서 6장 19절 "너희 몸은 너희가 하나님께로부터 받은 바 너희 가운데 계신 성령의 전인 줄을 알지 못하느냐 너희는 너희 자신의 것이 아니라"고 했습니다. 우리 교회도 성령이 거하시는 전이요 우리 몸도 성령이 거하시는 전이기 때문에, 우리는 교회와 몸을 더욱 깨끗하고 성결하게 유지해야 합니다.

사랑하는 성도 여러분! 오늘 마가요한의 다락방과 같이 성결한 우리 교회에서, 우리 몸도 성결케 하여 성령님의 인도하심으로 신령과 진정으로 예배 드려서 병은 낫고 문제는 해결되고 기적이 일어나시기를 예수님의 이름으로 축원합니다.

예화)

저는 오늘 새벽기도 후에 먼저 뉴욕 할렘가 쉘터에 16만불을 기부했던 박계로 장로님이 중병으로 누워 있어서 전화로 신유기도를 했습니다. 그리고

elsewhere; I would rather be a doorkeeper in the house of my God than dwell in the tents of the wicked.

Beloved! I want you to know that you are God's temple where the Holy Spirit dwells:

1 Corinthians 3:16 Don't you know that you yourselves are God's temple and that God's Spirit lives in you?

1 Corinthians 6:19 Do you not know that your body is a temple of the Holy Spirit, who is in you, whom you have received from God? You are not your own;

As both our body and the church are identical where the Holy Spirit dwells, it is our responsibility to preserve both of them to be holy.

Beloved! I hope and pray that you may receive healing and miracle through purifying yourselves through worship in spirit and in truth at the church, which resembles the upper room of Mark.

Example)

I prayed on the phone after early Morning Prayer meeting today for the healing of elder Park Gye-ro, who had been fatally ill—he had donated $160,000 before for the homeless shelter at Harlem in New York. I also prayed for elder Park on the phone who had lost her daughter Park Gye-yang from the 911, for her feeble body and mind out of grief. Withal her declining health, she had been going to the church faithfully.

Malachi 4:2 But for you who revere my name, the sun of righteousness will rise with healing in its wings. And you will go out and leap like calves released from the stall.

Matthew 8:17 This was to fulfill what was spoken through

9.11테러 당시 딸 박계양 양을 잃고, 큰 상심으로 건강이 많이 악화됐지만, 교회에서 신실하게 신앙생활을 하는 박 권사님과도 전화로 하나님의 치료가 임하도록 기도하였습니다. 말라기 4장 2절 "내 이름을 경외하는 너희에게는 공의로운 해가 떠올라서 치료하는 광선을 비추리니 너희가 나가서 외양간에서 나온 송아지 같이 뛰리라"고 했습니다. 마태복음 8장 17절 "우리의 연약한 것을 친히 담당하시고 병을 짊어지셨도다 함을 이루려 하심이더라"고 했습니다.

어제도 오전에는 벧엘교회에서 우리 목사님 일행들과 한국에서 오신 엄요셉 목사님, 이정산 목사님, 공호영 목사님과 미국 목사님들과 함께 기도를 했습니다. 그리고 오후에는 우리 교회에 와서 합심하여 모인 곳이 진동하도록 기도했습니다.

중국인 쥬 목사님은 대만 부흥성회에서 많은 환자들이 나아서 교회에 큰 도움이 되었다고 감사했습니다. 그리고 친척 원호징을 데리고 와서 기도를 부탁했습니다. 정선우 목사님은 과로로 어깨와 몸이 아프다고 기도를 부탁했습니다. 김요한 목사님은 로스 가토스에서 가정 교회를 개척했는데 신유은사가 임하도록 기도를 부탁했습니다. 엄요셉 목사님은 부상후유증이 다 나았고, 몬트레이장로교회에서 설교를 하고 한국으로 간다며 기도를 부탁했습니다.

저는 그 동안 기도하고 설교하고 한국에서 오신 목사님들을 돌보며 바쁘게 사역하는 동안에, 넘어져서 부상당했던 부분들이 많이 나았습니다. 예레미야 30장 17절 하반절 "내가 너의 상처로부터 새 살이 돋아나게 하여 너를 고쳐 주리라"고 했습니다.

the prophet Isaiah: "He took up our infirmities and carried our diseases."

I had a prayer meeting at the Bethel Church with the pastors in my prayer group, Revs. Eum Joseph, Lee Jeong-san, Gong Ho-young who were visiting us from Korea, and a few American pastors in the morning yesterday. In the afternoon after the prayer meeting at the Bethel Church, a number of us came to the FGSJ Church to pay out loud.

In the afternoon prayer meeting at the FGSJ Church, we prayed for healing of following people: Rev. Jew gave thanks to the Lord for many people had been healed at the revival in Taiwan in which he was the speaker. He also wanted to pray for Wonhojing, one of his relatives, who came with him to the prayer meeting; Rev. Cheong, Seon-woo wanted to pray for pain and fatigue from overwork; John Kim wanted to pray for the gift of healing as he had started a home church in Los Gatos; Joseph Eum, having been healed from aftereffect of an injury, said that he will go back to Korea after speaking at the Monterey Presbyterian Church.

I have been recovering from the injury I got from falling while I was busy praying, preaching, and serving those pastors who were visiting us from Korea, as it is written in: **Jeremiah 30:17a "I will restore you to health and heal your wounds,"**

We all prayed for healing of those mentioned above based on the Word from:

Mark 16:17-18 [17] And these signs will accompany those who believe: In my name they will drive out demons; they will speak in new tongues; [18] they will pick up snakes with their hands; and when they drink deadly poison, it will not hurt them at all; they will place their hands on sick people, and they will get well."

우리 목사님 일행들은 마가복음 16장 17-18절과 사도행전 4장 30절 말씀대로 예수님의 능력으로 고쳐달라고 간절히 기도했습니다. 모두 나을 줄로 믿습니다.

1. 우리는 교회를 더 성결하게 지켜나가야 합니다.

마태복음 21장과 마가복음 11장에 보면, 바리새인과 서기관들은 성전에서 장사를 하며 성전을 더럽혔습니다. 그래서 예수님은 성전을 성결케 하기 위해 돈 바꾸는 상과 비둘기파는 상을 둘러 엎으시고 다 쫓아내셨습니다(마 21:12, 막 11:15). 성전은 항상 깨끗하게 하고 경건하게 하여 예배 드리는데 지장이 없도록 성결케 하여야 합니다. 여호수아 10장에 보면, 여호수아는 가나안과 싸우러 갈 때 몸을 성결케 하고 먼저 제단을 쌓고 예배를 드렸기 때문에 기적이 일어났습니다. 하나님은 여호수아를 도와 태양과 달을 머물게 하여 승리하게 하셨습니다 (수 10:13). 우리 하나님은 성결한 마음을 가지고 최선을 다하는 사람을 승리하게 합니다. 스가랴 4장의 스룹바벨을 보세요. 스룹바벨은 성결한 마음으로 하나님께 최선을 다했기 때문에 성전건축을 방해하는 적들을 물리치고 성전을 완성했습니다.

스가랴 4장 6절 하반절 "이는 힘으로 되지 아니하며 능력으로 되지 아니하고 오직 나의 영으로 되느니라"고 했습니다. 역대상 28장 10절 "그런즉 이제 너는 삼갈지어다 여호와께서 너를 택하여 성전의 건물을 건축하게 하셨으니 힘써 행할지니라"고 했습니다.

사랑하는 성도 여러분! 우리도 성결한 마음을 가지고 오늘 신령과 진정으로 예배를 드리고, 교회를 더 사랑하고 지켜서 자손대대에 영원한 축복받

Acts 4:30 Stretch out your hand to heal and perform miraculous signs and wonders through the name of your holy servant Jesus."

Subject 1. Let us preserve the church to be holy.

Jesus in Matthew 21:2 and Mark 11:5 drives out the Pharisee and the scribers who defiled the temple:

Mark 11:15 Jesus entered the temple area and began driving out those who were buying and selling there. He overturned the tables of the money changers and the benches of those selling doves,

The church must be kept clean so that we may worship devoutly. Joshua before going to the war against Canaan built an altar after purifying his mind and body. Then God allowed miracle for Joshua to win the war by making the sun and the moon stand still as he had prayed.

Joshua 10:13 So the sun stood still, and the moon stopped, till the nation avenged itself on its enemies, as it is written in the Book of Jashar. The sun stopped in the middle of the sky and delayed going down about a full day.

Zerubbabel, with his purified mind was able to build a temple, having defeated his enemy:

Zechariah 4:6b 'Not by might nor by power, but by my Spirit,' says the LORD Almighty.

1 Chronicles 28:10 Consider now, for the LORD has chosen you to build a temple as a sanctuary. Be strong and do the work."

Beloved! I pray in the name of Jesus that you may worship in

으시기를 예수님의 이름으로 축원합니다.

2. 교회는 주님의 몸이요 머리이기 때문에 교회를 더 사랑하여 축복을 받아야 합니다.

교회는 크든지 작든지 예수님의 머리요 몸이기 때문에 더욱 사랑해야 합니다. 그리고 가난하고 불쌍하고 외롭고 병든 사람들을 도와야 합니다. 서로 사랑하고 단합하여 예수님의 능력으로 치료해야 합니다. 사도행전 3장 6절 "베드로가 이르되 은과 금은 내게 없거니와 내게 있는 이것을 네게 주노니 나사렛 예수 그리스도의 이름으로 일어나 걸으라 하고"라고 했습니다. 이사야 53장 5절 "그가 찔림은 우리의 허물 때문이요 그가 상함은 우리의 죄악 때문이라 그가 징계를 받으므로 우리는 평화를 누리고 그가 채찍에 맞으므로 우리는 나음을 받았도다"라고 했습니다.

우리 성도들은 서로 사랑하고 존경하고 우애하여 교회중심생활로 모이기를 힘써야 합니다. 이 세상에는 여러 건물과 조직과 단체나 기관이 많지만, 교회만큼 중요한 곳은 없습니다. 에베소서 5장 27절 "자기 앞에 영광스러운 교회로 세우사 티나 주름 잡힌 것이나 이런 것들이 없이 거룩하고 흠이 없게 하려 하심이라"고 했습니다. 시편 84편 10절 "주의 궁정에서의 한 날이 다른 곳에서의 천 날보다 나은즉 악인의 장막에 사는 것보다 내 하나님의 성전 문지기로 있는 것이 좋사오니"라고 했습니다. 에베소서 4장 2절 "모든 겸손과 온유로 하고 오래 참음으로 사랑 가운데서 서로 용납하고"라고 했습니다. 이사야 60장 7절 하반절 "내가 내 영광의 집을 영화롭게 하리라"고 했습니다.

spirit and in truth with purified mind and heart, and protect the church through loving care so that you may be blessed generation to generation.

Subject 2. Let us cherish the church, which is the head and body of Jesus so that we may be blessed.

The saints of the church should cherish the church whether it has big or small congregation because it is the head and body of Jesus. And the church should be a place of serving the poor, lonely and sick, and being united in love, the church heals the sick.

Acts 3:6 Then Peter said, "Silver or gold I do not have, but what I have I give you. In the name of Jesus Christ of Nazareth, walk."

Isiah 53:5 But he was pierced for our transgressions, he was crushed for our iniquities; the punishment that brought us peace was upon him, and by his wounds we are healed.

It is recommended for the saints of the church to gather together in the love of Jesus as often as they could and respect one another at the church. There is no other institution or organization in this world that is more important than a church.

Ephesians 5:27 and to present her to himself as a radiant church, without stain or wrinkle or any other blemish, but holy and blameless.

Psalms 84:10 Better is one day in your courts than a thousand elsewhere; I would rather be a doorkeeper in the

여러분! 우리가 주님의 교회를 더욱 사랑할 때 축복을 받습니다. 우리 주님은 교회를 통하여 꿈과 희망을 주십니다. 교회는 성부 성자 성령이 역사하셔서 우리에게 영원한 축복을 주십니다. 오늘 말씀의 끝으로 성경말씀 한 구절만 읽어드리겠습니다. 에베소서 5장 27절 "자기 앞에 영광스러운 교회로 세우사 티나 주름 잡힌 것이나 이런 것들이 없이 거룩하고 흠이 없게 하려 하심이라"고 했습니다.

사랑하는 성도 여러분! 주님의 머리요 몸인 교회를 더 사랑하고 더 성결하게 지켜서 성령님의 인도하심으로 영과 육을 다 치료받으시고, 주님의 영원하신 축복을 받으시기를 예수님의 이름으로 축원합니다.

house of my God than dwell in the tents of the wicked.

Ephesians 4:2 Be completely humble and gentle; be patient, bearing with one another in love.

Isaiah 60:7 ... That is how I will bring honor to my glorious temple.

Beloved! God blesses those who cherish the church. The Lord provides us with dream and hope through the church. In the church eternal blessing flows to the worshippers through the work of the Trinity: the Father, the Son, and the Holy Spirit.

The conclusion for today is from Ephesians 5:27:
Ephesians 5:27 and to present her to himself as a radiant church, without stain or wrinkle or any other blemish, but holy and blameless.

Beloved!
May the eternal blessing of God be with you, who cherish and preserve the church to be holy, and be healed spiritually and physically through the power of the Holy Spirit!

11
우리는 계속 기도하여 기어코 응답을 받자

골로새서 4장 2절 "기도를 계속하고 기도에 감사함으로 깨어 있으라"

출애굽기 17장 10-13절 "[10] 여호수아가 모세의 말대로 행하여 아말렉과 싸우고 모세와 아론과 훌은 산 꼭대기에 올라가서 [11] 모세가 손을 들면 이스라엘이 이기고 손을 내리면 아말렉이 이기더니 [12] 모세의 팔이 피곤하매 그들이 돌을 가져다가 모세의 아래에 놓아 그가 그 위에 앉게 하고 아론과 훌이 한 사람은 이쪽에서, 한 사람은 저쪽에서 모세의 손을 붙들어 올렸더니 그 손이 해가 지도록 내려오지 아니한지라 [13] 여호수아가 칼날로 아말렉과 그 백성을 쳐서 무찌르니라"

우리 산호세순복음교회 성도들은 다른 것은 양보할지라도, 기도만은 절대로 양보하지 말고 기어코 응답 받으시기를 바랍니다. 오늘 나누어 드린 '24시간 시간표'에서 자기 이름을 확인하고, 정한 시간대로 기도하여 응답 받으시길 바랍니다. 내일은 죠지 워싱턴 초대 대통령과 에브라함 링컨 16대 대통령을 기념하여 제정한 프레지던트 데이입니다. 이 두 대통령들은 나라를 위해 기도로서 승리하여 축복을 가장 많이 받은 분들입니다. 우리는 미국을 위하여 구국기도를 해야 합니다. 그리고 우리 교회에서 정한 기도시간

11
Let us keep on praying until our prayers are answered

Colossians 4:2 Devote yourselves to prayer, being watchful and thankful.

Exodus 17:10-13 [10] So Joshua fought the Amalekites as Moses had ordered, and Moses, Aaron and Hur went to the top of the hill. [11] As long as Moses held up his hands, the Israelites were winning, but whenever he lowered his hands, the Amalekites were winning. [12] When Moses' hands grew tired, they took a stone and put it under him and he sat on it. Aaron and Hur held his hands up--one on one side, one on the other--so that his hands remained steady till sunset. [13] So Joshua overcame the Amalekite army with the sword.

I hope and pray that the congregations of the FGSJ Church to pray without shrinking back until your prayers are answered. You may yield anything but receiving answers for your prayers. In order for you to do this, you may pray according to the 24 hour prayer schedule of the FGSJ Church. It is Presidents' Day tomorrow which commemorates George Washington and Abraham Lincoln, the first and the 16th presidents of America. These two former presidents who prayed for America are known to be most blessed among other presidents of America. The congregations of the FGSJ Church can also receive blessing generation after generation through praying

표대로 국가와 민족을 위하여 주님께 계속 기도하면 국가와 민족도 번영하고 우리도 자손대대로 축복을 받습니다. 히브리서 6장 14절 "내가 반드시 너에게 복 주고 복 주며 너를 번성하게 하고 번성하게 하리라"고 했습니다. 기도하면 이 말씀대로 하나님의 영원하신 축복을 받습니다.

우리 교회는 1992년 11월 23일에 헌당을 한 후, 매일 새벽기도를 해오고 있습니다. 그 때 노숙자 선교가 시작될 무렵, 우리 교회에서 켄 그랜트와 프로이드가 밤마다 와서 잤습니다. 저는 새벽기도 드릴 때마다 그들을 깨워서 10년 이상 함께 기도했습니다. 그 후 켄 그랜트가 먼저 소천하였고, 지난 금요일(2017년 2월 17일) 오후 2시에 프로이드도 73세로 '예수님 예수님'하고 부르며 하나님의 품으로 갔습니다. 저는 그가 임종하기 얼마 전에 함께 기도를 했습니다. 그 때 그는 '예수님 예수님'하며, 주기도문을 함께 암송하였습니다.

누가복음 16장에 보면, 거지 나사로는 죽어 천사들에게 받들려 아브라함의 품에 들어가고, 호화로운 생활을 한 부자도 죽어 장사되어 음부에서 고통을 받고 있다고 했습니다 (눅 16:22-23). 프로이드의 할머니는 베이커스필드에 있는 오순절 교회의 목사님이었습니다. 그 신앙을 본받은 프로이드는 거의 10년동안 저와 함께 새벽기도를 했습니다. 그는 눈물도 가난도 아픔도 없는, 영생의 화환을 들고 기다리시는 주님의 품으로 갔습니다. 하나님께 영광 돌립니다.

여러분! 우리 성도들은 무슨 일이 있든지 오늘도 우리 교회의 기도시간표대로 기도를 하시길 바랍니다. 그리고 금년도 우리 교회목표대로 일주일에 세끼 이상씩 금식하며 조국과 미국과 가족들을 위해 꼭 기도해야 합니다.

for both Korea and America according to the prayer schedule of the church.

Hebrews 6:14 saying, "I will surely bless you and give you many descendants."

The FGSJ Church has been holding early Morning Prayer meetings every day ever since it was dedicated on November 23, 1992. By the time we started serving the homeless, Ken Grant and Freud came and slept in the church. So I would woke them up to join us in our early morning prayer meetings for over ten years. Afterwards Ken Grant had died first and Freud followed him to the bosom of Christ on Friday, February 17, 2017 at the age of 74. When I was praying for him on the phone a few hours before his death, he called out "Jesus, Jesus,"and recited the Lord's Prayer with me.

I was reminded of the beggar in Luke 16 who was carried to Abraham's side by the angels while the rich man suffered in hell.

Luke 16:22-23 [22] "The time came when the beggar died and the angels carried him to Abraham's side. The rich man also died and was buried. [23] In hell, where he was in torment, he looked up and saw Abraham far away, with Lazarus by his side.

The grandmother of Freud was a pastor at a Pentecostal church in Bakersfield. Freud, having been influenced by his grandmother's spirit, was able to join me in early Morning Prayer meetings at the FGSJ Church for almost ten years. I believe that he returned to the bosom of Jesus, who was waiting for him, holding flower wreath of eternal life in his hands, to the place where there is no tears, poverty, or suffering. I give glory to God for Freud.

Beloved! I strongly recommend the congregations of the FGSJ Church to stick to the 24 hour prayer schedule of the FGSJ Church.

이렇게 금식기도를 하면 놀라운 기적이 일어나고 건강하고 장수하실 줄로 믿습니다. 저는 이 기도의 능력으로 내일 하와이 부흥성회를 인도하러 갑니다. 이사야 58장 6절 "내가 기뻐하는 금식은 흉악의 결박을 풀어 주며 멍에의 줄을 끌러 주며 압제 당하는 자를 자유하게 하며 모든 멍에를 꺾는 것이 아니겠느냐"라고 했습니다. 오늘 우리가 함께 기도한대로 기어코 응답 받을 줄로 믿습니다.

오늘 본문 말씀 골로새서 4장 2절 "기도를 계속하고 기도에 감사함으로 깨어 있으라"고 했습니다. 그리고 마태복음 6장 33절 "너희는 먼저 그의 나라와 그의 의를 구하라 그리하면 이 모든 것을 너희에게 더하시리라"고 했습니다. 우리는 이 말씀대로 계속해서 깨어 기도해야 합니다. 더구나 최악의 탄핵 사태로 인하여 양분화가 되고 있는 우리 조국을 위해서 더 기도해야 합니다. 한국에 참혹한 핵전쟁이 일어나지 않도록 기도해야 합니다. CNN보도에 의하면, 김정은 생일을 기념하며 핵을 장착할 수 있는 중거리 미사일을 또 실험 발사했다고 합니다. 현재 미국 국회에서는 이미 북한에 선제 타격을 결의했고, 미 국방장관이 핵 공격을 지휘하는 군용기를 타고 제일 먼저 한국에 방문하여 모든 준비가 되었다고 했습니다. 이 와중에도 김정은은 지금까지 28번의 중, 장거리 미사일 실험발사와 6번의 핵실험을 했습니다. 그리고 지난 화요일에는 이복 형인 김정남이 독살을 당했다고 하는데, 김정은의 지시였다고 합니다. 참으로 끔찍한 일입니다. 이처럼 한국은 준전시 상태라고 합니다.

이러한 상황에서도 한국의 국회의원들과 검사들, 판사들, 선동하는 언론들, 촛불시위대들, 태극기 시위대들과 심지어 1,200만의 크리스천들까지 아

If you pray for Korea, America, and for your family, fasting at least three meals a week, I believe that you will see miracle, enjoying health and longevity. As for me, I will be leaving to speak at a revival in Hawaii tomorrow, believing the power of the Holy Spirit will be present at the revival.

Isaiah 58:6 "Is not this the kind of fasting I have chosen: to loose the chains of injustice and untie the cords of the yoke, to set the oppressed free and break every yoke?

Colossians 4:2 Devote yourselves to prayer, being watchful and thankful.

Matthew 6:33 But seek first his kingdom and his righteousness, and all these things will be given to you as well.

Today's scripture reading from Colossians 4:2 teaches us to be awakened in praying. Koreans especially should pray for Korea, whose people have been divided by impeachment of the president and had been receiving threat of a nuclear war. According to CNN, North Korea once again test-launched a medium-range missile, which can be equipped with nuclear weapon, in celebration of Kim Jong-il's birthday. In a reponse, the US Congress has resolved to strike North Korea first. The US Secretary of Defense flew in a combat aircraft, in which he could command nuclear strike, to visit Korea before visiting any other country. Despite this, Kim Jeong-eun has test-launched mid and long-range missiles twenty eight times and carried out nuclear tests six times so far. And Kim Jong-nam, an older half-brother of Kim Jong-eun was poisoned to death last Tuesday presumably by the command of Kim Jong-eun. This is horrible. With all these complicated situations, Korea can be said to be in a quasi-state of war.

However, I think that people in Korea, members of the National Assembly, prosecutors and judges, candlelight protestors, Taegeukgi

직도 정신을 못 차리고 있습니다.

한치 앞도 볼 수 없는 불안한 시국입니다. 수많은 기업과 사업들이 도산을 당하고 국민은 도탄에 빠져있고, 국가의 위상은 말할 수 없이 추락하고 있습니다. 우리 크리스천들은 이 때에 관망만 하지 말고 조국을 위하여 몸부림치고 절규하며 대각성 회개기도를 해야 합니다. 우리는 어떠한 형편에서도 구국기도를 하여 공산화만은 막아야 합니다. 기도 외에는 다른 방법으로 해결할 길이 없습니다. 이 지구상에서 가장 잔인하게 크리스천들과 인권을 탄압하여 전 세계를 경악하게 하는 북한 공산당이 와해 되도록 기도해야 합니다. 핵전쟁이 일어날 경우 남북한 모두가 망합니다. 우리가 기도할 때 전쟁을 주관하시고 악한 자를 멸하시는 전능하신 하나님께서 한국을 보호해 주시고 이기게 해 주실 줄로 믿습니다.

오늘 본문 말씀 출애굽기 17장에서 모세처럼, 우리는 기도해야 합니다. 이스라엘 백성들은 430년동안 애굽의 종살이를 할 때 부르짖어 기도하여 하나님의 인도로 애굽을 탈출하였습니다. 200여만명(부녀자들까지 포함하여)의 이스라엘 백성들이 하나님의 기적으로 홍해를 건너 삼일 간을 걸어 르비딤에 도착했습니다. 그곳에서 아말렉 군대와 마주쳤을 때, 모세는 여호수아를 군대장관으로 내 보내어 전쟁을 치르게 하고 산꼭대기에 올라가 하나님께 손을 들고 기도했습니다. 모세가 피곤하여 손을 내리면 아말렉 군대가 이겼고, 기도의 손이 올라가면 이스라엘 군대가 이겼습니다. 그래서 아론과 훌이 모세의 팔을 들어 기도의 손이 내리지 않았을 때, 아말렉을 물리치고 대승리를 하였습니다 (출 17:10-13). 오늘 우리가 조국을 위하여 계속 기도하면 잔악한 아말렉과 같은 남한의 좌경세력들과 북한 공산당은

(Korean National flag) protesters, and even the 12 million Christians are not seem to be in their senses.

Koreans are situated to be able to see no further than our nose. Our nation's position has been damaged because some Koreans, who pursue personal interests and play party strife despite of political and economic turmoils with numerous business bankruptcies. Therefore, the Christians in the midst of national crisis should repent and begin a great awakening movement of prayer. Nothing can save us but praying. And our prayer should be for the fall of the North Korean regime, which appalls the whole world through its most cruel human rights suppression. War in the Korean peninsula means destruction of both South and North Korea. I believe that God, who oversees war and overpowers the evil, protects Korea when we pray.

The Koreans need to pray as Moses did in Exodus 17. The Israelites had cried out to God during 430 years of slavery in Egypt before God led them to be free from Egypt. When Moses led about 2 million Israelites (including women and children) to cross the Red Sea for three days to arrive at Rephidim, they had to go to war against the Amalekites. Moses appointed Joshua as the chief commander of his army to fight the war. And then he went up to the top of the hill to pray, raising his hands. When Moses raised his hands to pray, the Israelites were winning, and lowered his hands, the Amalekites were. So Aron and Hur held each of Moses' hand up so that he could pray until sunset when the Israelites finally won the Amalekites (Exodus 17:10-13). Likewise, our persistent prayers will bring the fall of North Korean regime, the Amalekites in this era, and the unification of Korea will be achieved.

Daniel prayed three times a day fasting for 21 days for Jerusalem. But his enemy interfered with Michael, who was bringing with him

무너지고 복음통일이 올 줄로 믿습니다.

다니엘 10장에 보면, 다니엘은 하루에 세 번씩 조국 예루살렘을 위하여 기도했습니다. 21일간을 금식하며 기도했습니다. 그런데 천사장 미카엘이 기도응답을 가지고 올 때 파사국 원수가 막았습니다. 그러나 다니엘의 끊임없는 기도로 원수를 물리치고 21일만에 기도응답을 가져와 다니엘은 기어코 승리했습니다 (단 10:2-14).

우리는 누가복음 13장에 조국 예루살렘의 미래를 보시며 우시며 기도하시는 예수님의 구국기도를 본받아야 합니다.

누가복음 13장 34절 "예루살렘아 예루살렘아 선지자들을 죽이고 네게 파송된 자들을 돌로 치는 자여 암탉이 제 새끼를 날개 아래에 모음 같이 내가 너희의 자녀를 모으려 한 일이 몇 번이냐 그러나 너희가 원하지 아니하였도다"라고 했습니다. 우리는 예수님의 구국기도를 본받아, 위기에 빠진 한국을 구출하고 복음통일이 속히 오도록 기도해야 합니다. 우리 조국 대한민국을 하나님이 꼭 보호해 주실 줄로 믿고 불퇴진의 기도를 해야 합니다. 애국가대로 하나님이 보우하사 우리나라 만세가 될 줄로 믿습니다.

여러분! 기도에 연단된 사람은 군센 신앙을 가지고 승리의 생활을 할 수가 있습니다. 기도는 하나님과 성도간의 대화입니다. 기도는 기적을 산출하는 예수님의 능력입니다. 악마의 모든 계교를 물리치는 무기입니다. 기도는 성도의 칼입니다 (엡 6:17). 기도는 하나님과 우리와의 무선연락이라고 했습니다.

사랑하는 성도 여러분! 오늘 우리는 어떤 상황에서도 계속해서 불퇴진의 기도를 하여 성령충만 말씀충만 은혜충만하여 기어코 승리하시기를 예수님

God's answer for Daniel's prayer. However, Daniel would not give up but prayed persistently until receiving God's answer on the 21st day of his prayer (Daniel 10:2-14).

The prayer of Jesus for his own nation, looking ahead of its future, should be a model for our prayer for Korea (Luke 13). We should be praying without shrinking back for protection of Korea from current crisis and for the unification of Korea. Then God will help us to prevail as Korean Anthem writes.

Luke 13:34 "O Jerusalem, Jerusalem, you who kill the prophets and stone those sent to you, how often I have longed to gather your children together, as a hen gathers her chicks under her wings, but you were not willing!

Beloved! I want you to know that those who are trained in prayer prevail through their faith. Prayer is a dialogue between God and the saint, the power of Jesus which brings miracle, a weapon to defeat Satan, the sword of the saints (Ephesians 6:17), and a cordless phone which connects God and the saints.
Ephesians 6:17 the sword of the Spirit, which is the word of God.

May you all pray without shrinking back and be filled with the Holy Spirit, the Word, and Grace through persistent prayers in the name of Jesus!

Example)
The saints of the FGSJ Church and the pastors, who serve at homeless shelters have been praying during last week for the revival in Hawaii. Those who came to spend their sabbatical from Korea—Revs. Hwang Jeong-in, Shim Sang-chul, Im Sang-seon, and Kim

의 이름으로 축원합니다.

예화)

이번에도 우리 성도들과 쉘터에서 봉사하는 목사님들이 계속하여 함께 중보기도를 하고 있습니다. 특히 안식년을 보내기 위해 오신 저의 친구 황정인 목사님, 심상철 목사님, 임상선 목사님, 김낙훈 목사님은 내일부터 하와이 부흥성회를 인도하러 가는 저를 위해 기도를 많이 하고 있습니다. 부흥성회는 설교만 하러 가는 것이 아니라, 영적 전쟁을 하러 가는 것입니다. 영적으로 성령충만하여 병마와 싸우는 신유기도도 해야 합니다. 저는 마우이에 계신 환자를 방문하고, 3일간 호놀룰루 부흥성회를 인도하는 데, 성령충만하여 영적전쟁에서 승리하고 예수님의 신유의 능력이 임하도록 최선을 다해 기도하고 있습니다.

우리 교회에서 초창기 때 20여년간 신앙생활을 했던 변이순 권사님(93세)이 지금 마우이 너싱홈에 계십니다. 그 때는 자체 교회가 없어서 수요예배를 저의 집에서 드렸는데, 변 권사님 부부는 한번도 빠지지 않았던 성도였습니다. 저는 월요일에 먼저 그곳에 가서 신유기도를 합니다. 이번에 변 권사님은 치매에서 기어코 놓여날 줄로 믿습니다.

남편 변장술 집사님은 먼저 하늘나라로 가셨습니다. 딸 부부가 함께 금식하며 기도하기 때문에 큰 능력이 임할 줄로 믿습니다.

어제도 오전에 저는 벧엘교회에서 우리 목사님 일행들과 미국 목사님들과 함께 프레지던트 데이를 맞이하여 구국기도를 하였습니다. 모두 손을

Nak-hun—also have been joining in my prayer for the revival. I will be leaving to Hawaii tomorrow to speak at the revival. A revival is not just about preaching but also is a spiritual warfare. It is a spiritual warfare to heal through the power of the Holy Spirit. My prayer has been for myself to be filled with the Holy Spirit so that there will be healing through the power of the Holy Spirit during three days' revival at Honolulu.

Upon arriving at Hawaii on Monday I will visit elder Byon I-soon (93 years old) at a nursing home in Maui first to pray for healing of her dementia. She and her husband were sincere members of the FGSJ Church when we worshipped in my house on Wednesdays as we did not have our own church building at that time. They served at the church for 20 years.

Although her husband, Byon Jang-sul, had passed away, their daughter and son-in-law have been praying fasting for her healing. I believe that miraculous power of the Spirit will be with her.

In the morning yesterday on President's Day, with the pastors from my prayer group and a few American pastors and I prayed for each of our nation at the Bethel Church. We prayed out loud earnestly with hand in hand. In the afternoon after the prayer meeting at the Bethel Church, a number of us came to the FGSJ Church to keep on praying. We especially prayed for Korea in crisis with impending impeachment of its president, North Korea's threat with nukes, and murder of Kim Jong-nam by Kim Jeong-eun. And then we prayed for the revival in Hawaii.

We prayed for healing in the afternoon prayer meeting for the following people:

Rev. Jew has asked us to pray for him for two consecutive weeks before his leaving to speak at a revival in Taiwan, his own country.

잡고 통성으로 간절히 기도했습니다. 그리고 오후에는 2차로 목사님 일행들이 우리 교회에 와서 계속 기도했습니다. 한국의 탄핵사태와 더불어 북한의 핵 도발과 김정남 피살사건으로 더욱 혼란한 한국을 위해서 기도했습니다. 부흥성회를 위해서도 기도했습니다. 모인 곳이 진동하도록 통성으로 기도했습니다.

그리고 신유기도를 했습니다. 중국인 쥬 목사님은 고향 대만에 가서 부흥성회를 인도한다고 두 주일째 기도를 부탁했습니다. 김빌립 목사님은 입원중인 교회 청년을 위해 기도를 부탁했습니다. 심상철 목사님은 수년 동안 위하수로 고통 받고 있는데 기도를 부탁했습니다. 저는 하늘나라로 간 프로이드의 형과 친척들을 위해서 기도를 부탁했습니다.

우리 목사님 일행들은 마가복음 16장 17-18절과 사도행전 4장 30절 말씀대로 예수님의 능력으로 고쳐달라고 간절히 기도했습니다. 모두 나을 줄로 믿습니다.

어제 벧엘교회와 우리 교회에서 예수님의 능력으로 나은 것처럼, 오늘 우리 성도들과 미국 형제 자매들도 로마서 10장 10절 "사람이 마음으로 믿어 의에 이르고 입으로 시인하여 구원에 이르느니라"는 말씀대로 입으로 시인하여 예수님의 능력으로 다 나을 줄로 믿습니다.

목암과 혀암으로 수술을 받은 후 우리 교회예배에 참석한 샌디 로리(54),

Rev. Philip Kim wanted to pray for the healing of a young adult, a member of the church where he served who had been hospitalized. Rev. Shim Sang-chul, who had been suffering from a chronic gastroptosis for several years, wanted to pray for healing. I wanted to pray for the older brother and relatives of the late Freud, who had passed away a few days before.

We all prayed for healing of those who mentioned above based on the Word from:

Mark 16:17-18 [17] And these signs will accompany those who believe: In my name they will drive out demons; they will speak in new tongues; [18] they will pick up snakes with their hands; and when they drink deadly poison, it will not hurt them at all; they will place their hands on sick people, and they will get well."

Acts 4:30 Stretch out your hand to heal and perform miraculous signs and wonders through the name of your holy servant Jesus."

As people at the prayer meeting of the Bethel Church and at the FGSJ Church were healed yesterday through the power of Jesus, I also pray for the healing of the congregations of the FGSJ Church today, including American brothers and sisters, who attend worship services at the FGSJ Church. They will be healed when they confess their healing through their mouths as Romans 10:10 writes, **"For it is with your heart that you believe and are justified, and it is with your mouth that you confess and are saved."**

I especially pray for the healing of following people:

Sandy Laurie, 54 years old, who came to worship at the FGSJ Church, having received surgery of cancer in her throat and tongue; Feliciano, who had been recuperating from a colon cancer surgery; Rogerio Gamez from the Gilroy Baptist Church, who came in his wheel-chair out of a stroke; Serafine, who has been suffering from

대장암 수술을 받은 후 많이 나은 페리시아노, 길로이침례교회 교인인데 중풍으로 쓰러져서 휠체어를 타고 온 로게리오 가메스, 왼쪽다리가 아픈 세라핀, 두 다리가 부어서 걷기가 힘들어 지팡이를 짚고 오늘 예배에 나온 알렉산드리아, 홍역에 걸린 데비, 모두 예수님의 능력으로 다 나을 줄로 믿습니다. 오늘 우리 성도들은 계속해서 기도하여 기어코 응답을 받아 더욱 강건하시기를 예수님의 이름으로 축원합니다.

1. 능력 있는 기도로 중보기도를 하면 기적이 일어나고 축복을 받습니다.

다니엘 6장에 보면, 다니엘이 사자굴 속에서도 기도할 때 하나님의 능력으로 살아났습니다 (단 6:22-23). 열왕기상 18장에 보면, 엘리야는 갈멜산에서 하나님께 기도할 때 제단에 불이 내렸습니다. 기도응답을 받았습니다. 그리고 850명의 바알과 아세라 거짓선지자들을 기손 시냇가에서 쳐서 물리치고 승리하였습니다 (열상 18:20-40). 여호수아 23장에 보면, 여호수아는 먼저 기도하고 나아가서 가나안 7족을 하나님의 능력으로 점령했습니다 (수 23:3-4). 에스더 8장에 보면, 에스더는 금식하고 기도하여 자신과 이스라엘 백성들을 하만의 손에서 구출했습니다 (에 8:7). 역대하 6장에 보면, 솔로몬은 일천번제를 드리며 기도하여 지혜의 왕이 되고 성전을 건축할 수가 있었습니다 (대하 6:2).

우리도 계속해서 기도해야 합니다. 골로새서 1장 9절 "이로써 우리도 듣던 날부터 너희를 위하여 기도하기를 그치지 아니하고 구하노니 너희로 하여금 모든 신령한 지혜와 총명에 하나님의 뜻을 아는 것으로 채우게 하시

pain in his left leg; Alexandria, who came to worship at the church, relying on her cane because of her swollen legs; Debbie, who has a measles.

Subject 1. Intercessory prayer through the power of the Holy Spirit brings miracle and blessing.

Daniel walked out of the den of lion alive through prayer (Daniel 6:22-23). The prayer of Ellijah on the Mount Carmel caused the heaven to send fire, and then Ellijah had the 850 prophets of Baal and Asherah to be slaughtered in the Kishon Valley (1King 18:20-40). Joshua conquered the seven tribes in Canaan through praying before going to war (Joshua 23:3-4). Esther prayed fasting to save her people and herself from the hands of Haman (Esther 8:7). Solomon received wisdom of God and could build a temple through offering a thousand burnt offering (2 Chronicles 6:2).

I hope and pray that the saints of the church also keep praying until your prayers are answered. Your prayers will be answered when you pray in faith with the right mind.

Colossians 1:9 For this reason, since the day we heard about you, we have not stopped praying for you and asking God to fill you with the knowledge of his will through all spiritual wisdom and understanding.

Philippians 4:6 Do not be anxious about anything, but in everything, by prayer and petition, with thanksgiving, present your requests to God.

1 Thessalonians 5:17 pray continually;

George Washington, the first president of America, meditated on Psalms 4:1 and prayed to lead his government. During the

고"라고 했습니다. 빌립보서 4장 6절 "아무 것도 염려하지 말고 다만 모든 일에 기도와 간구로, 너희 구할 것을 감사함으로 하나님께 아뢰라"고 했습니다. 데살로니가전서 5장 17절 "쉬지 말고 기도하라"고 했습니다. 우리가 믿음에 확신을 가지고 쉬지 않고 기도하면 응답을 받습니다. 하나님의 제단 앞에서 올바른 생각을 가지고 주님의 뜻대로 쉬지 말고 기도하면 기어코 이루어 주십니다.

시편 4편 1절 "내 의의 하나님이여 내가 부를 때에 응답하소서 곤란 중에 나를 너그럽게 하셨사오니 내게 은혜를 베푸사 나의 기도를 들으소서"라고 했습니다. 미국의 죠지 워싱턴 초대 대통령은 이 말씀을 묵상하며 기도로서 국정을 시작했다고 했습니다. 그는 독립전쟁 중에도 눈 덮인 고지에서 무릎을 꿇고 하나님의 뜻이라면 영국군을 이기게 해달라고 기도 했을때 수많은 영국군을 이기고 승리했습니다. 16대 에브라함 링컨 대통령은 백악관을 기도원으로 만들 정도로 기도하는 대통령이었다고 합니다. 그의 전기에 따르면 어느 날 외국의 대통령이 정상회담을 마친 다음날 이른 아침에 성경을 읽고 기도하는 링컨 대통령을 보고 크게 감동을 받아 함께 기도했다고 합니다. 당시 링컨이 평소에 읽고 기도했던 성경책은 그 후 대통령 취임식에서 선서를 하는 데 오늘날까지 쓰이고 있습니다. 우리는 성경을 읽고 기도하는 그 모습을 본받아야 합니다.

사랑하는 성도 여러분! 오늘 우리도 죠지 워싱턴이나 에브라함 링컨 대통령의 기도를 본받아 하나님의 뜻대로 중보기도를 하여 계속 응답을 받아 기적이 일어날 줄로 믿습니다.

Independent War, he still prayed, kneeling on snow saying 'if it is God's will please help us to win the British Army.' And God answered his prayer: he won the war against the numerous numbers of the British army.

Psalms 4:1 Answer me when I call to you, O my righteous God. Give me relief from my distress; be merciful to me and hear my prayer.

Abraham Lincoln, the 16th president of America, prayed all the time. One may say that the White House turned into a prayer center because of his prayer. His biography describes that a president of a foreign country who was visiting America prayed with him, having been deeply moved to see President Lincoln reading the Bible and praying early in the morning the day after their summit. The Bible, which President Lincoln had read in his office has been used for presidential oath in inauguration. His devotion to reading the Bible and to praying becomes a model for us to follow.

Beloved! Let us pray according to God's will as George Washington or Abraham Lincoln did so that we may also attract miracle to our life!

Subject 2. We should not shrink back in our prayers but pray until it is answered.

Psalms 145:19b he hears their cry and saves them.

1 Timothy 2:8 I want men everywhere to lift up holy hands in prayer, without anger or disputing.

Psalms 81:10b Open wide your mouth and I will fill it.

2. 더욱 힘쓰고 애써서 결사적으로 기도해야 합니다.

시편 145편 19절 하반절 "그들의 부르짖음을 들으사 구원하시리로다"고 했습니다. 디모데전서 2장 8절 "그러므로 각처에서 남자들이 분노와 다툼이 없이 거룩한 손을 들어 기도하기를 원하노라"고 했습니다. 시편 81편 10절 하반절 "네 입을 크게 열라 내가 채우리라"고 했습니다. 예레미야 33장 3절 "너는 내게 부르짖으라 내가 네게 응답하겠고 네가 알지 못하는 크고 은밀한 일을 네게 보이리라"고 했습니다.

이와 같이 전심전력을 다해서 기도드릴 때 응답이 오는 것입니다. 여러분! 사도행전 4장을 보세요. 초대 교회 성도들은 모일 때 마다 모인 곳이 진동하도록 기도하였습니다 (행 4:31). 오순절 마가요한의 다락방에 120명이 모여 전심전력을 다하여 금식하며 철야하며 간구하고 부르짖고 기도할 때 성령충만이 임했습니다 (행 2:1-4). 사도행전 2장 4절의 놀라운 성령의 역사는 사도행전 1장 13-14절을 통하여 일어난 것입니다. 오순절 마가요한의 다락방에 모인 사람들은 마음을 같이 하여 전혀 기도에 힘썼다고 했습니다. 구원은 믿음으로 받고, 성령충만은 결사적으로 부르짖어 기도할 때 받습니다. 우리 성도들은 계속 기도하여 성령충만함을 받고 승리하시길 바랍니다.

오늘 말씀의 끝으로 기도응답을 기어코 받는 성경말씀 두 구절을 읽어드리겠습니다. 골로새서 4장 2절 "기도를 계속하고 기도에 감사함으로 깨어 있으라"고 했습니다. 마가복음 11장 24절 "내가 너희에게 말하노니 무엇이든지 기도하고 구하는 것은 받은 줄로 믿으라 그리하면 너희에게 그대

Jeremiah 33:3 'Call to me and I will answer you and tell you great and unsearchable things you do not know.'

We will surely receive answers for our prayers when we desperately pray without shrinking back.

The saints of the early church prayed every time they gathered together (Acts 4:31). The 120 disciples of Jesus received the Holy Spirit when they prayed fasting, crying out to God at the upper room of Mark (Acts 2:1-4). The miraculous work of the Holy Spirit in Acts 2:4 is the result of Acts 1:13-14.

Acts 2:4 All of them were filled with the Holy Spirit and began to speak in other tongues as the Spirit enabled them.

Acts 1:13-14 [13] When they arrived, they went upstairs to the room where they were staying. Those present were Peter, John, James and Andrew; Philip and Thomas, Bartholomew and Matthew; James son of Alphaeus and Simon the Zealot, and Judas son of James. [14] They all joined together constantly in prayer, along with the women and Mary the mother of Jesus, and with his brothers.

You are to be saved by faith, and receive the Holy Spirit when you call out to God. I pray that the saints of the FGSJ Church to be filled with the Holy Spirit and prevail through praying without shrinking back.

Today's conclusion is the following word of God through which you may receive answers for your prayers.

Colossians 4:2 Devote yourselves to prayer, being watchful and thankful.

Mark 11:24 Therefore I tell you, whatever you ask for in prayer, believe that you have received it, and it will be yours.

로 되리라"고 했습니다.

사랑하는 성도 여러분! 오늘 예배를 통하여 쉬지 말고 계속 기도하여, 조국과 미국을 위하여 기도하고, 개인기도와 중보기도를 하여 기어코 응답 받으시기를 예수님의 이름으로 축원합니다.

Beloved!

May God bless you all who pray without shrinking back for Korea and America, for others and for yourselves in the name of Jesus Christ!

12
꿈과 희망을 가지고 더 성장하고 자라나는 성도가 되자

에베소서 4장 13절 "우리가 다 하나님의 아들을 믿는 것과 아는 일에 하나가 되어 온전한 사람을 이루어 그리스도의 장성한 분량이 충만한 데까지 이르리니

요한일서 3장 17-19절 "[17] 누가 이 세상의 재물을 가지고 형제의 궁핍함을 보고도 도와 줄 마음을 닫으면 하나님의 사랑이 어찌 그 속에 거하겠느냐[18] 자녀들아 우리가 말과 혀로만 사랑하지 말고 행함과 진실함으로 하자[19] 이로써 우리가 진리에 속한 줄을 알고 또 우리 마음을 주 앞에서 굳세게 하리니"

금년 정초부터 미국의 3분의 2가 수십 년 만의 강추위로 얼어 붙고 있습니다. 기상대는 수십 년 만에 다가온 이번 추위와 폭설을 폴라 보텍스(Polar Vortex) 현상이라고 합니다. 동부 지역에서는 한파로 나이아가라 폭포가 166년만에 얼어 붙었다고 합니다. 뉴욕, 워싱턴, 시카고, 텍사스, 몬테나, 오하이오 등 대도시에서 체감온도가 남극보다 더 추운 영하 50도 전후까지 내려갔다고 합니다. 그래서 18,000편의 항공기가 운행을 중단하

12

Let us grow in faith through dream and hope given from Jesus

Ephesians 4:13 until we all reach unity in the faith and in the knowledge of the Son of God and become mature, attaining to the whole measure of the fullness of Christ.

1 John 3:17-19 [17] If anyone has material possessions and sees his brother in need but has no pity on him, how can the love of God be in him? [18] Dear children, let us not love with words or tongue but with actions and in truth. [19] This then is how we know that we belong to the truth, and how we set our hearts at rest in his presence

---

The severe cold which had started from the New Year has frozen almost the two third of America. The weather station named "Polar Vortex"for the current cold wave and heavy snow which is worst in the past several decades. Niagara Falls from the cold wave at the eastern United States are said to have frozen first time in 166 years. Sensory temperature of big cities such as New York, Washington, Chicago, Texas, Montana, and Ohio is known to have fallen to as low as 50 degrees below zero. It is reported that about 18,000 flights have been cancelled and the amount of damages, major or minor, at those cities from the disastrous weather have reached over

고, 각 도시마다 크고 작은 사고로 인하여 50억 달러 이상의 피해를 입었다고 보도하고 있습니다.

이곳 캘리포니아에서는 엄청난 추위는 없지만, 100여년 만의 가뭄으로 최악의 식수난이 올 수 있다고 경고하고 있습니다. 그리고 신종 플루 독감(AI)으로 노숙자들과 어린이들과 노약자들이 며칠 사이에 여러 명이 생명을 잃었습니다. 이러한 상황 속에서도 우리는 더 기도하고 협력하여 기어코 극복할 줄로 믿습니다. 어떠한 천재지변이나 질병이 우리를 위협할지라도 믿음으로 고난을 잘 극복하고 강건하게 나가시길 바랍니다. 이를 위해서 우리는 오늘 본문 에베소서 4장 13절 말씀과 같이 그리스도의 장성한 분량이 충만한 데까지 이르도록 신앙으로 전진해야 합니다. 우리는 예수님을 믿기만 하면 구원을 받습니다. 그러나 구원받은 후에는 믿음으로 꿈과 희망을 가지고 자라나고 성장하도록 노력을 해야 합니다.

오늘 본문 요한일서 3장 18절에 "… 우리가 말과 혀로만 사랑하지 말고 행함과 진실함으로 하자"라고 했습니다. 우리가 서서 기도한대로 우리 모두는 직분과 사명을 받은 성도들로서 주님께서 주신 꿈과 희망을 가지고 최선을 다하여 노력을 해야 합니다.

불쌍하고 병들고 외롭고 어려운 사람들의 영혼을 위하여 기도해주고, 사랑으로 구제하고 봉사해야 합니다. 이 원초적인 사랑을 초대 교회 성도들이 실천했기 때문에 초대 예루살렘교회가 중심이 되어 예루살렘과 온 유대와 땅끝까지 복음이 전파되고 있습니다.

오늘은 특별히 우리 교회의 직분자들을 위해서 기도를 했습니다. 또 우리들이 기도한대로 우리 교회의 목표가 달성될 줄로 믿습니다. 초대 교회에서

5 billion dollars.

There has been no harsh coldness here in California. However, it has been warned that people may suffer extreme shortage of drinking water supply from the worst draught in 100 years. A number of homeless, children and elderly people lost their lives through influenza A within past several days.

In order to overcome any natural disasters or diseases, I hope you may grow in faith as Ephesians 4:13 writes. You are saved when you believe in Jesus. But After receiving salvation, it is our responsibility for us to grow in faith holding onto dream and hope that are given from Jesus.

1 John 3:18 Dear children, let us not love with words or tongue but with actions and in truth.

As we have stood to pray in the worship today, we who are called to serve our Lord Jesus, should try our best in fulfilling the dream and hope given from Jesus.

Thus, it is our duty to pray for and serve the poor, sick, and lonely in the love of Jesus. Practicing this basic love, the saints of the early church in Jerusalem made their church to be the center of preaching the Gospel to Jerusalem, and Judah, and to the end of the world.

Today the FGSJ Church has prayed for the appointed leaders of the church and for achieving the church goal for the year. Deacons had many important roles in the early church. The early Jerusalem

는 집사님들이 많은 활동을 했습니다. 사도행전 6장에 보면 초대 예루살렘 교회는 약 8,000명의 성도들이 있었지만, 오직 일곱 명의 집사님을 세웠습니다 (행 6:5). 그런데 이들의 활동은 대단했습니다. 이 집사님들을 통해서 하나님은 교회를 계속 자라나게 하셨고 부흥시켰습니다. 스데반 집사님을 통해서 순교적 신앙을 갖게 했습니다. 그의 신앙이 너무나 고귀했기 때문에 박해자였던 사울이 순교 현장을 목격한 뒤, 예수님을 다메섹 도상에서 만나서 변화가 되는 영향을 끼쳤습니다 (행 9장).

빌립 집사님은 예루살렘 교회가 박해를 당할 때 사마리아 성에 초대 선교사로 가서 중풍병자를 고치고 귀신을 쫓아내며 온 성에 기쁨이 충만하게 했던 것입니다. 그리하여 많은 사람들이 꿈과 희망을 갖고 사마리아 교회를 세우게 하였고, 복음이 왕성하게 전파되었던 것입니다 (행 8:5-7).

여러분! 교회의 본질은 사랑의 복음을 전파하고 많은 사람들의 상처를 싸매주고 격려하고 위로해 주는 것입니다. 영혼의 병, 육신의 병을 다 치료하는 역사가 주님의 몸된 교회에서 일어나는 것입니다. 베드로와 요한은 성전에 예배 드리러 가다가 성전 미문에서 구걸하는 앉은뱅이를 보고 "은과 금은 내게 없거니와 내게 있는 이것을 네게 주노니 나사렛 예수 그리스도의 이름으로 일어나 걸으라"고 할 때, 앉은뱅이는 일어나 걷고 뛰며 하나님을 찬양하였습니다 (행 3:6-8).

사랑하는 성도 여러분! 우리는 오늘 주님께서 주신 꿈과 희망을 가지고 초대 교회 성도들이 기도할 때 사도행전 4장 30절 "손을 내밀어 병을 낫게 하시옵고 표적과 기사가 거룩한 종 예수의 이름으로 이루어지게 하옵소서" 라는 말씀대로 되시기를 축원합니다. 그래서 우리가 기도할 때 신종 플루

church had about eight thousand saints yet there were only eight deacons, through whom the church grew (Acts 6:5).

One of the deacons of the church in Jerusalem was Steven, who became a model of martyrdom especially to Apostle Paul. Paul, having witnessed the martyrdom of Steven, was transformed when he encountered Jesus on his way to Damascus (Acts 9). Philip went to Samaria as the first missionary to the city while the church in Jerusalem was persecuted. Philip healed paralytics, cast out demons, making the whole city to be filled with joy. So people in Samaria built a church in Samaria in their hope and dream to actively spread the Gospel (Acts 8:5-7).

Beloved! The essence of the church is to preach the Gospel of love, heal, and offer consolation to the wounded. So the church, the body of Christ, is where people receive physical and spiritual healing. Peter and John on their way to synagogue saw a crippled sitting in front of the beauty door of the synagogue. Then Peter declared to the crippled man by saying, "Silver or gold I do not have, but what I have I give you. In the name of Jesus Christ of Nazareth, walk,"and the crippled rose to his feet and praised God (Acts 3:6-8).

Beloved! I pray that your dream and hope given from Jesus our Lord will be fulfilled as the saints of the early church prayed in Acts 4:30.

Acts 4:30 Stretch out your hand to heal and perform miraculous signs and wonders through the name of your holy servant Jesus."

독감(AI)도 물러가고, 동부의 강추위도 물러가고, 이곳 캘리포니아에는 비도 올 줄로 믿습니다.

예화)

동부의 최악의 혹한과 이곳 북가주의 극심한 가뭄을 잘 극복하도록 우리 성도님들은 수요예배와 금요 철야예배에서 기도했습니다. 지난 수요예배를 마친 후에는 우리 목사님 일행들이 산에 가서 주님께 간구하여 비가 오도록 기도했습니다. 야고보서 5장 17-18절 "[17] 엘리야는 우리와 성정이 같은 사람이로되 그가 비가 오지 않기를 간절히 기도한즉 삼 년 육 개월 동안 땅에 비가 오지 아니하고 [18] 다시 기도하니 하늘이 비를 주고 땅이 열매를 맺었느니라"는 말씀을 읽고 믿음으로 기도를 했습니다. 그런데 우리가 기도한 대로 자정이 넘어서 부족하지만 비가 왔습니다. 우리는 너무 기뻐서 믿고 기도한 대로 응답을 주신 주님께 감사드렸습니다. 철야예배 때는 더 많은 비를 내려달라고 간절히 기도를 했습니다.

어제도 쉘터에서 봉사하는 목사님들과 지방회 목사님들과 동문회 목사님들이 벧엘 교회에서 함께 모여 기도를 했습니다. 동부의 무서운 추위가 속히 물러가고, 많은 사람들의 생명을 위협하는 신종 플루도 소멸되도록 기도했습니다. 그리고 우리 목사님 일행들은 우리 교회로 돌아와서 사도행전 4장 30절을 읽고 계속해서 통성으로 기도했습니다.

우리가 기도하고 있는 데 한국에서 오신 이용진 원로 목사님이 우리가 '사랑과 행복나눔'의 도움으로 5,000벌의 잠바를 서울, 대전, 부산의 노숙자들에게 나누어 준 소식을 들었다고 말하며 함께 기도하였습니다. 그리

So when you pray, God may intervene to stop spreading AI, to cause change in weather to stop the cold wave at the eastern United States, and to give rain in California.

Example)

The congregations of the FGSJ Church prayed for those who suffer from the worst cold wave at the eastern United States and from draught in North California in the Wednesday and Friday worship services last week. And after the Wednesday worship last week the pastors in my prayer group and I went to pray for rain at a prayer center in a mountain. When we prayed, having read James 5:17-18, it started to rain, though small, after midnight. Rejoiced over the rain, we gave thanks to the Lord and prayed for more rain at Friday overnight prayer meeting.

James 5:17-18 [17] Elijah was a man just like us. He prayed earnestly that it would not rain, and it did not rain on the land for three and a half years. [18] Again he prayed, and the heavens gave rain, and the earth produced its crops."

The pastors in my prayer group including those pastors who volunteer at shelters prayed at the Bethel Church yesterday. We prayed again for God's intervention to cease the cold wave at the eastern United States and the spreading of AI. A number of pastors who prayed at the Bethel Church came to the FGSJ Church to keep praying. We read Mark 16:17-18 and Acts 4:30 to pray for healing.

When we were praying at the church, retired Reverend Lee Yong-jin came to join the prayer meeting. He said that he had heard about

고 이 목사님은 당뇨와 고혈압이 있다며 기도를 부탁했습니다. 중국인 쥬 목사님은 청년인 알렌을 데리고 왔는 데 결혼을 위해 기도를 요청했습니다. 쥬 목사님도 독감에 걸렸다며 기도를 부탁했습니다. 그리고 한국전쟁에 참전해서 입은 부상의 후유증으로 평생을 고생하는 브라이언 할아버지와 아내인 케리가 아프다고 전화로 기도를 요청했습니다. 산에서 함께 기도했던 이진웅 목사님은 사모님이 관절염으로 아프다고 하며 함께 기도를 했습니다. 우리 목사님 일행은 마가복음 16장 17-18절, 사도행전 4장 30절을 읽고 모인 곳이 진동하도록 기도를 했습니다. 모두들 주님의 능력으로 다 나을 줄로 믿습니다.

오늘 우리 교회의 성도님들도 어제 목사님들이 신유기도를 하여 주님이 치료해 주신 것처럼 다 나을 줄로 믿습니다. 우리 교회의 미국 형제 자매들도 오늘 다 나을 줄로 믿습니다. 지팡이를 짚고 온 스티브, 여자친구가 병원에서 소천한 후 우울증으로 어려움을 겪는 코도바, 두통이 심한 후안, 정신질환으로 고생하는 가브리엘, 왼쪽 눈이 아픈 레이첼, 비만과 위장병으로 고생하는 라우라 모두 다 나을 줄로 믿습니다.

오늘 우리 성도들은 예배를 통하여 계속해서 믿음이 자라고 강건하시기를 축원합니다.

1. 우리 교회 성도들은 맡은 직분을 유지하고 성장하려면 교회를 사랑하고 잘 섬겨야 합니다.

우리의 믿음이 매년마다 자라려면 말씀을 잘 듣고 은혜를 받아 교회를 잘 섬기고 봉사하여야 합니다. 영혼구원을 위하여 사랑을 실천해야 합니

our ministry for the homeless in Korea: distributing 5,000 winter jackets to the homeless in Seoul, Daejon, and Busan through the help of *Sharing Love and Happiness* foundation. Then he asked to receive healing prayer for his diabetes and high blood pressure.

Reverend Jew came with Allen, who hoped to be married, and Rev. Jew for himself, having suffered from flu. Brian, a Korean War veteran, having suffered from aftereffect of war injury entire his life, called me to pray for himself and his sick wife. Reverend Lee Jin-woong, who had prayed with me at a prayer mountain, asked to pray for his wife to be healed from arthritis.

As people who received healing prayer yesterday were healed, I hope and pray for the healing of the congregations of the FGSJ Church and American brothers and sisters who worship at the church.

Those who need healing are Steve, who came relying on a cane; Cordova, who has been suffering from depression ever since his girlfriend passed away at a hospital;

Juan with serious headache; Gabriel with a mental disorder; Rachel with pain in her left eye; Laura with obesity and a stomach disorder. I pray for the congregations of the FGSJ Church to grow in faith, strengthened in their spirit, and be healed through attending worship services today.

Subject 1. The saints of the church grow in their faith through loving and cherishing the church.

다. 요한일서 3장 17절 "누가 이 세상의 재물을 가지고 형제의 궁핍함을 보고도 도와 줄 마음을 닫으면 하나님의 사랑이 어찌 그 속에 거하겠느냐"라고 했습니다. 우리 성도들은 이 말씀대로 어렵고 가난하고 궁핍한 사람들을 돕겠다는 마음을 가져야 합니다. 그리고 교회중심 생활을 하고 싶어하며, 교회를 나오지 않고는 견딜 수 없는 마음을 가져야 됩니다. 베드로전서 2장의 말씀에 보면 신앙이 성장하고 자라날수록 교회중심 생활을 하게 됩니다.

사도 바울은 일생을 주님의 종으로 교회중심 생활을 하였고, 복음을 전하는 곳마다 교회를 세웠습니다. 고린도전서 3장 6절에 "나는 심었고 아볼로는 물을 주었으되 오직 하나님께서 자라나게 하셨나니"라고 바울은 고백했습니다. 바울은 교회를 개척하여 심었습니다. 동역자 아볼로는 양육의 물을 주었습니다. 오직 하나님 만이 교회를 자라나게 하셨습니다.

여러분! 교회는 인간의 노력으로 되는 것이 아니라 하나님의 사랑을 가지고 기도하고 사랑을 베풀 때에 하나님이 자라나게 하고 부흥시킵니다. 목사의 노력으로 되는 것도 아니요, 특별한 성도들의 노력으로 되는 것이 아니라 우리 하나님께서 주님의 몸 된 교회를 자라나게 하시고 성장하게 하십니다. 교회가 자라나고 성장하게 되는 것은 하나님의 뜻입니다. 마가 요한의 다락방에서 성령 충만함을 받았습니다. 그 자리에 초대 예루살렘 교회가 세워진 것입니다. 그 때부터 교회를 통하여 복음이 전파되는 곳마다 기적이 일어나고 계속하여 교회가 세워졌습니다. 그리고 주님의 사랑으로 자라나기 시작했습니다.

그러므로 우리 성도들은 이곳 미국에서 영육간에 더 성장하고 자라나야

Listening to the Word and serve at a church is essential for the saints to grow in their faith. As they grow in faith, they will be able to practice the love of Jesus for the salvation of souls.

1 John 3:17 If anyone has material possessions and sees his brother in need but has no pity on him, how can the love of God be in him?

Helping the poor, longing to be part of the church and to be at worship services at the church are signs of growth in your faith. 1 Peter 2 shows that the more one grows in faith, the more one becomes devoted to the church.

The life of Apostle Paul entirely devoted to the church as a servant of the Lord, planting churches everywhere he went. While Paul planted, Apollos watered the church. But it is only God that can make the church to grow.

1 Corinthians 3:6 I planted the seed, Apollos watered it, but God made it grow.

A church grows not through human effort—that of pastors or specific saints—but through prayer and practice of love of God. It is the will of God that the church to grow. The early Jerusalem church was built on the place where the disciples of Jesus received the Holy Spirit—the upper room of Mark. Ever since, wherever the Gospel spread, miracles and wonders followed and the church were planted. And the church grew by the love of Jesus.

Therefore the saints here in America should grow spiritually and physically, serving one another in the church, which is the head and

합니다. 서로 밀어주고 도와주며 성장해야 합니다. 철새처럼 이 교회, 저 교회를 수평적으로 이동만 하는 교인은 신앙이 건전하게 정상적으로 자랄 수가 없습니다. 주님의 머리요 몸인 교회는 우리 신앙생활에 가장 중요한 원천입니다. 우리 성도들은 직분을 잘 감당해야 하며, 모든 교회들이 수직적으로 성장하고 하나님의 뜻을 이룰 수 있도록 기도해야 합니다. 에베소서 4장 13절 "우리가 다 하나님의 아들을 믿는 것과 아는 일에 하나가 되어 온전한 사람을 이루어 그리스도의 장성한 분량이 충만한 데까지 이르리니"라고 했습니다. 우리 성도들은 교회중심 생활로 예수님이 바라시는 대로 성장한 성도가 되어 사랑을 실천하고 봉사해야 합니다. 요한일서 3장 18절 "자녀들아 우리가 말과 혀로만 사랑하지 말고 행함과 진실함으로 하자"라고 했습니다.

사랑하는 성도 여러분! 더 성장하고 장성한 성도들이 되어 선교와 구제와 봉사에 더욱 힘써서 한국의 노숙자들의 영혼을 위해 기도하고, 가난하고 불쌍하고 외롭고 병든 사람들의 영혼구원을 위하여 최선을 다하시기를 예수님의 이름으로 축원합니다.

예화)

어제 아침에 시카고 교회 송현진 목사님과 시카고순복음교회 길영진 목사님에게서 편지가 왔습니다. 그곳에서 집회를 해달라는 요청이었습니다. 시카고는 매우 추운 지역입니다. 요즈음 시카고는 너무 추워서 동물원에 있는 북극곰도 밖으로 나오질 못한다고 합니다. 영하40도 정도로 너무 추워서 기도해 달라고 했습니다.

body of Jesus and the source of our faith. The saints cannot grow in faith when they become church shoppers, moving from a church to another (horizontal movement). Instead, they should settle in a church and serve according to their calling and pray to fulfill God's will (vertical movement toward God).

Ephesians 4:13 until we all reach unity in the faith and in the knowledge of the Son of God and become mature, attaining to the whole measure of the fullness of Christ.

1 John 3:18 Dear children, let us not love with words or tongue but with actions and in truth.

Beloved! I hope and pray that you may grow in faith, praying for the homeless in Korea and trying more to do mission and charity for the salvation of the poor, lonely, and sick in the name of Jesus.

Example)

I received a letter of request for a revival in Chicago from Reverend Song Hyun-jin of Chicago Church and Reverend Gil Young-jin of Chicago Full Gospel Church. Chicago is well-known for its cold winter. It is so cold that even the polar bear at zoo are said to be afraid to come out of their cage. I asked them to pray (for the weather to be milder than usual in Chicago), knowing that it will not be easy for me to lead a revival in Chicago with its temperature of 40 degrees below zero.

Nonetheless, I have a beautiful memory of Chicago. I used to stay in Chicago for a few months to attend the Moody Bible College about 40 years ago. I planted a Full Gospel Church in Chicago at that time together with Elder Heo Kyun, who later became a pastor

시카고는 저에게 아름다운 추억이 있는 곳입니다. 저는 40여년 전에 시카고에서 수개월간 머물며 무디 바이블칼리지에 다닐 때에, 허 균 장로님(후에 신학교를 졸업하고 목사가 되신)과 함께 시카고순복음교회를 개척할 때가 있었습니다. 그때 저는 미시간 호숫가에서 기도를 했습니다. 기도 후에는 미시간 공원 옆에 많은 알코올중독자들이 있는 곳에 가서 전도를 했습니다. 그때 노숙자들과 알코올중독자들과 정신치료를 받는 사람들이 돈을 구걸하기 위해 다가오면 저는 무조건 안아주며 요한복음 3장 16절과 잠언 23장이 쓰여진 영어 전도지를 주고 기도를 해주었습니다. 그리고 다운타운에서 추운데 웅크리고 있는 노숙자들을 전도할 때는 시카고 겨울 바람이 어찌나 세든지 지금도 생각하면 몸서리를 칩니다. 저는 그 당시 그곳의 추위를 시로 표현했었습니다.

시카고의 겨울 바람

오헤어 공항 제트엔진에 부딪치는 바람 소리
이 땅을 빼앗긴 인디언의 울음소리
미시간 호숫가에 메아리 치는 무디의 설교 소리
나는 그 여울 속에 고향의 겨울 밤을 생각했네
내 아내의 구로하는 소리
고달픈 망향가를 뇌이듯 별도 없고 달도 없는 밤에
투윈의 9층탑은 기울었네

이 삭막한 대지 위에

having studied theology. I used to pray beside the Michigan Lake those days. After praying, I tried to evangelize alcoholics at the park near the lake. I would hug the alcohol addicts and mentally damaged homeless who came for money to me at the park. Then I prayed for them, giving them evangelical tracks in which John 3:16 and Proverbs 23 were written.

I feel shudder when I remember the scenes of the homeless, crouching down in the downtown of Chicago in that glacial cold winter wind of those days. Here is a poem I wrote those days about the cold weather of Chicago:

Cold winter air of Chicago

The sound of wind which scratches the jet-engine of planes in O'Hare International Airport
The weeping sound of the Indian, who were deprived of their homeland
The preaching sound of Moody which echoes through Lake Michigan
The rapids of the lake make me reminded of a winter night in my hometown
At the sound of my wife, writhing in her suffering for our children
On a night with no stars and moon as if singing a song of nostalgia
Tilted is the nine-storied Twin Tower

On this dreary land is
Heartbreaking wish for tomorrow's work

내일의 일터를 위한 애달픔
그대는 아는가 저 바람소리의 사연을

선지자의 고함소리 같고
사별한 과부의 울음 같은 저 소리

시티홀 광장에 피카소의 독수리 같고
흑인의 피스톨에 순직한 경찰의 비명소리 같고
올드타운의 워터 타워 같고
윌슨 브로드웨이에 쓰러진 알코올 중독자의 임종소리 같고
유태인 공장의 기계소리 같고
누드걸들의 괴성소리 같고
시어스 빌딩 108층을 오르는 엘리베이터 소리 같은 저 바람
오늘도
노동에 시달린 내 가슴에 불고
엘카 정류소에서 서성대는 흑인의 눈망울에 불고
핏줄을 자랑하는 오만한 백인의 가슴에 분다

2. 꿈과 희망을 가지고 계속 성장하는 성도가 되려면 때를 얻든지 못 얻든지 말씀을 전파하고 치료해야 합니다.

로마서 10장 14절 "그런즉 그들이 믿지 아니하는 이를 어찌 부르리요 듣지도 못한 이를 어찌 믿으리요 전파하는 자가 없이 어찌 들으리요"라고 했

Don't you know the stories of that wind,

Like the sound of a prophet crying out
Like the sound of a weeping widow
Like the Picasso's Eagle at the city hall square
Like a scream of police who was shot-to-death by a pistol
Like the Water Tower of Old Town
Like death of an alcoholic passed in the Wilson Broadway
Like the machine sound in a Jewish factory
Like the shrieking sound of a nude girl
Like the sound of an elevator going up to the 108-storied Sears Building
Blowing today
To my anguished heart plagued by labor
To the eyeballs of an African-American man walking up and down the Elka Gas Station
To the heart of a proud white man boasting his own race

Subject 2. You may grow in your faith when you preach the Gospel and heal in season and out season.

Romans 10:14 How, then, can they call on the one they have not believed in? And how can they believe in the one of whom they have not heard? And how can they hear without someone preaching to them?

Romans 10:17 Consequently, faith comes from hearing the message, and the message is heard through the word of Christ.

I used to pray putting my hands on the homeless beside the Michigan Lake and distribute evangelical tracks to them. I was

습니다. 17절에는 "그러므로 믿음은 들음에서 나며 들음은 그리스도의 말씀으로 말미암았느니라"고 했습니다. 저는 시카고 미시간 호숫가에서 영어 전도지를 나누어 주면서 노숙자들의 머리에 손을 얹고 기도하여 많은 결실을 얻었습니다. 저는 그 때 그 어려운 고비를 주님의 인도하심으로 전도와 치유기도를 하며 극복했기 때문에 저의 신앙도 자라났고, 지금 여러 지역을 다니면서 집회를 하고 있습니다. 신앙이 자라려면 성경 말씀을 계속해서 분량을 정해놓고 읽어야 합니다. 우리는 신, 구약성경을 하루에 한 장 이상씩 꼭 읽어야 합니다. 그리고 성경 말씀에서 힘을 얻어 때를 얻든지 못 얻든지 복음을 전해야 됩니다 (딤후 4:2). 요한계시록 1장 3절 "이 예언의 말씀을 읽는 자와 듣는 자와 그 가운데에 기록한 것을 지키는 자는 복이 있나니 때가 가까움이라"고 했습니다. 사도행전 1장 8절 "오직 성령이 너희에게 임하시면 너희가 권능을 받고 예루살렘과 온 유대와 사마리아와 땅 끝까지 이르러 내 증인이 되리라 하시니라"고 했습니다. 가까운 이웃부터 전도하면서 땅 끝까지 전도하기를 기도해야 합니다.

우리 교회 성도들의 기도로 저는 미국 여러 도시와 다른 나라에 가서도 거의 두 달에 한 주간씩 부흥성회를 인도하고 있습니다. 부족한 저를 주님께서 사용하여 주심을 더욱 감사 드립니다. 주님께 영광을 돌립니다. 우리 성도들은 주변에 가난하고 불쌍하고 외로운 사람들을 저와 함께 돕게 됨을 주님께 감사 드립니다.

우리 교회의 4대 목표대로 최선을 다하여 노숙자들을 도와야 합니다. 이를 실천하기 위해 음식을 만들어 주일마다 대접하는 우리 교회 성도들을 사랑합니다. 그리고 매년마다 한국 노숙자들에게 잠바를 나누어 줄 수 있도

able to overcome hardship while I was trying to reach the homeless. Many of them returned to Jesus Christ. The experience had led my faith to grow and enabled me to speak at revivals in many places and serve the homeless nowadays.

It is also necessary for you to read the Bible daily—reading at least a chapter each of the Old and the New Testament— and try to preach the Gospel in season and out of season in order to grow in faith. You may start sharing the Gospel with your neighbors first and then pray for the Gospel to reach to the end of the earth.

2 Timothy 4:2 Preach the Word; be prepared in season and out of season

Revelation 1:3 Blessed is the one who reads the words of this prophecy, and blessed are those who hear it and take to heart what is written in it, because the time is near.

Acts 1:8 But you will receive power when the Holy Spirit comes on you; and you will be my witnesses in Jerusalem, and in all Judea and Samaria, and to the ends of the earth."

I give thanks to the Lord knowing that, even though I am not worthy, the prayer support from the congregations of the FGSJ Church enabled me to speak at revivals at least a week every other month either in the United States or other countries so far. Glory to God!

I also give thanks to the Lord for the ministry of serving the poor and lonely around me.

록 기도와 물심양면으로 도와주시는 우리 모든 교역자들과 성도들을 존경하고 사랑합니다. 이렇게 귀한 일을 주님이 오시는 그 날까지 계속하도록 성장하고 자라나시기를 바랍니다.

오늘 새벽에 찾은 성경말씀 한 구절을 읽어드리겠습니다. 에베소서 4장 15절 "오직 사랑 안에서 참된 것을 하여 범사에 그에게까지 자랄지라 그는 머리니 곧 그리스도라"고 했습니다.

사랑하는 성도 여러분! 오늘도 더욱 말씀에 굳게 서시고 주님께서 주신 꿈과 희망을 가지고 계속해서 성장하고 자라나시기를 예수님의 이름으로 축원합니다.

Serving the homeless is one of the four goals of the FGSJ Church this year. I love the congregations of the FGSJ Church, who prepare and serve meals after every Sunday worship service. I also love and respect those ministers and saints who serve either through offering or praying for winter jackets for the homeless in Korea. I hope and pray that you may keep growing in faith through such a precious calling: serving the poor, lonely and sick until the day of Jesus.

Let me share a word of God which I read early in the morning today:

Ephesians 4:15 Instead, speaking the truth in love, we will in all things grow up into him who is the Head, that is, Christ.

Beloved!

I pray that you may keep growing in faith, holding onto the word of God and the dream and hope given from Jesus in the name of Jesus!

13
초대 안디옥 교회 성도들의 신앙을 본받자

이사야 58장 6절 "내가 기뻐하는 금식은 흉악의 결박을 풀어 주며 멍에의 줄을 끌러 주며 압제 당하는 자를 자유하게 하며 모든 멍에를 꺾는 것이 아니겠느냐"

사도행전 13장 1-3절 "[1] 안디옥 교회에 선지자들과 교사들이 있으니 곧 바나바와 니게르라 하는 시므온과 구레네 사람 루기오와 분봉 왕 헤롯의 젖동생 마나엔과 및 사울이라 [2] 주를 섬겨 금식할 때에 성령이 이르시되 내가 불러 시키는 일을 위하여 바나바와 사울을 따로 세우라 하시니 [3] 이에 금식하며 기도하고 두 사람에게 안수하여 보내니라"

오늘은 성찬주일이면서 맥추감사절입니다. 그리고 이번에 한국 문재인 대통령이 트럼프 대통령의 초청을 받아 지난 수요일에 방미하여 성공적인 한미정상회담을 했기 때문에 더욱 감사하는 것입니다.

문 대통령은 워싱턴에 도착하여 버지니아에 있는 장진호 전투기념비에 헌화를 하는 것으로 일정을 시작하였습니다. 6.25 전쟁 때 함경남도 최후의 격전지였던 장진호에서 전투가 벌어질 때, 미 해병대에 의해 약 10만명의 피

13
Let us model after the faith of the early church at Antioch

Isaiah 58:6 "Is not this the kind of fasting I have chosen: to loose the chains of injustice and untie the cords of the yoke, to set the oppressed free and break every yoke?

Acts 13:1-3 [1] In the church at Antioch there were prophets and teachers: Barnabas, Simeon called Niger, Lucius of Cyrene, Manaen (who had been brought up with Herod the tetrarch) and Saul. [2] While they were worshiping the Lord and fasting, the Holy Spirit said, "Set apart for me Barnabas and Saul for the work to which I have called them." [3] So after they had fasted and prayed, they placed their hands on them and sent them off.

We are celebrating communion and the Feast of Ingathering today. Koreans are especially thankful that President Moon Jae-in, who had arrived in America last Wednesday had a successful US-Korea summit. President Moon, upon his arrival at Washington DC, started his schedule by offering flowers at the Chosin Reservoir Battle memorial.

The Chosin Reservoir Battle is known to be the last battle of South Hamkyung Province during the Korean War. It was the battle where the US Marine Corps rescued 100,000 Korean refugees. At that time, Korean peninsula was on the verge of unification because

난민들이 구출을 받았기 때문입니다. 그리고 그 무렵 미군과 한국군이 계속 북진하여 통일을 눈 앞에 두었을 때, 중공군 7개 사단이 전쟁에 개입하여 미 해병 1개 사단을 포위를 하였습니다. 그래서 맥아더 장군은 철수 명령을 내렸는데, 불굴의 미 해병대들은 4,000명이나 전사하면서 까지 14,000명의 피난민들을 홍남부두에서 메르디스 빅토리호에 태워서 구출하였습니다. 그 때 문 대통령의 부모님도 구출을 받았습니다. 그 후 2년 후에 문 대통령은 경남 거제도에서 태어났다고 했습니다. 문 대통령은 그 은혜를 잊지 않고 묘비에 헌화를 했습니다. 그리고 그 당시 참전했던 스티븐 옴스테드 예비역 중장(93세)을 만나, 감사한 마음을 담아 허리를 굽혀 인사하는 모습이 매스컴에 보도되었다고 했습니다. 그 급박한 순간에도 자신들을 희생시키며 그 많은 피난민들을 구출한 미군들의 인류애에 이루 말할 수 없을 정도로 존경과 감사를 드린다고 했습니다.

어제도 6.25 보훈행사를 가진 우리 동포들은 67년 전에 한국을 지키다가 전사한 군인들이 흘린 피의 값에 말할 수 없도록 감사를 드렸습니다.

특히 홍남 부두에서 구출 받았던 분들의 자손들이 현재 북가주에도 10여 명이 사는데, 그때를 회고하며 감사 기도를 드렸습니다. 이곳 산호세 노인회에서는 그 은혜를 너무 감사하여 어제 토요일 6.25 참전 미군들을 초청하여 식사를 대접하고 각기 감사패를 드렸습니다. 오늘 뜻 깊은 주일을 맞이하여 먼저 하나님께 감사 드리고, 미국에 감사하며, 이곳에 이민 와서 교회를 세우고 신앙 생활하는 것에 더욱 감사 드립니다.

오늘 본문말씀에 나오는 안디옥 교회는 2,000년전에 세워진 최초의 이민 교회입니다. 당시 초대 예루살렘 교회가 핍박을 받아 야고보와 스데반이

the Korean-US army were marching toward north. However, the seven divisions of the Chinese communist army interrupted to besiege a US Marine Corps division. In that helpless situation for the Koreans, the ferocious US Marine Corps had 14,000 Korean refugees on board SS Meredith Victory at the Heungnam pier to the point of losing lives of 4,000 marines, in spite of the withdrawal command from General MacArthur. The parents of president Moon were among those rescued at the Heungnam pier on that day. After two years from Chosin Reservoir Battle, president Moon was born in Geoje Island of South Kyungnam Province.

President Moon Jae-in offered flowers at the memorial without forgetting those who sacrificed their lives for the Korean refugees rescued at the battle. And mass media reported the scene of President Moon, bowing deeply at the waist out of gratitude to Steven Ohmstead, a retired lieutenant general (93 years old), who had engaged in the Chosin Reservoir Battle at that time. President Moon also expressed indescribable gratitude and honor to the love of humanity of the US marines, who had saved numerous Korean refugees even in that critical moment.

The Korean-American who attended a memorial service for Korean War veterans yesterday expressed indescribable gratitude for the sacrifice of those who had shed their blood during the Korean War 67 years before.

At the memorial service, about ten descendants of those who were rescued at Heungnam pier, who have been living in North California, especially gave thanks to the Lord in retrospect of those days. San Jose Senior Citizens Association, in their gratitude, invited American veterans of the Korean War to a meal and presented each of them plaques of appreciation yesterday. I give thanks to the Lord and to America on this meaningful day for the

순교를 했습니다. 많은 성도들이 감옥에 갇히고 핍박을 받아서 다른 나라로 피신을 했습니다. 흩어진 성도들이 가는 곳마다 복음을 증거하였고, 이적과 가사가 일어났습니다. 사도행전 8장에 보면, 빌립 집사님은 사마리아 성으로 갔는데, 그 성에서 성령이 임하여 중풍병자와 앉은뱅이가 일어나는 놀라운 기적을 행하였습니다 (행 8:5-8).

그리고 예루살렘 교회의 박해로 인해 무명의 평신도들은 지중해를 건너서 수리아의 수도인 안디옥으로 이민을 가서 교회를 개척하고 신앙생활을 시작했습니다. 그들은 성령님의 인도하심으로 금식하며 오론테스 강변에 도시의 이름을 따서 교회역사상 최초의 이민교회인 안디옥 교회를 세웠습니다. 그들은 머나먼 지중해를 건너 어려운 생활 속에서도 원망과 불평하지 않고, 성령님의 인도하심으로 "예와 아멘"(고후 1:20)으로 교회를 세웠습니다.

안디옥은 당시 로마의 자치령이었습니다. 로마와 알렉산드리아에 이어 3번째 큰 도시였습니다. 정치, 경제, 문화의 중심지요 동서를 교류하는 항구도시였습니다. 지금의 뉴욕이나 로스엔젤리스와 유사한 도시였습니다. 지형적으로 동서가 교류하는 이 도시에 세운 안디옥 교회는 계속 급성장하였습니다. 그들은 성경말씀대로 금식과 구제를 많이 하였고, 사랑이 넘치는 교회였습니다. 항구 도시에 몰려있는 뱃사람들에게 복음을 전하고, 영과 육이 병든 사람들을 치료하는 교회였습니다. 그래서 이방인에게 그리스도인이라고 칭찬을 받은 모범된 교회였습니다. 어떤 의미에서는 모 교회인 예루살렘 교회보다도 더 의미 있고, 더 칭찬을 받고, 예수님의 사랑으로 단결하고 협력하는 교회로 소문이 났습니다.

Koreans, having acknowledged that as immigrants of America, we have been safely preserve our faith in the church.

The church at Antioch described in today's scripture was the first church for immigrants which was established 2,000 years ago. The early Jerusalem church was persecuted at that time, during which Steven and James were martyred. Many saints of the church had to flee from imprisonment and persecution to foreign countries. Wherever those saints, who had fled from persecution in Jerusalem went, they preached the Gospel, and wonders and miracles followed through their preaching. Philip at that time went to Samaria and paralytics and cripples were healed by the power of the Holy Spirit.

Acts 8:5-8 [5] Philip went down to a city in Samaria and proclaimed the Christ there. [6] When the crowds heard Philip and saw the miraculous signs he did, they all paid close attention to what he said. [7] With shrieks, evil spirits came out of many, and many paralytics and cripples were healed. [8] So there was great joy in that city.

Some anonymous believers of Jesus, in order to avoid persecution to the church in Jerusalem, crossed the Mediterranean Sea to arrive at Antioch, the capital city of Syria. They, having fasted in the Holy Spirit, established the first church for immigrants. And they named it Antioch church, named after the name of the city, beside the Orontes River. They, instead of complaining about their hardship to have crossed the Mediterranean Sea to arrive at a foreign city, planted the church simply being obedient to the Word by saying "Yes,""Amen."

2 Corinthians 1:20 For no matter how many promises God has made, they are "Yes"in Christ. And so through him the "Amen"is spoken by us to the glory of God.

다양한 민족들이 모여 약 10만 성도가 모이는 교회로 부흥됐다고 합니다(4세기). 오늘 본문 사도행전 13장 1절 "안디옥 교회에 선지자들과 교사들이 있으니 곧 바나바와 니게르라 하는 시므온과 구레네 사람 루기오와 분봉 왕 헤롯의 젖동생 마나엔과 및 사울이라"고 했습니다. 이들이 안디옥 교회의 중요한 첫 멤버들이었습니다. 바나바는 구브로 출신의 유대인이고, 니게르라는 시므온은 이방 사람으로 유대교에서 개종한 사람입니다. 루기오는 북아프리카 흑인이었고, 마나엔은 헤롯의 젖동생인 귀족이며, 사울은 유대인이면서 로마시민권을 가진 국제적인 사람입니다. 이와 같이 이들은 국적과 인종과 언어가 다르고, 신분이 다를 지라도 예수 그리스도 안에서 모두 한 마음 한 뜻이 되었습니다.

안디옥 교회 성도들은 사도행전 2장에 마가 요한의 다락방에서처럼 금식하고 기도하여 성령충만함을 받았습니다. 그래서 안디옥 교회는 다양한 사람들이 모여 다투는 것이 아니라, 원망이나 불평이 없는 공동체로서 어떤 문제가 발생할지라도 자신의 탓으로 돌리는 기도하는 교회였습니다. 그리고 서로 사랑하고 순종하고 단합하여 기적이 일어났습니다.

그 뿐만 아니라, 안디옥 교회 성도들은 먹자판 주의나, 원망 불평하는 성도들이 아니었습니다. 사랑이 넘쳐서 불쌍하고 외롭고 병든 사람들을 온전하게 구제하는 교회였습니다. 모든 사람들이 안디옥 교회를 칭찬하고 존경했습니다. 그래서 "그리스도인"이라고 최초로 불리는 교회가 되었습니다. 이처럼 안디옥 교회는 성령님의 인도하심으로 하나님의 신실한 종 사도 바울과 바나바가 만나서 동역 목회를 하여, 더욱 성령충만한 말씀중심의 모범된 교회로 성장하였습니다. 사도행전 11장 26절 "만나매 안디옥에 데리

Antioch at that time was a territory of Rome, the third largest city after Rome and Alexandria. It was a center of politics, economics, and culture, and port city where the east and the west interact each other—like New York or Los Angeles today. The geological location of the Antioch church helped it to grow fast. The saints of the church were filled with love, fasting and doing charity, being obedient to the word of God. They brought the Gospel to the sailors at the port city and healed the spiritually and physically ill. Therefore, they were commended and called as Christians by gentiles. In a sense, they were known to be more significant and more commended than the church in Jerusalem as a church collaborating in the love of Jesus.

The church in Antioch was known to have grown to have about 100,000 congregations with various ethnicities (by 4 AD).

Acts 13:1 In the church at Antioch there were prophets and teachers: Barnabas, Simeon called Niger, Lucius of Cyrene, Manaen (who had been brought up with Herod the tetrarch) and Saul.

The significant members of the church were Barnabas—a Jew from Cyprus, Simeon called Niger—a former Jew, Lucius from North Africa, Manaen—a nobility being Herod's foster brother, and Paul, who was an international figure, being a Roman citizen and Jew. In this way, the saints of the church became one in Jesus Christ withal their differences in nationality, race, language, and class.

The saints of the church at Antioch were filled with the Holy Spirit by praying and fasting like those at the upper room of Mark. So they would not criticize or dispute when facing disagreement among them but only pray, ascribing any fault to themselves. Love,

고 와서 둘이 교회에 일 년간 모여 있어 큰 무리를 가르쳤고 제자들이 안디옥에서 비로소 그리스도인이라 일컬음을 받게 되었더라"고 했습니다. 이 후로 성도들을 크리스천이라고 부릅니다. 크리스천은 예수님의 사람이란 뜻입니다. 그 당시 사람들은 '예수님을 믿으려면 안디옥 교회로 가자'라고 하며 모여 들었다고 합니다. 우리도 안디옥 교회처럼, 이 곳 페어옥스 공원 주변에서 '예수를 믿으려면 순복음산호세교회로 가자'라고 하는 모범된 교회와 성도가 되기를 바랍니다.

안디옥 교회는 최초로 선교사를 파송한 선교하는 교회였습니다. 자신들만 위하는 교회가 아니라, 불쌍한 사람들을 도우며 서로 금식하고 기도하는 교회였습니다.

금식하며 기도할 때 치료가 급속히 일어납니다. 이사야 58장 8절 하반절 "네 치유가 급속할 것이며 네 공의가 네 앞에 행하고 여호와의 영광이 네 뒤에 호위하리니"라고 했습니다. 오늘 본문말씀 사도행전 13장 2-3절 "[2] 주를 섬겨 금식할 때에 성령이 이르시되 내가 불러 시키는 일을 위하여 바나바와 사울을 따로 세우라 하시니 [3] 이에 금식하며 기도하고 두 사람에게 안수하여 보내니라"고 했습니다. 이사야 58장 6절 "내가 기뻐하는 금식은 흉악의 결박을 풀어 주며 멍에의 줄을 끌러 주며 압제 당하는 자를 자유하게 하며 모든 멍에를 꺾는 것이 아니겠느냐"라고 했습니다.

이처럼 안디옥 교회는 최초의 이민교회로서, 갈보리산 주님의 십자가를 바라보며 금식하며 기도했기 때문에 병이 낫고 문제가 해결되고 기적이 일어났습니다.

사랑하는 성도 여러분! 오늘 맥추감사절 주일을 맞이하여 주님의 깨어진

obedience to one another, and collaboration was the source of miracle at the church of Antioch.

Furthermore, the saints of the Antioch church did neither gather solely for meals nor would they love to complain. Instead, their overflowing love drove them to serve the poor, lonely, and sick which earned them respect and commend from outsiders of the church. So they became the first church to be called as "the Christian." In this way, the Antioch church grew to become a model church, having been strengthened by the word of God and power of the Holy Spirit through the collaboration of faithful servants of God, Apostle Paul and Barnabas.

Acts 11:26 and when he found him, he brought him to Antioch. So for a whole year Barnabas and Saul met with the church and taught great numbers of people. The disciples were called Christians first at Antioch.

The "Christian"designates those people who belong to Jesus Christ. People of the time are said to have gathered at the church at Antioch, saying 'Let's go to the church at Antioch to receive salvation by Jesus.' Like the Antioch church, I hope and pray that the FGSJ Church and its congregations also become a model for the people from around the Fair Oaks Park who will say 'Let's go to the FGSJ Church in order to receive salvation from Jesus.'

The church at Antioch was also the first church, which sent missionaries. They were not simply into themselves. Through fasting and praying they reached out for those who needed healing and miracle.

Fasting and praying facilitate to heal fast.
Isaiah 58:8 ...your healing will quickly appear; then your

몸과 흘리신 보혈을 통하여 초대 안디옥 교회처럼 주님을 섬겨 금식기도하여, 병은 낫고 모든 문제는 해결되고 이적과 기사가 일어나시기를 예수님의 이름으로 축원합니다.

예화)

지난 주에도 몽골 울람바르트교회와 산지족교회, 일본 후쿠시마교회와 쿠로이소교회, 한국 포천교회와 맺은 기도커넥션대로 서로 기도하여 병이 많이 낫고 기적이 일어난 줄로 믿습니다. 저와 우리 성도들은 주일예배, 수요예배, 철야예배에서 매 시간 마다 미정 자매의 회복을 위해 기도했습니다. 저는 어제 기도원에서 매시간마다 미정 자매의 회복을 위해 기도했습니다. 그리고 우리 교회에서 10여년을 함께 예배를 드리며 삶이 변화된 존 코란젤로의 생명이 위독했습니다. 몇 년 전에도 두 차례의 혼수상태에 빠져 지역병원의 중환자실에 있었는데 기도로 소생한 일이 있었습니다. 이번에도 혼수상태로 중환자실에 입원해 있어서 제가 수요예배를 마치고 밤늦게 방문하였습니다. 중환자실의 의사와 간호사들도 크리스천이어서 함께 기도하였습니다. 그리고 제가 존의 머리와 가슴에 손을 얹고 예수님의 능력으로 낫게 해달라고 안수기도를 할 때 깨어나서 위기를 넘겼습니다. 마가복음 16장 17-18절과 사도행전 4장 30절 말씀을 계속 외우게 하고 기도했습니다. 그리고 이제 재활치료를 받는다고 합니다.

righteousness will go before you, and the glory of the LORD will be your rear guard.

Acts 13:2-3 [2] While they were worshiping the Lord and fasting, the Holy Spirit said, "Set apart for me Barnabas and Saul for the work to which I have called them."[3] So after they had fasted and prayed, they placed their hands on them and sent them off.

Isaiah 58:6 "Is not this the kind of fasting I have chosen: to loose the chains of injustice and untie the cords of the yoke, to set the oppressed free and break every yoke?

Like this, the Antioch church, the first church for immigrants, was the place where people experienced wonders and miracles through fasting and praying, looking upon the cross of Jesus. Beloved! I pray that on this Feast of Ingathering, you may experience wonders and miracles, be healed and overcome trials through fasting and praying in the broken body and shed blood of Jesus as those in the early church at Antioch did.

Example)

We have been praying for healing during last week for the churches with which we are connected through prayers such as Ulaanbaatar church and a church for the mountain tribes in Mongolia, a church in Hukushima and in Kuroiso in Japan, and Pocheon church in Korea. The congregations of the FGSJ Church and I have been praying for the healing of Mijeong at every Sunday, Wednesday, and Friday worship services. And I prayed for Mijeong hourly at a prayer center yesterday.

I was told that John Colangelo, whose life has been transformed ever since he worshipped at the FGSJ Church for the past ten years,

1. 초대 안디옥 교회는 성령충만한 교회였습니다.

인종을 초월하여 사랑으로 모여 기도하는 성령충만한 교회였습니다. 성령님의 지시를 따르는 교회였습니다. 사도행전 13장 2절 "주를 섬겨 금식할 때에 성령이 이르시되 내가 불러 시키는 일을 위하여 바나바와 사울을 따로 세우라"고 했습니다. 성령님의 인도에 순종하는 교회였습니다. 사도행전 13장 4절 "두 사람이 성령의 보내심을 받아 실루기아에 내려가 거기서 배 타고 구브로에 가서"라고 했습니다. 초대 안디옥 교회는 성령님이 인도하시는 교회요, 성령님의 지시에 순종하는 교회였습니다.

오늘날 현대 교회는 두 종류의 교회가 있다고 했습니다. 성령님의 지시를 받는 교회와 성령님의 지시를 받지 않고 자신들의 뜻대로 하는 교회가 있습니다. 안디옥 교회는 성령님의 지시에 순종하는 교회였기 때문에, 우리는 그 신앙을 본받아야 합니다. 그래서 우리 성도들은 성령을 받아야 합니다. 로마서 8장 9절 "만일 너희 속에 하나님의 영이 거하시면 너희가 육신에 있지 아니하고 영에 있나니 누구든지 그리스도의 영이 없으면 그리스도의 사람이 아니라"고 했습니다.

사도행전 2장에 보면, 성령의 불을 받을 때 놀라운 변화가 일어났습니다. 베드로, 야고보, 요한 등 120명이 성령의 불을 받았을 때 인류의 역사를 바꾸었습니다. 사도 바울이 성령의 불을 받았을 때 소아시아와 유럽이 변화되었습니다. 우리가 성령님을 모셔드리고 환영하고 입으로 시인하면 누구나 성령을 받습니다. 사도행전 2장 18절 "그 때에 내가 내 영을 내 남종과

was in a critical state at a hospital. He used to have woken up through prayer from comatose states twice at a regional hospital several years before. I visited him late at night after the Wednesday worship last week at the CPU where he was hospitalized. When I was praying for him, doctors and nurses at the CPU who were Christians joined me in the prayer. When I prayed for healing placing my hands on his head and chest in the name of Jesus, he woke up, having barely escaped from the critical state.

Then I made him to recite repeatedly Mark 16:17-18 and Acts 4:30 while I was praying for him. I heard that he has been receiving rehabilitation ever since.

Mark 16:17-18 [17] And these signs will accompany those who believe: In my name they will drive out demons; they will speak in new tongues; [18] they will pick up snakes with their hands; and when they drink deadly poison, it will not hurt them at all; they will place their hands on sick people, and they will get well."
Acts 4:30 Stretch out your hand to heal and perform miraculous signs and wonders through the name of your holy servant Jesus."

Subject 1. The saints of the early church at Antioch were filled with the Holy Spirit.

The saints of the early church at Antioch prayed in love, transcending races by being obedient to the voice of the Holy Spirit. The church was guided by and obedient to the guidance of the Holy Spirit.

Acts 13:2 While they were worshiping the Lord and fasting, the Holy Spirit said, "Set apart for me Barnabas and Saul for the work to which I have called them."

여종들에게 부어 주리니 그들이 예언할 것이요"라고 했습니다. 성령은 진리의 영이기 때문에 모든 악한 것을 소멸합니다. 성령님은 사랑의 영이기 때문에 연약한 사람을 도와 주고 치료해주십니다.

사랑하는 성도 여러분! 오늘 예배를 통하여 성령님의 인도하심으로 기쁨이 넘치고, 영과 육을 치료받고 주님의 영원한 축복이 임하시기를 예수님의 이름으로 축원합니다.

2. 안디옥 교회는 구제하는 교회였습니다.

사도행전 11장 29-30절 "[29] 제자들이 각각 그 힘대로 유대에 사는 형제들에게 부조를 보내기로 작정하고 [30] 이를 실행하여 바나바와 사울의 손으로 장로들에게 보내니라"고 했습니다. 당시 유대에 큰 흉년이 들어서 고향인 예루살렘 사람들이 다 굶어 죽게 되었습니다. 안디옥 교회 성도들은 그 소식을 듣고 자신들도 넉넉치 않는 형편이지만 정성껏 구제헌금을 드렸습니다. 그리고 바울과 바나바를 보내 구제헌금을 예루살렘 교회에 전달하였습니다. 이와 같이 안디옥 교회는 초창기부터 구제에 힘썼습니다.

여러분! 성경에 보면 구제하는 사람들은 하나님의 무한한 축복을 받습니다. 우리 기독교의 황금률이 무엇입니까? 마태복음 7장 12절 "그러므로 무엇이든지 남에게 대접을 받고자 하는 대로 너희도 남을 대접하라 이것이 율법이요 선지자니라"고 했습니다. 이와 같이 선행을 베풀고 남을 대접하는 사람들은 무슨 병이든지 치료가 급속할 것이라고 했습니다. 이사야 58장 8절 "그리하면 네 빛이 새벽 같이 비칠 것이며 네 치유가 급속할 것이며 네 공

Acts 13:4 The two of them, sent on their way by the Holy Spirit, went down to Seleucia and sailed from there to Cyprus.

There are two kinds of church these days: those that listen to the voice of the Holy Spirit and those do not. The church at Antioch was obedient to the voice of the Holy Spirit which we should model after. Therefore the saints should receive the Holy Spirit before serving the Lord.

Romans 8:9 You, however, are controlled not by the sinful nature but by the Spirit, if the Spirit of God lives in you. And if anyone does not have the Spirit of Christ, he does not belong to Christ.

The Holy Spirit of fire led the disciples of Jesus to amazing transformation in Acts 2. The 120 disciples of Jesus including Peter, James, and John transformed the history of the world after they received the Holy Spirit of fire. Apostle Paul after receiving the Holy Spirit of fire transformed Asia Minor and Europe. Those who welcome and confess the presence of the Holy Spirit through their mouths will receive it.

Acts 2:18 Even on my servants, both men and women, I will pour out my Spirit in those days, and they will prophesy.

The Holy Spirit, the Spirit of truth, puts what is evil out of existence. And the Holy Spirit, the Spirit of love, strengthens and heals the weak.

Beloved! I pray that you may be filled with joy, be healed spiritually and physically, and be blessed generation to generation through worship today.

Subject 2. The saints of the church at Antioch led relief efforts for the poor.

의가 네 앞에 행하고 여호와의 영광이 네 뒤에 호위하리니"라고 했습니다.

고넬료도 평소에도 구제를 하여 기도가 응답이 되었습니다. 사도행전 10장 4절 "고넬료가 주목하여 보고 두려워 이르되 주여 무슨 일이니이까 천사가 이르되 네 기도와 구제가 하나님 앞에 상달되어 기억하신 바가 되었으니"라고 했습니다. 욥바의 다비다는 구제의 일생을 살았기 때문에 베드로가 기도할 때 살아났습니다. 사도행전 9장 36절 "욥바에 다비다라 하는 여제자가 있으니 그 이름을 번역하면 도르가라 선행과 구제하는 일이 심히 많더니"라고 했습니다.

잠언 11장 24절 "흩어 구제하여도 더욱 부하게 되는 일이 있나니 과도히 아껴도 가난하게 될 뿐이니라"고 했습니다. 잠언 11장 25절 "구제를 좋아하는 자는 풍족하여질 것이요 남을 윤택하게 하는 자는 자기도 윤택하여지리라"고 했습니다. 잠언 28장 27절 "가난한 자를 구제하는 자는 궁핍하지 아니하려니와 못 본 체하는 자에게는 저주가 크리라"고 했습니다.

마태복음 25장 40절 "임금이 대답하여 이르시되 내가 진실로 너희에게 이르노니 너희가 여기 내 형제 중에 지극히 작은 자 하나에게 한 것이 곧 내게 한 것이니라"고 했습니다.

오늘 말씀의 끝으로 초대 안디옥 교회처럼 금식하고 기도하면 기적이 일어나는 본문 성경말씀 두 구절만 읽어 드리겠습니다. 사도행전 13장 3절 "이에 금식하며 기도하고 두 사람에게 안수하여 보내니라"고 했습니다. 이사야 58장 6절 "내가 기뻐하는 금식은 흉악의 결박을 풀어 주며 멍에의 줄을 끌러 주며 압제 당하는 자를 자유하게 하며 모든 멍에를 꺾는 것이 아니겠느냐"라고 했습니다.

Acts 11:29-30 [29] The disciples, each according to his ability, decided to provide help for the brothers living in Judea. [30] This they did, sending their gift to the elders by Barnabas and Saul.

When people in Jerusalem were almost starved to death because of severe drought in Judea, the saints of the church at Antioch, although they themselves were not well-off, collected offering and had Barnabas and Saul to deliver it to the church in Jerusalem. Like this, the church in Antioch devoted to charity from its initial stage.

The Bible shows us the fact that those who do charity receive great blessing. The Golden Rule of the Christianity is described in Matthew 7:12.

Matthew 7:12 So in everything, do to others what you would have them do to you, for this sums up the Law and the Prophets.

Those who do good to others will receive healing very quickly.

Isaiah 58:8 Then your light will break forth like the dawn, and your healing will quickly appear; then your righteousness will go before you, and the glory of the LORD will be your rear guard.

Cornelius, who had provided for the poor, received the answer for his prayer:

Acts 10:4 Cornelius stared at him in fear. "What is it, Lord?"he asked. The angel answered, "Your prayers and gifts to the poor have come up as a memorial offering before God.

Tabitha in Joppa, who had helped the poor, came back to life when Peter prayed for her:

Acts 9:36 In Joppa there was a disciple named Tabitha (which, when translated, is Dorcas), who was always doing good and helping the poor.

사랑하는 성도 여러분! 오늘 맥추감사절과 성찬예배주일을 맞이하여 초대 안디옥 교회처럼 금식하고 기도하여, 선교와 봉사와 치료하는 교회가 되어 주님의 영원한 축복받으시기를 예수님의 이름으로 축원합니다.

Proverbs 11:24 One man gives freely, yet gains even more; another withholds unduly, but comes to poverty.

Proverbs 11:25 A generous man will prosper; he who refreshes others will himself be refreshed.

Proverbs 28:27 He who gives to the poor will lack nothing, but he who closes his eyes to them receives many curses.

Matthew 25:40 "The King will reply, 'I tell you the truth, whatever you did for one of the least of these brothers of mine, you did for me.'

I chose the following word of God that can lead to miracle through fasting and praying as today's conclusion.

Acts 13:3 So after they had fasted and prayed, they placed their hands on them and sent them off.

Isaiah 58:6 "Is not this the kind of fasting I have chosen: to loose the chains of injustice and untie the cords of the yoke, to set the oppressed free and break every yoke?

Beloved!

May God bless those who pray and fast in the Feast of Ingathering and communion today like the saints of the early church at Antioch did in order to do mission, serve the poor, and heal in the name of Jesus!

14
긍정적인 성도가 되자

민수기 14장 6-8절 "[6] 그 땅을 정탐한 자 중 눈의 아들 여호수아와 여분네의 아들 갈렙이 자기들의 옷을 찢고 [7] 이스라엘 자손의 온 회중에게 말하여 이르되 우리가 두루 다니며 정탐한 땅은 심히 아름다운 땅이라 [8] 여호와께서 우리를 기뻐하시면 우리를 그 땅으로 인도하여 들이시고 그 땅을 우리에게 주시리라 이는 과연 젖과 꿀이 흐르는 땅이니라"

마가복음 9장 23절 "할 수 있거든이 무슨 말이냐 믿는 자에게는 능히 하지 못할 일이 없느니라"

이스라엘 백성들이 모세의 인도로 430년간의 애굽의 종살이에서 벗어나, 하나님의 초자연적인 이적과 기사로 홍해를 육지같이 건넜습니다 (BC 1446년경). 그리고 숱한 고난과 역경의 광야생활을 거치면서 하나님이 약속하신 젖과 꿀이 흐르는 약속의 땅 (가나안)에 들어갈 때였습니다. 그런데 그 가나안 땅은 아주 강팍한 하나님을 믿지 않고 우상숭배만 하는 일곱 족속들이 살고 있었습니다. 그러므로 모세를 위시한 이스라엘 백성들은 열두 지파 중에서 한 명씩을 뽑아서 열두 명을 정탐꾼으로 보냈습니다. 그런데 그들 중에 열 명은 매우 부정적인 보고를 했습니다. 그러나 여호수아와

14

Saints of the church, let us be positive in faith!

Numbers 14:6-8 [6] Joshua son of Nun and Caleb son of Jephunneh, who were among those who had explored the land, tore their clothes [7] and said to the entire Israelite assembly, "The land we passed through and explored is exceedingly good. [8] If the LORD is pleased with us, he will lead us into that land, a land flowing with milk and honey, and will give it to us.

Mark 9:23 "'If you can'?" said Jesus. "Everything is possible for him who believes."

This is a story of the Israelites, who were just released from their slavery of 430 years in Egypt, had miraculously crossed the Red Sea as if it was a land (about 1446 BCE). They went through numerous adversities in the wilderness before entering into the Canaan, a land flowing with milk and honey which God had promised for them. The land was occupied by the seven tribes of Canaan who were stubborn and worshipped idols. So Moses sent twelve explorers, chosen one each among their twelve tribes to explore the land. However ten among the twelve explorers reported negative about the land. Only Joshua and Caleb, trusting the promise of God, reported positive about it.

Beloved! Why do you think that those twelve explorers of Canaan, although they had seen the same land had different view

갈렙만은 하나님의 약속의 말씀을 믿고 긍정적인 보고를 했습니다.

여러분! 열두 정탐꾼들은 똑같이 같은 상황을 목격했는데 왜 열 명은 부정적인 보고로 절망을 말하고, 그들 중 갈렙과 여호수아만이 긍정적인 보고로 희망을 말했습니까? 여기 성경에 확실한 답변의 말씀을 했습니다. 오늘 본문말씀 민수기 14장 8절 "여호와께서 우리를 기뻐하시면 우리를 그 땅으로 인도하여 들이시고 그 땅을 우리에게 주시리라 이는 과연 젖과 꿀이 흐르는 땅이니라" 고 했습니다. 민수기 14장 24절 "그러나 내 종 갈렙은 그 마음이 그들과 달라서 나를 온전히 따랐은즉 그가 갔던 땅으로 내가 그를 인도하여 들이리니 그의 자손이 그 땅을 차지하리라" 고 했습니다. 민수기 14장 30절 "여분네의 아들 갈렙과 눈의 아들 여호수아 외에는 내가 맹세하여 너희에게 살게 하리라 한 땅에 결단코 들어가지 못하리라" 고 했습니다.

이 말씀대로 가나안 족속이 아무리 강할지라도 여호수아와 갈렙은 긍정적으로 나아가 이기게 하시는 하나님을 믿었기 때문에 2세들과 함께 가나안 7족을 다 물리치고 약속의 땅을 점령할 수가 있었던 것입니다.

그런데 부정적인 열 명의 정탐꾼들은 똑 같은 상황 속에서도 하나님의 약속을 믿지 않고, 가나안 족속들은 네피림 족들의 거인들이고 자신들은 메뚜기 같다고 비하하며 절망적인 보고를 했습니다. 그 결과로 열 정탐꾼들은 재앙을 받아 죽었습니다 (민 14:37). 그리고 그들을 따르던 족속들 중에 20세이상도 광야에서 모두 죽었습니다 (민 14:29-30). 긍정적인 여호수아와 갈렙과 부정적인 열 정탐꾼의 말로는 이렇게 다릅니다.

우리 순복음산호세교회는 마치 이스라엘 백성들이 광야 40년을 지난 것

about it: ten of them reported negative about it in despair, the other two, Joshua and Caleb, positive? The Bible provides the answer:

Numbers 14:8 If the LORD is pleased with us, he will lead us into that land, a land flowing with milk and honey, and will give it to us.

Numbers 14:24 But because my servant Caleb has a different spirit and follows me wholeheartedly, I will bring him into the land he went to, and his descendants will inherit it.

Numbers 14:30 Not one of you will enter the land I swore with uplifted hand to make your home, except Caleb son of Jephunneh and Joshua son of Nun.

No matter how strong the tribes of Canaan looked, Joshua and Caleb believed in the hand of God which will make them prevail. So through their faith in God, they were able to conquer the land of promise along with their descendants. The negative explorers, who believed and reported that they were like grasshoppers compared to the Canaanites, in whom they saw the Nephilim, were struck down and died of plaque, together with every men of over 20 years old who followed them.

So the story shows that there is clear distinction between the fate of the positive in their faith and that of the negative.

Numbers 14:37 these men responsible for spreading the bad report about the land were struck down and died of a plague before the LORD.

Numbers 14:29-30 [29] In this desert your bodies will fall--every one of you twenty years old or more who was counted in the census and who has grumbled against me. [30] Not one of you will enter the land I swore with uplifted hand to make your home, except Caleb son of Jephunneh and Joshua son of Nun.

처럼 우리도 금년에 40주년을 맞이합니다. 우리 성도들은 다 여호수아와 갈렙처럼 긍정적인 성도들이 되었기 때문에 어느 해보다도 가장 축복의 새해가 될 줄로 믿습니다. 오늘 본문말씀의 여호수아와 갈렙과 그 후손들처럼 주님의 사랑으로 계속 전진하여 승리하시기를 바랍니다.

우리 교회 표어성구인 고린도전서 13장 13절 "그런즉 믿음, 소망, 사랑, 이 세 가지는 항상 있을 것인데 그 중의 제일은 사랑이라" 는 말씀대로 사랑의 승리자들이 되시길 바랍니다. 마태복음 22장 37-39절 "[37] 예수께서 이르시되 네 마음을 다하고 목숨을 다하고 뜻을 다하여 주 너의 하나님을 사랑하라 하셨으니 [38] 이것이 크고 첫째 되는 계명이요 [39] 둘째도 그와 같으니 네 이웃을 네 자신 같이 사랑하라" 고 했습니다. 우리가 주님의 말씀대로 사랑을 할 때 더욱 긍정적이고 적극적인 성도가 됩니다.

사랑하는 성도 여러분! 오늘 예배를 통하여 한량없는 은혜를 받으시고 여호수아와 갈렙처럼 긍정적인 꿈과 희망을 가지고, 하나님을 사랑하고 이웃을 내 몸과 같이 사랑하여 더 선교하고, 더 전도하여 하나님의 영원한 축복받으시기를 예수님의 이름으로 축원합니다.

예화)

지난 금요일에 '제3차 미전도종족 선교대회'가 폐막하였습니다. 첫 날은 세크라멘토에서 미국 하나님의 성회의 목사님들과 합동으로 개최하였습니다.

둘째와 셋째 날에는 헬몬산 기도원에서 개최하여 성령충만한 대회가 되었습니다. 내년에 개최하는 '4차 미전도종족 선교대회'도 같은 장소에서 모이

The FGSJ Church, like the Israelites, who had spent 40 years in the wilderness, is to celebrate its 40th anniversary this year. I believe that the congregations of the FGSJ Church, being positive in their faith like Joshua and Caleb, will be most blessed this year. I pray that the saints of the church should prevail when they move forward in the love of Jesus as Joshua, Caleb, and their descendants did. The FGSJ Church slogan of 2016 is from 1 Corinthians 13:13.

1 Corinthians 13:13 And now these three remain: faith, hope and love. But the greatest of these is love.

The saints who are filled with love will be able to keep being positive in their faith.

Matthew 22:37-39 [37] Jesus replied: "'Love the Lord your God with all your heart and with all your soul and with all your mind.' [38] This is the first and greatest commandment. [39] And the second is like it: 'Love your neighbor as yourself.'

Beloved! I pray that you may be blessed abundantly through worship today and with positive dream and hope like Joshua and Caleb, love your neighbor as yourself through devoting to mission work.

Example)

The 3rd World Mission Conference for the Unreached People ended last Friday. The first day of the conference opened in Sacramento by the collaboration of pastors from Assemblies of God American church and Korean pastors.

On the second and the third day the conference was held at the Mount Hermon prayer center. We decided before closing the conference to hold the 4th conference will be at the same places as this year. We could see that God was pleased with the conference with the evidence from a report that said the numbers of the

기로 하고 폐막하였습니다. 미전도종족 선교대회는 하나님이 참으로 기뻐하시는 대회였습니다. 전 세계 미전도종족이 점차로 복음화 되어가고 있습니다. 2014년 1차 선교대회 때에 600여 미전도종족이 남았는데, 2015년 2차 선교대회 때에는 400여 미전도종족이 남았다고 했습니다. 그리고 2016년 3차 선교대회에서는 350여 미전도 종족만이 남았다고 보고하였습니다. 이제 2017년에는 남은 350여 미전도종족까지 다 복음화가 되어 구원받게 되도록 최선을 다하여 기도하시기를 바랍니다. 기어코 금년도에 성령님이 임하셔서 땅끝까지 복음이 전파될 줄로 믿습니다. 사도행전 1장 8절 "오직 성령이 너희에게 임하시면 너희가 권능을 받고 예루살렘과 온 유대와 사마리아와 땅 끝까지 이르러 내 증인이 되리라" 고 했습니다.

여러분! 우리 성도들이 선교대회를 위하여 주일예배와 수요예배와 금요철야예배와 새벽기도에서 기도하였습니다. 저도 동분서주하며 이 지역 목사님들과 함께 교회와 헬몬산에서 기도하며 최선을 다했습니다. 그리고 수많은 미국 목사님들과 선교사님들의 기도로 미국 하나님의 성회와 합동으로 개최된 '국제 글로벌 다민족 미전도종족 선교대회'는 참으로 좋은 성과를 가져왔습니다. 하나님께 영광 돌립니다.

어제도 벧엘교회에서 우리 목사님 일행들과 선교대회에 참석하신 분들은 거의 다 가시고 아직 계시는 몇 분의 목사님들이 모여 함께 기도했습니다. 선교대회가 성황리에 끝날 수가 있어서 주님께 감사 드렸습니다. 우리 목사님들은 더 긍정적인 선교대회가 되었음을 감사기도 드렸습니다. 성령충만한 선교대회가 되었음을 감사기도 드렸습니다.

그리고 비행기의 연착으로 선교대회의 마지막 날에 참석한 러시아 김 피터

unreached people which received the Gospel have been increasing every year. There were about 600 unreached people in the first conference in 2014, 400 in the second conference in 2015, and about 350 left in the third conference in 2016. I hope that we keep praying for the rest of the unreached people to receive the Gospel by 2017. I hope and pray that the Holy Spirit should enable us to spread the Gospel to the end of the world this year.

Acts 1:8 But you will receive power when the Holy Spirit comes on you; and you will be my witnesses in Jerusalem, and in all Judea and Samaria, and to the ends of the earth."

It was prayers of collaboration that made the world mission conference for the unreached people successful. The congregations of the FGSJ Church have prayed for the conference at every Sunday, Wednesday, Friday worship service and Early Morning prayer meeting. I had been busy myself in praying with a few pastors from North California at the FGSJ Church and at the Mount Hermon prayer center. And some American pastors and missionaries also joined in prayers for the conference which was co-hosted by Assemblies of God American church. We give glory to God for its successful outcome!

Pastors of my prayer group and most of those who had attended the world mission conference have already left right after it was over. But a few pastors who did not leave yet gathered to pray at the Bethel Church yesterday. We gave thanks to the Lord for the successful result of the conference which was empowered by the Holy Spirit.

In that prayer meeting were Peter Kim and Lensiki, missionaries of Russia, who had arrived on the last day of the conference as their flight was delayed. Peter Kim had guided his choir twice to sing at the FGSJ Church a few years ago. Mr. Lensiki, a former one-star

선교사님과 렌시키 선교사님도 함께 참석하여 기도를 했습니다. 김 피터 선교사님은 몇 년 전에 우리 교회에 두 번이나 성가합창단을 데리고 와서 찬양을 했었습니다. 그 때 같이 왔었던 구 러시아 준장이었던 렌시키 형제님은 신학공부를 하고 목사안수를 받았다고 했습니다.

김 피터 선교사님과 렌시키 선교사님은 너무 과로를 하여 독감에 걸려 열이 나고 아픈데도 왔습니다.

우리 목사님 일행들은 마태복음 8장 17절 말씀대로 함께 손에 손을 맞잡고 신유기도를 했습니다. 많이 나았다고 했습니다. 우리 목사님 일행들과 미국 목사님들은 러시아 선교를 위해 선교헌금을 하였습니다. 계속하여 교회에서 금식기도를 하며 후원금을 모으기로 하였습니다. 그리고 저는 김 피터 선교사님을 로스엔젤리스의 반석교회와 홀리네스일본인교회에서 집회를 할 수 있도록 연결시켜 주었습니다.

오후에는 2차로 우리 교회에 와서 계속 기도를 했습니다. 중국인 쥬 목사님은 대만에서 여성총통이 선출되었는데 예수를 믿고 좋은 나라를 만들도록 기도를 부탁했습니다. 그리고 러시아 김 피터 선교사님을 지원할 선교헌금을 모으겠다고 기도를 부탁했습니다. 정선우 목사님은 대회기간 중에 운전하느라 너무 과로해서 몸살감기에 걸려 기도를 부탁했습니다. 필리핀 오지에서 다민족선교를 하고 있는 김성식 선교사님은 풍토병 때문에 기도를 부탁했습니다. 저는 김 피터 선교사님 일행들이 로스엔젤리스에서 성령충만한 집회를 하도록 기도를 부탁했습니다. 그리고 어린이 쉘터에서 자원봉사를 하는 에미 자매가 입원을 했는데 기도를 부탁했습니다.

general of the Old Russian army, who had come with Peter Kim at that time, now became a pastor after graduated from a seminary. Both of them were suffering from flu and fatigue.

We all prayed for healing, holding hands with one another, based on the word of God: **"He took up our infirmities and carried our diseases." (Matthew 8:17b)** Those who were at the prayer meeting collected offering to support mission in Russia, and pledged to offer more through holding fasting prayer meetings at each of their church. I made arrangements of revivals for Peter Kim at Banseok Church and at Holiness Japanese Church in Los Angeles.

In the afternoon, some of the pastors who had attended the prayer meeting at the Bethel Church came to the FGSJ Church to have another prayer meeting with me. Rev. Jew wanted to pray for the newly elected woman president of Taiwan so that she may receive Jesus as her savior and rule their nation according to the will of Jesus. He also said that he was planning to collect mission offering for Russia in the church where he served. Rev. Cheong Seon-woo, who had been giving ride for the pastors, who participated in the world mission conference, came down with cold. Kim Seong-sik, a missionary who had been serving a multi-cultural community at a remote area of Philippine, wanted to pray for his endemic disease. I asked to pray for Peter Kim and his companions for the revivals in LA will be filled with the power of the Holy Spirit, and for Amy, a volunteer at the children's shelter, who were hospitalized. We prayed for healing based on:

Mark 16:17-18 [17] And these signs will accompany those who believe: In my name they will drive out demons; they will speak in new tongues; [18] they will pick up snakes with their hands; and when they drink deadly poison, it will not hurt them at all; they will place their hands on sick people, and they will get well."

우리 목사님 일행들은 마가복음 16장 17-18절과 사도행전 4장 30절 말씀대로 예수님의 능력으로 다 고쳐달라고 모인 곳이 진동하도록 기도했습니다. 다 나을 줄로 믿습니다.

어제 벧엘교회와 우리 교회에서 예수님의 능력으로 나은 것처럼, 오늘 우리 교회 성도들과 미국 형제 자매들도 로마서 10장 10절 말씀대로 입으로 시인하여 다 나을 줄로 믿습니다. 자전거를 타다가 다리를 부상당하여 기브스를 한 센들러, 성경을 읽고 쓰면서 불면증이 나은 클라라, 대장수술을 받은 프랭코, 얼굴을 많이 다친 파블로, 성경을 쓰면서 술을 끊기로 작정한 시저와 베네또와 리센토, 모두 다 나을 줄로 믿습니다.

금년에도 우리 성도들은 주님의 사랑으로 더 긍정적인 꿈과 희망을 가지고 선교를 하는데, 더 많이 기도하고 동참하시기를 예수님의 이름으로 축원합니다.

1. 항상 긍정적인 성도가 되려면 주님께서 주신 꿈과 희망을 가지고 살아야 합니다.

다민족 미전도종족을 위하여 복음을 전파하는 선교사님들처럼 주님께서 주시는 사랑으로 선교의 꿈과 희망을 가져야 합니다. 꿈은 내일에 대한 희망을 주는 것입니다. 주님께서 주신 사랑으로 꿈과 희망을 가지고 계속 전진해 나가야 합니다. 마음 속에 꿈이 없는 사람은 내일에 대한 희망이 없는 사람입니다. 잠언 29장 18절 "묵시(꿈)가 없으면 백성이 방자히 행하거니와 율법을 지키는 자는 복이 있느니라" 고 했습니다.

Acts 4:30 Stretch out your hand to heal and perform miraculous signs and wonders through the name of your holy servant Jesus.

As people at the Bethel Church and at the FGSJ Church were healed yesterday, I also pray today for the healing of the congregations of the FGSJ Church and American brothers and sisters. They will be healed when they confess their healing through their mouths.

Romans 10:10 writes "For it is with your heart that you believe and are justified, and it is with your mouth that you confess and are saved."

Those who received healing prayers or who were healed are as follows:

Sandler, who has been wearing a cast in his leg, having had an injury from a bicycle-riding; Clara, who has been healed from insomnia while reading and copying the Bible; Franco, who has been recuperating from a colon surgery; Pablo, who had an injury in his face; Caesar, Benito, and Lacento, all of whom decided to quit drinking while copying the Bible.

I bless the congregations of the FGSJ Church to be more actively participate in mission through prayers and in their positive faith and dreams this year in the name of Jesus!

Subject 1. Dream and hope that are given from Jesus empower us to become positive in our faith.

It is necessary for us to be filled with dream and hope for mission through the love from Jesus like the missionaries of the multi-

지난 월요일은 마르틴 루터 킹 Jr 목사님을 기념하는 31주년 기념일이었습니다. 킹 목사님은 인권운동의 기초를 이루어 미국 역사를 바꾼 하나님의 귀한 종이었습니다. 그는 할아버지와 아버지를 이어 3대째 목사로서 복음의 투사요 인권운동가였습니다. 그는 미국인들의 가슴에 꿈을 심어준 선구자였습니다. 그는 미국 전역을 다니며 'I have a dream'을 외쳤습니다. 킹 목사님으로 인하여 미국의 인권이 회복되었습니다. 우리 소수민족들의 인권도 회복된 것입니다. 지금도 우리에게 꿈과 희망을 주고 있습니다. 역사학자 아놀드 토인비는 '꿈이 없는 백성은 망한다'고 했습니다. 우리 마음 속에 내일에 대한 꿈이 있는 사람은 결코 망하지 않습니다.

창세기 12장의 아브라함을 보세요. 마음 속에 꿈을 품고 살았습니다. 그는 75세에 본토와 친척을 떠나 120세가 넘도록 꿈과 희망을 가지고 살았기 때문에 믿음의 조상이 되었습니다. 창세기 12장 1-2절 "[1] 여호와께서 아브람에게 이르시되 너는 너의 고향과 친척과 아버지의 집을 떠나 내가 네게 보여 줄 땅으로 가라 [2] 내가 너로 큰 민족을 이루고 네게 복을 주어 네 이름을 창대하게 하리니 너는 복이 될지라" 고 했습니다.

창세기 28장의 야곱을 보세요. 그는 꿈꾸는 사람이었습니다. 루스에서 천사가 오르락 내리락 하는 환상을 보며 하나님이 주신 꿈을 꾸었습니다.

창세기 28장 14-15절 "[14] 네 자손이 땅의 티끌 같이 되어 네가 서쪽과 동쪽과 북쪽과 남쪽으로 퍼져나갈지며 땅의 모든 족속이 너와 네 자손으로 말미암아 복을 받으리라 [15] 내가 너와 함께 있어 네가 어디로 가든지 너를 지키며 너를 이끌어 이 땅으로 돌아오게 할지라 내가 네게 허락한 것을 다 이루기까지 너를 떠나지 아니하리라 하신지라" 고 했습니다. 결국 그의 꿈

cultural ministry for the unreached people are. A dream provides a dreamer with hope for tomorrow. Thus we are able to move forward in love and hope with the love from Jesus. However, a person without dream has no hope for tomorrow.

Proverbs 29:18 Where there is no revelation, the people cast off restraint; but blessed is he who keeps the law.

It was the 31st anniversary of Martin Luther King Jr.'s birthday last Monday. Rev. King Jr. was a precious servant of God who transformed history of America through founding human rights movement. He, being a third generation pastor in his family, was a warrior for the Gospel and human rights activist. He was a pioneer who planted dream in the hearts of American. He would deliver speech under his catch phrase of "I have a dream"in his nation-wide tour for his human rights movement. Human rights in America was established by the effort of Rev. King Jr. His belief in human rights have restored the human rights of minorities in the US, providing the minorities in America with dream and hope even today. Arnold Toynbee, a historian, claimed that people without dream perish; people with dream in their hearts will never perish.

Genesis 12 shows that Abraham was a dreamer. He, ever since he had left his household at the age of 75, lived in his dream and hope until he was over 120 years old. From this he was regarded as the forefather of faith.

Genesis 12:1-2 [1] The LORD had said to Abram, "Leave your country, your people and your father's household and go to the land I will show you. [2] "I will make you into a great nation and I will bless you; I will make your name great, and you will be a blessing.

은 이루어져서 그 자손에게서 열두 지파가 나왔습니다.

창세기 37장의 요셉을 보세요. 그는 큰 꿈을 꾸는 사람이었습니다. 요셉은 야곱의 열한 번째의 아들로 태어났는데 형들에게 꿈 이야기를 했습니다. 창세기 37장 7절 "우리가 밭에서 곡식 단을 묶더니 내 단은 일어서고 당신들의 단은 내 단을 둘러서서 절하더이다" 라고 했습니다. 그는 형들의 미움을 사서 상인들에게 노예로 팔렸습니다. 보디발의 집에서 종살이를 하다가 보디발 아내의 모함으로 감옥에 갇혔습니다. 그는 감옥에서도 꿈을 잃지 않았습니다. 그 후 바로 왕의 꿈을 해석해주고 총리의 지위까지 올라 꿈을 이룬 것입니다.

출애굽기 3장의 모세를 보세요. 그도 꿈꾸는 사람이었습니다. 모세는 80세에 호렙산에서 불타오르는 가시떨기나무를 보았습니다. 불타는 떨기나무를 볼 때 네 신발을 벗으라는 음성을 들었습니다. 그 음성을 들은 후 모세는 꿈과 비전을 가지고 하나님의 인도하심을 받았습니다. 430년간 애굽의 노예생활을 한 이스라엘 백성들을 이끌고 나올 때 그들을 가로막은 홍해조차 하나님의 이적과 기사로 마르게 하여, 모세는 하나님이 주신 꿈을 이룰 수가 있었습니다.

여러분! 예수님의 제자들을 보세요. 성령 받기 전까지는 별 볼 일 없는 사람들이었습니다. 그러나 예수님이 부활하시고 승천하신 후에 마가요한 다락방에서 기도하여 성령을 받았습니다. 그들은 성령충만하여 불도가니가 굴러다니는 것 같았습니다. 성령님의 능력으로 귀신을 쫓아내고, 병을 낫게 하고, 눌린 자를 자유케 하고, 포로된 자를 놓여나게 하고, 마귀를 쫓아내고, 하루에 3,000명, 5,000명을 전도하여 주님을 영접하게 했습니다. 이와

Jacob in Genesis 28 is also a person with dream, through whom the twelve tribes of Israel descended. He had a dream on a night at Ruth of an angel going up and down a ladder.

Genesis 28:14-15 [14] Your descendants will be like the dust of the earth, and you will spread out to the west and to the east, to the north and to the south. All peoples on earth will be blessed through you and your offspring. [15] I am with you and will watch over you wherever you go, and I will bring you back to this land. I will not leave you until I have done what I have promised you."

Joseph was a big dreamer. He, the 11th son of Jacob, shared his dream one day with his brothers in Genesis 37.

Genesis 37:7 We were binding sheaves of grain out in the field when suddenly my sheaf rose and stood upright, while your sheaves gathered around mine and bowed down to it."

However his brothers who hated him for his dream, sold him to merchants as a slave. And he was imprisoned while serving as a slave at the house of Potiphar, having been entrapped by the wife of his master. Yet he never gave up on his dream. He finally had a chance to interpret a dream of Pharaoh which made him to become a prime minister of Egypt. So he fulfilled what he saw in his dream.

Moses in Exodus 3 also had a dream. He saw flames of fire in a bush and heard a voice to "take off your sandals"on the Mount Horeb when he was 80 years old. Ever since, he had led the Israelites in his vision. When he was leading the Israelites out from 430 years of slavery in Egypt, the hand of God dried the Red Sea miraculously so that they could cross the sea. In this way Moses fulfilled the dream which was given from God.

같이 성령님의 인도하심으로 불타는 꿈을 소유하게 되었습니다. 이 놀라운 꿈을 가지고 세계의 역사를 바꾸는 복음의 빛을 발하였습니다. 이 복음은 예루살렘 마가요한의 다락방에서, 로마로, 유럽으로, 미국으로, 한국으로, 미전도종족까지 꿈과 비전으로 불타오르고 있습니다.

사랑하는 성도 여러분! 우리도 성령님의 불타오르는 꿈을 가지고 주님의 사랑으로 복음의 빛을 발하는 항상 긍정적인 성도가 되시길 예수님의 이름으로 축원합니다.

2. 항상 긍정적인 성도가 되려면 위로의 말과 긍정적인 기도를 해야 합니다.

잠언 18장 20-21절 "[20] 사람은 입에서 나오는 열매로 말미암아 배부르게 되나니 곧 그의 입술에서 나는 것으로 말미암아 만족하게 되느니라 [21] 죽고 사는 것이 혀의 힘에 달렸나니 혀를 쓰기 좋아하는 자는 혀의 열매를 먹으리라" 고 했습니다. 우리 성도들은 절망과 역경에 처한 사람에게 말로써 위로해주고 격려해주고 희망을 주어야 합니다. '낙심하지 마십시오. 용기를 내고 일어나십시오. 주님의 도움으로 이 어려움을 극복하시길 바랍니다. 밤이 지나면 아침이 옵니다. 좋은 일이 일어납니다. 하나님의 축복을 받으세요. 우리들이 기도 하겠으니 낙심하지 마십시오.'시련과 환란을 당한 사람에게는 조그마한 위로와 한마디 한마디 의 말이 그들에게는 천금보다도 귀합니다. 그리고 교회에 나와서 예배 드리도록 인도해야 합니다.

예수를 믿는 우리는 좌절하고 낙심하는 사람들을 성공시킬 수 있는 무기를 가지고 있습니다. 그것은 예배를 드리며 기도해주는 것입니다. 그러면

Beloved, I want you to look at the disciples of Jesus!

The disciple of Jesus were timid before they received the Holy Spirit. But having witnessed the resurrection of Jesus, who was raised to the heaven, they prayed at the upper room of Mark and received the Holy Spirit. The power of the Holy Spirit that they received was so strong that they looked as if they were rolling fireballs. The amazing power of the Holy Spirit enabled them to drive out demons, heal the sick, loose the chains of the oppressed, and made 3,000 or 5,000 people come for salvation of God.

Therefore it was the Holy Spirit that made them to hold a fiery vision in God. Their vision was to transform the whole history of the world through the Gospel. The enflaming power of the Gospel, which was revealed from the upper room of Mark, has been spreading to Rome, to Europe, to America, to Korea and to the unreached people through people with burning dream and vision that are given from Jesus.

Beloved! I hope and pray that you may be positive and shine in preaching the Gospel through your burning desire which is empowered by the Holy Spirit and by the love of Jesus.

Subject 2. A saint with positive faith delights in giving consolation and praying

Proverbs 18:20-21 [20] From the fruit of his mouth a man's stomach is filled; with the harvest from his lips he is satisfied. [21] The tongue has the power of life and death, and those who love it will eat its fruit.

I recommend the saints of the church to share positive words with

절망은 극복되고 성공의 길로 갑니다. 우리의 이웃이 시험과 환란과 절망에 빠져 있을 때, 예수 믿는 우리들은 예배와 기도로 그들을 구출하고 성공시킬 수가 있습니다. 예배를 통하여 은혜를 받고 평안이 오고 축복이 오기 때문입니다.

오늘 말씀의 끝으로 더 긍정적인 성도가 되기 위한 기본이 되는 성경말씀 두 구절만 읽어드리겠습니다. 마가복음 9장 23절 "할 수 있거든이 무슨 말이냐 믿는 자에게는 능히 하지 못할 일이 없느니라" 고 했습니다. 빌립보서 4장 13절 "내게 능력 주시는 자 안에서 내가 모든 것을 할 수 있느니라" 고 했습니다.

사랑하는 성도 여러분! 더 긍정적이고 적극적인 꿈과 희망을 가지고 주님의 사랑으로 더 전진하여 계속 승리하시기를 예수님의 이름으로 축원합니다.

one another as often as they can. They can share words of comfort with, encourage, and give hope to those who are discouraged and who are in the midst of trials by saying "please do not be discouraged," "please take courage and rise," "May you prevail in the power of Jesus," "Morning comes when the night passes," "Good things are yet to come," "May God Bless you!" "We will pray for you so do not lose hope."Words of encouragement are more precious than tons of gold to the afflicted. And then we may encourage them to come to the church for worship.

The believers of Jesus are equipped with tools—prayers and worship—which will transform the life of those who are discouraged and depressed to gear them into life of success. I encourage you to offer them first, words of consolation, then worship in which they will be empowered to overcome the trials through spiritual shower of blessing in their souls. This is because it is through worship that we are reminded of grace, peace, and blessings of Jesus Christ.

Conclusively, the following words of God may empower you to be positive in your faith:

Mark 9:23 "'If you can'?"said Jesus. "Everything is possible for him who believes."

Philippians 4:13 I can do everything through him who gives me strength.

Beloved!

May God bless you, who move forward in the love of Jesus through positive dream and hope that are given from Jesus!

15

항상 주님께 범사에 감사하자

에베소서 5장 20-21절 "[20] 범사에 우리 주 예수 그리스도의 이름으로 항상 아버지 하나님께 감사하며[21] 그리스도를 경외함으로 피차 복종하라"

하박국 3장 17-18절 "[17] 비록 무화과나무가 무성하지 못하며 포도나무에 열매가 없으며 감람나무에 소출이 없으며 밭에 먹을 것이 없으며 우리에 양이 없으며 외양간에 소가 없을지라도[18] 나는 여호와로 말미암아 즐거워하며 나의 구원의 하나님으로 말미암아 기뻐하리로다"

사도 바울은 주님의 계시를 받아서 옥중에서 이렇게 기록했습니다. 오늘 본문 말씀 에베소서 5장 20절 "범사에 우리 주 예수 그리스도의 이름으로 항상 아버지 하나님께 감사하며"라고 했습니다. 우리는 항상 범사에 감사해야 합니다. 데살로니가전서 5장 18절에도 "범사에 감사하라 이것이 그리스도 예수 안에서 너희를 향하신 하나님의 뜻이니라"고 했습니다. 이와 같이 감사는 해도 좋고 안 해도 괜찮은 것이 아니라, 하나님의 뜻이요 명령이기 때문에 항상 감사를 해야 합니다. 우리는 어떠한 상황에서도 감사하는 생활을 해야 합니다. 제가 미국에서 40여년을 살면서 경험한 것 중에 미국

15

Let us give thanks to the Lord in all circumstances

Ephesians 5:20-21 [20] Always giving thanks to God the Father for everything, in the name of our Lord Jesus Christ. [21] Submit to one another out of reverence for Christ.

Habakkuk 3:17-18 [17] Though the fig tree does not bud and there are no grapes on the vines, though the olive crop fails, [18] yet I will rejoice in the LORD, I will be joyful in God my Savior.

The apostle Paul in his imprisonment wrote in Ephesians 5:20, inspired by the Spirit, **"always giving thanks to God the Father for everything, in the name of our Lord Jesus Christ."**

1Thesalonians 5:18 give thanks in all circumstances, for this is God's will for you in Christ Jesus.

Giving thanks to God is not a choice but a must because it is God's will and command for the saint. I have learned through 40 years of life in the US that the most favored word for Americans is "Thanks you."They would overcome their adversities by saying "Thank you, thank you" no matter how difficult their situations are.

There were many accidents during the week of July Fourth and Feast of Harvest this year. Los Angeles had a 4.8 magnitude of earthquake. Tornadoes in Kentucky, Mississippi, and Arkansas destroyed numerous houses and roads, taking many lives. And a

인들이 가장 많이 사용하는 말이 바로 'Thank you, Thank you'입니다. 미국인들은 어려운 일이나 고통스러운 일이 있어도 'Thank you, Thank you' 하며 어려움을 극복합니다.

지난 독립기념일과 맥추감사절을 맞이한 주간에 여러 곳에서 많은 사고들이 났습니다. 로스엔젤리스 카운티에서는 진도 4.8의 지진이 났습니다. 미국 동부지역 켄터키 주, 미시시피 주, 알칸소 주에는 엄청나게 휘몰아 친 토네이도로 인하여 수많은 집과 도로가 파괴되고 많은 사상자를 내었다고 합니다. 그리고 이곳 로스 가토스의 17번 프리웨이에서는 20여대의 자동차가 충돌하여 많은 사람들이 부상을 당하고, 6시간 동안 도로가 통제되었습니다. 그런데 긴 시간 교통체증 때문에 도로에서 오래 기다려도 불평하거나 고함치는 사람들이 없이 서로 'Thank you Thank you'하며 지나가는 성숙한 모습을 보고 한국에서 오신 목사님들은 큰 감동을 받았습니다. 다행히 우리 목사님 일행들은 저녁예배 후에 그 길을 지나 헬몬산 기도원으로 갔기 때문에 도로가 막히지는 않았습니다.

우리 성도들은 좋을 때만 감사하지 말고 어려울 때도 항상 범사에 감사해야 합니다. 마음 속의 뜨거운 감사를 표현하는데 인색하지 말아야 합니다. 어떠한 사람도 마음만 먹으면 마음 속으로부터 감사할 수가 있습니다. 시편 50편 23절 상반절 "감사로 제사를 드리는 자가 나를 영화롭게 하나니"라고 했습니다. 그래서 우리 성도들은 어떠한 일이 있어도 범사에 하나님께 감사해야 합니다. 또 하박국 선지자는 강력하게 말했습니다. 하박국 3장 17-18절 "[17] 비록 무화과나무가 무성하지 못하며 포도나무에 열매가 없으며 감람나무에 소출이 없으며 밭에 먹을 것이 없으며 우리에 양이 없으

chain collision of 20 vehicles at freeway 17 in Los Gatos caused many injuries and 6 hours' of road control. However the pastors who were visiting from Korea were deeply impressed to see none of the drivers, who were waiting in their vehicles for so long in that situation complained or yelled but when the traffic control cancelled, passed by saying "Thank you, thank you" to one another.

When the pastors in my prayer group after the evening worship were heading to the Mount Hermon prayer center, there was no traffic as they detoured the road.

The saints should give thanks not only in good times but in bad. We should not spare in giving thanks when it is oozing from our deepest hearts. The saints could give thanks from the bottom of their hearts once they decide to do so.

Psalms 50:23a He who sacrifices thank offerings honors me,

I hope that the Spirit within you may enlighten you to understand the word of God: **"[17] Though the fig tree does not bud and there are no grapes on the vines, though the olive crop fails, [18] yet I will rejoice in the LORD, I will be joyful in God my Savior." (Habakkuk 3:17-18)**

The worst draught in 40 years in California has caused difficulties in the farming of vegetables, crops, and orchards. Thus the CA Department of Water Resources imposed strict seven sanctions of the usage of water. In addition to this, we, the saints of the church, should not forget to pray, giving thanks to the Lord in all circumstances, believing that it will rain.

1 Chronicles 6:34 Give thanks to the LORD, for he is good; his love endures forever.

One of the characteristics of the saints is giving thanks in all circumstances: not only in good times but in bad such as difficulties

며 외양간에 소가 없을지라도[18] 나는 여호와로 말미암아 즐거워하며 나의 구원의 하나님으로 말미암아 기뻐하리로다"라고 했습니다. 우리는 이 말씀에 깊은 깨달음이 있어야 합니다.

40년만에 최악의 가뭄으로 인하여 캘리포니아의 모든 채소들과 농작물과 과수원들이 물 부족으로 많은 어려움을 겪고 있습니다. 오늘 캘리포니아 수자원 국에서 물을 절약하기 위한 강력한 일곱 가지 절수 조치를 발표했습니다. 그러나 우리는 범사에 감사하며 기도하면 주님이 비를 주실 줄로 믿고 감사해야 합니다. 역대상 16장 34절 "여호와께 감사하라 그는 선하시며 그의 인자하심이 영원함이로다"라고 했습니다.

우리 성도들에게는 여러 가지 특징이 있지만, 어려울 때도 감사하는 생활을 해야 합니다. 좋을 때만 감사하는 것이 아니라 직장이나 사업이 어려워도 감사하고, 몸이 아파도 감사하고, 범사에 감사할 수 있어야 합니다. 심한 가뭄으로 물 공급이 제한되어도 기도하면서 범사에 감사하면 기어코 비도 내리고 모든 어려움이 극복될 줄로 믿습니다.

사랑하는 성도 여러분! 오늘 하나님 말씀을 통하여 감사하시고, 범사에 감사하여 쉬지 말고 기도 드려 모든 문제가 해결되고 이적과 기사가 일어나기를 예수님의 이름으로 축원합니다.

예화)

저는 지난 주간에도 헬몬산 기도원에서 선교대회를 준비하는 목사님들과 함께 감사기도를 드렸습니다. 두 주째 기도에 전념하는 40여명의 목사님들이 선교대회의 준비를 거의 다 완료하였습니다. 선교대회는 내일부터 수요

in works, businesses, or suffering from illness or shortage of water from a severe drought.

Beloved! I hope and pray that you may pray and give thanks to the Lord in all circumstances as the word of God says and overcome trials, experiencing wonders and miracles.

Example)

I prayed last week at Hermon prayer center with the pastors, who had been preparing for a mission conference. We gave thanks to the Lord to hear that the conference is ready to be held by the effort of about forty pastors, who had been preparing to hold the conference. The conference will be held at Los Gatos Church from tomorrow until Wednesday (July 14-16).

I went to the prayer meeting at Los Gatos Church yesterday which was held before holding the conference. And then in the afternoon after praying at the Los Gatos Church, I prayed at the FGSJ Church with the pastors, who volunteer at shelters and those in my prayer group. Rev. Jeong Seon-woo came with Joy, a son of the owner of a Chinese Restaurant who got burnt in his leg, and prayed for his healing. Rev. Jew asked to pray more for Wonny, who has almost been healed from a mental disease ever since he had received a healing prayer last week. Dolly with breast cancer, who had come to receive a healing prayer a few months before, came with her friend Robert to ask for more prayers for both of them.

The pastors who were present at the prayer meeting prayed for their healing, having read Mark 16: 17-18 and Acts 4:30. I believe that those who are ill will be healed when they give thanks to the Lord in the midst of their suffering.

Subject 1. God blesses those who give thanks to the Lord in all circumstances.

일까지(14일-16일) 입니다.

어제는 선교대회가 열릴 로스 가토스 교회에 가서 기도회를 하였습니다. 오후에는 우리 교회에 와서 쉘터에서 봉사하는 목사님들, 지방회 목사님들, 동문회 목사님들과 함께 기도회를 가졌습니다. 정선우 목사님은 중국식당 주인의 아들인 죠이가 다리에 화상을 입어 데리고 와서 기도를 부탁했습니다. 중국인 쥬 목사님은 지난 주에 기도 받은 워니가 정신병이 많이 나아서 다시 기도를 부탁했습니다. 몇 달 전 유방암으로 기도를 받은 달리가 친구 로버트와 함께 와서 기도를 부탁했습니다. 우리 목사님 일행들은 마가복음 16장 17-18절, 사도행전 4장 30절을 읽고 주님의 능력으로 고쳐달라고 모인 곳이 진동하도록 기도했습니다. 모두 범사에 감사하며 기도하면 다 나을 줄로 믿습니다.

1. 주님께 범사에 감사하면 축복을 받습니다.

우리 주님께서는 우리 신앙의 척도를 보실 때 과연 범사에 감사하는 생활을 하는가 안 하는가 관찰하고 계십니다. 데살로니가전서 5장 16-18절 "[16] 항상 기뻐하라[17] 쉬지 말고 기도하라[18] 범사에 감사하라 이것이 그리스도 예수 안에서 너희를 향하신 하나님의 뜻이니라"고 했습니다. 좋을 때만 감사하는 것이 아니라, 어렵고 고통스러울 때도 감사해야 합니다. 이렇게 범사에 감사할 때 하나님의 축복을 받게 됩니다. 감사할 때 모든 것이 합력하여 다 유익하게 됩니다. 로마서 8장 28절 "우리가 알거니와 하나님을 사랑하는 자 곧 그의 뜻대로 부르심을 입은 자들에게는 모든 것이 합력하여 선을 이루느니라"고 했습니다.

God is pleased with those who could give thanks in good times and bad, in all circumstances.

1Thesalonians 5:16-18 [16] Be joyful always; [17] pray continually; [18] give thanks in all circumstances, for this is God's will for you in Christ Jesus.

When you give thanks both in good and bad times, it will attract blessings because we know that God will make all things work for the good.

Romans 8:28 And we know that in all things God works for the good of those who love him, who have been called according to his purpose.

It is said that thanksgiving belongs to the Christian only, not to the demons. Let us count every blessing, which we have received from God. Giving thanks to the Lord in all circumstances has power to move God's hands for us.

Colossians 4:2 Devote yourselves to prayer, being watchful and thankful.

Psalms 50:23 He who sacrifices thank offerings honors me, and he prepares the way so that I may show him the salvation of God."

Beloved! I pray that your prayer in thanksgiving shall move God's hands for you so that wonders and miracles may abound in your life.

Example)

Jennifer, a primary school teacher, who had attended the FGSJ Church long time ago now moved to another city, came to the Sunday evening worship at the church with her daughter Christie

크리스천의 세계에는 감사가 있지만, 마귀의 세계에는 감사가 없습니다. 우리는 하나님께 받은 축복을 항상 감사할 줄 알아야 됩니다. 골로새서 4장 2절 "기도를 계속하고 기도에 감사함으로 깨어 있으라"고 했습니다. 시편 50편 23절 "감사로 제사를 드리는 자가 나를 영화롭게 하나니 그의 행위를 옳게 하는 자에게 내가 하나님의 구원을 보이리라"고 했습니다. 우리는 항상 하나님께 감사하면 하나님의 손을 움직일 수가 있습니다.

사랑하는 성도 여러분! 오늘 이 시간 하나님께 감사하며 감격하는 감사 예배를 드려서 하나님의 손을 움직이고 하늘 문이 열리기를 예수님의 이름으로 축원합니다.

예화)

지난 주일 저녁예배에는 교사였던 제니퍼가 딸 크리스티를 데리고 와서 함께 예배를 드렸습니다. 제니퍼는 초등학교 교사인데 오래 전에 우리 교회에 열심히 다녔습니다. 지금은 다른 도시에 살고 있는데 딸 크리스티와 함께 친척집에 왔다가 저녁예배에 참석하여 감사헌금을 드렸습니다. 예배 후에 딸 크리스티가 몹시 아프고 오한으로 떠는 증세가 있다고 안수기도를 부탁했습니다. 저는 주님의 말씀 예레미야 30장 17절을 읽고 예수님의 능력으로 고쳐달라고 기도했습니다. 나을 줄로 믿습니다. 제니퍼는 제가 길에서 전도지를 나눠주며 전도한 사람인데, 그 전도지를 보고 교회에 와서 성령세례를 받고 신실한 크리스천이 된 분입니다. 디모데후서 4장 2절 "너는 말씀을 전파하라 때를 얻든지 못 얻든지 항상 힘쓰라 범사에 오래 참음과 가르침으로 경책하며 경계하며 권하라"고 했습니다.

last week. She had come to the FGSJ Church first long time ago, having had received an evangelical track from me in the street. And she became a devoted Christian, having received the Holy Spirit at a worship service of the FGSJ Church. She said that she was visiting one of her relatives in North California. After the worship service (she also offered a thanksgiving offering at the worship service), she asked to pray for her daughter, who had been sick, having chills. I prayed for her daughter, having read 1Timothy 4:2.

1 Timothy 4:2 Preach the Word; be prepared in season and out of season; correct, rebuke and encourage--with great patience and careful instruction.

I hope and pray that the saints of the church may try their best in saving souls and giving thanks in all circumstances.

Subject 2. Grace and miracle accompany when you give thanks in all circumstances.

When Apostle Paul and Silas in their imprisonment gave thanks to the Lord and sang hymns (they were imprisoned on charge of preaching the Gospel), the door of their prison was open with the sound of an earthquake (Acts 16). Peter was imprisoned after James was martyred. But When Peter was praying in thanksgiving in his prison, an angel appeared to lead him out of the prison (Acts 12). It is an indispensable wisdom of God for the saints to give thanks to the Lord in all circumstances

Psalms 92:1a It is good to praise the LORD

Philippians 4:6 Do not be anxious about anything, but in everything, by prayer and petition, with thanksgiving, present your requests to God.

우리 성도님들은 항상 감사하며 때를 얻든지 못 얻든지 전도하여 영혼 구령에 최선을 다하시기를 예수님의 이름으로 축원합니다.

2. 범사에 항상 주님께 감사할 때 하나님의 은혜를 받고 기적이 일어나는 것입니다.

사도 바울은 복음을 전하다가 실라와 함께 감옥에 갇혔는 데, 감사하며 하나님을 찬양할 때 지진이 나며 옥문이 열렸습니다(행 16장). 베드로는 야고보 감독이 순교한 후 잡혀서 감옥에 갇혔습니다. 감옥에서 베드로가 범사에 감사하며 기도했더니 지진이 나고 옥문이 흔들려 천사의 인도로 살아났습니다(행 12장). 우리는 범사에 하나님께 항상 감사할 줄을 알아야 합니다. 시편 92편 1절 상반절 "여호와께 감사하라"고 했습니다. 빌립보서 4장 6절 "아무 것도 염려하지 말고 다만 모든 일에 기도와 간구로, 너희 구할 것을 감사함으로 하나님께 아뢰라"고 했습니다.

D.L.무디는 가장 어려울 때 이렇게 말했습니다. '자신을 믿어봐라. 실망하고 만다. 친구를 믿어봐라. 언젠가는 헤어질 것이다. 명성을 믿어봐라. 오래가지 못한다. 그러나 예수님을 믿고 감사해보라. 금생과 내생에 영원한 행복을 얻을 것이다'라고 했습니다.

미국 대통령이었던 루즈벨트는 어릴 때 소아마비에 걸려 휠체어를 타고 다니면서도 건강을 비관하지 않고 항상 주님께 감사했다고 합니다. 그가 범사에 감사하며 기도를 했기 때문에 2차대전을 승리로 이끌었고 경제공황을 극복했다고 했습니다. 영국의 처칠 수상은 항상 감사하며 기도를 했다고 합니다. 그 결과로 심장병을 극복하고 영국을 위기에서 구출한 정치가

D.L. Moody in the midst of utmost hardship in his life addressed to the saints, 'try to trust yourself, you will end up being disappointed, to trust your friends, you will be separated from each other someday, to trust your fame, it will not last long; however try to trust and give thanks to Jesus, you will receive eternal bliss in this life and the next.'

Roosevelt, a former president of America, had lived in his wheelchair after coming down with polio from his childhood. Yet he did not give in to despair but gave thanks to the Lord in all circumstances. His thanksgiving spirit is said to have enabled him to lead the Allied Forces to win the Second World War and America to overcome the Great Depression. Churchill, a former Prime Minister of England, through prayer of thanksgiving overcame his heart disease to become the politician, who saved England from its crisis. De Gaulle of France, having suffered entire his life from diabetes and cataract, saved his country from the Nazis.

John Wesley, although having suffered from tuberculosis entire his life, through praying and giving thanks to the Lord, not only be healed but also founded the Methodist Church. Miura Ayako, a Japanese Christian writer had lied down for 11 years from spinal lesion. But after she overcame her illness through giving thanks to the Lord she became the greatest Christian writer in Japan. John Bunyan while he was imprisoned—he was imprisoned in charge of preaching the Gospel—gave thanks to the Lord anyway and wrote *Pilgrim's Progress*, a masterpiece of all time.

Dostoyevsky, a Russian writer, gave thanks to the Lord while he was detained at a concentration camp in Siberia. And he was able to write one of his undying masterpiece, *Crime and Punishment.* Handel, in the midst of suffering all the time from his partially paralyzed body, completed *Messiah* through thanksgiving.

가 되었습니다. 프랑스의 영웅 드골은 평생을 당뇨병과 백내장으로 고생했지만, 항상 감사하고 기도하여 프랑스를 나치로부터 구출했습니다.

요한 웨슬리는 폐결핵으로 늘 고생했지만, 하나님께 감사하고 기도하여 병도 낫고 감리교단을 창설할 수가 있었습니다. 일본의 크리스천 소설가 미우라 아야꼬는 11년간 척추장애로 누워서 고생했습니다. 불구의 몸으로도 늘 감사하며 기도했기 때문에 병을 극복하고 복음을 전하는 일본 최고의 작가가 되었습니다. 영국의 존 번연 목사님은 전도하다가 감옥에 갇혔는데 그곳에서 항상 감사했습니다. 그 결과 감옥 속에서도 글을 쓰게 되어 '천로역정'이라는 최고의 명작을 쓸 수가 있었습니다.

러시아 작가 도스토예프스키는 시베리아 강제수용소에서 감사기도를 했기 때문에 '죄와 벌'이란 불멸의 역작을 썼습니다. 헨델은 반신불수가 되어 항상 몸이 아팠지만 하나님께 감사할 때 '메시아'란 주님께 영광을 돌리는 불멸의 명곡을 완성했습니다.

우리는 항상 감사할 줄을 알아야 합니다. 항상 하나님 아버지께 범사에 감사하면 하나님은 기뻐하시고 영광을 받으십니다. 그리고 우리 하나님은 하나님의 손을 움직이시고 하늘 문을 열어주십니다. 에베소서 5장 20절 "범사에 우리 주 예수 그리스도의 이름으로 항상 아버지 하나님께 감사하며"라고 했습니다.

사랑하는 성도 여러분! 오늘 이 귀한 예배를 통하여 주님께 항상 감사하시고 범사에 더 감사하여 모든 고난을 극복하시고 주님의 영원무궁한 축복을 받으시기를 예수님의 이름으로 축원합니다.

When we give thanks to the Lord in all circumstances, God is pleased to move God's hand for us which will eventually glorify God through us.

Ephesians 5:20 always giving thanks to God the Father for everything, in the name of our Lord Jesus Christ.

Beloved!

May you all be blessed in the worship today to overcome adversities through thanksgiving in all circumstances!

16
선교주일을 맞이하여 선교에 최선을 다하자

이사야 45장 22-23절 "[22] 땅의 모든 끝이여 내게로 돌이켜 구원을 받으라 나는 하나님이라 다른 이가 없느니라 [23] 내가 나를 두고 맹세하기를 내 입에서 공의로운 말이 나갔은즉 돌아오지 아니하나니 내게 모든 무릎이 꿇겠고 모든 혀가 맹세하리라 하였노라"

사도행전 1장 8절 "오직 성령이 너희에게 임하시면 너희가 권능을 받고 예루살렘과 온 유대와 사마리아와 땅 끝까지 이르러 내 증인이 되리라 하시니라"

오늘은 우리 교단에서 1년에 두 번 지키는 선교주일입니다. 오늘 본문말씀인 이사야 45장 22절의 말씀대로 땅끝까지 택한 백성들을 구원하려면 선교에 최선을 다해야 합니다. 여기 교단에서 보내온 '오순절 순복음 하나님의 성회 선교대회'의 포스터가 있습니다. 우리 미국 순복음 하나님의 성회와 순복음 북미총회가 협력해서 선교행사를 하며, 선교를 위해 기도를 하는 주일입니다. 순복음 하나님의 성회를 포함한 오순절 교단에는 미국 전역에 80,000여 교회가 있습니다. 대도시마다 가장 큰 교회는 거의 모두 미국 순복음 하나님의 성회 소속 교회들입니다.

16

Let us devote ourselves to mission on this mission week

Isaiah 45:22-23 [22] "Turn to me and be saved, all you ends of the earth; for I am God, and there is no other. [23] By myself I have sworn, my mouth has uttered in all integrity a word that will not be revoked: Before me every knee will bow; by me every tongue will swear.

Acts 1:8 But you will receive power when the Holy Spirit comes on you; and you will be my witnesses in Jerusalem, and in all Judea and Samaria, and to the ends of the earth."

Today we are celebrating the biannual mission week that is kept by the Assemblies of God Church. We should devote ourselves to mission in order to save the chosen to the end of the earth as today's scripture Isaiah 45:22 says. Here is a poster sent from the Assemblies of God on which writes "Pentecostal A.O.G World Mission."The Assemblies of God American Church and the full Gospel North California General Assembly collaborate in holding mission conference and praying for mission. There are 80,000 Pentecostal churches including those of the Assemblies of God in America. Any big church in the major cities of America are mostly the Assemblies of God Church.

The Assemblies of God church headquarter is in Springfield, the

순복음 하나님의 성회 총회본부는 미 중동부 스프링필드에 있는데, 놀라운 것은 거의 타운 전체가 총회 건물들로 이루어져 있습니다. 저는 29년전에 하나님의 성회 총회본부에서 주최한 선교대회에 소수민족 대표로 초청받았던 일이 있습니다. 그때 총회장 짐머만 목사님이 초청받은 우리 일행들을 선교대회가 열리는 총회 선교센터로 인도하였습니다. 그곳에는 175개국 국기가 있었고, 파송 선교사들의 이름이 써 있었습니다. 또한 선교사를 파송한 175개국의 이름이 쓰인 175개 조각으로 붙여 만든 엄청나게 큰 테이블이 있었는데, 그 중앙에는 사도행전 1장 8절이 새겨져 있었습니다. 짐머만 목사님은 각 지역 대표로 초청받은 목사님들에게 그 테이블을 붙들고 선교지를 위하여 기도해 달라고 했습니다.

우리 목사 일행들은 테이블을 부여잡고 모인 곳이 진동하도록, 테이블이 들썩거릴 정도로 통성기도를 하였습니다. 그 기도대로 현재 미 순복음 하나님의 성회교단은 15,000여명의 선교사를 파송하고 있다고 합니다.

미국에서는 침례교가 가장 큰 교단으로 가장 많은18,000여명의 선교사를 파송하고 있고, 그 다음으로는 미 순복음 하나님의 성회교단이 15,000명을 파송하고 있고, 장로교가 8,000여명, 감리교가 6,000여명, 나사렛 교단이 1,400여명, 성공회가 2,000여명 등 모두 합쳐 약 70,000여명의 선교사를 파송하고 있다고 합니다.

한국은 현재 230여개국에 20,000여명의 선교사를 보냈다고 합니다. 통계에 의하면, 가장 많이 선교를 하는 나라는 미국이고, 둘째로는 한국입니다. 그러나 인구비중으로 보면, 한국이 제일 많은 선교사를 보내고 있는 거나 마찬가지입니다. 한국은 130여년 전에 미국 선교사로부터 복음을 받아

mid-eastern part of the US. What is amazing to me is that most of the buildings in the town are part of the Assemblies of God Church headquarter. I once was invited to represent racial minorities for the mission conference of the Assemblies of God Church 29 years ago. Rev. Zimmermann, the general super-intendant of Assemblies of God Church at that time, guided us to the mission center of the General Assembly where the conference was to be held.

There I saw 175 national flags with each of the name of missionary sent to each of the nation was inscribed were put up. And there was a big table, made of 175 pieces—each piece was carved with a name of missionary sent to each of the 175 nations. And Acts 1:8 was engraved at the center of the table. Rev. Zimmermann asked the pastors, who were representing each region of the U.S. to pray placing our hands on the table.

So we prayed as he had asked: we prayed so hard that we felt that the table on which our hands placed seemed to be shaken.

Now just as we had prayed back then, the Assemblies of God Church have sent15, 000 missionaries over the world. America is said to have sent about 70,000 missionaries to the world:

the Baptist Church, which is the biggest church in America, sent 18,000 missionaries; the Assemblies of God Church, 15,000; the Presbyterian Church, 8,000; the Methodist Church, 6,000; the Nazareth Church, 1,400, the Episcopal Church, 2,000.

Korea has sent 23,000 missionaries to 230 nations so far. Statistically America has sent missionaries over the world the most and Korea, the next. However, Korea should be the top if the population ratio of the two countries is reflected in the statistics. Korean Christianity has been thriving, having emphasized in mission the most ever since the Gospel arrived 130 years ago. Now

들인 후 선교에 최선을 다하여 많은 축복을 받았습니다. 이처럼 선교를 많이 하기 때문에 세계 11위의 경제 대국이 되었고, 앞으로 복음통일이 되면 미국을 앞서는 최대의 선교국이 될 것입니다. 인도의 시성 타고르는 한국이 세계를 비춰는 동방의 등불이 될 것이라고 했습니다. '일찍이 아시아의 황금 시대에 그 등불의 하나인 코리아 그 등불 다시 한 번 켜지는 날에 너는 동방의 밝은 빛이 되리라'고 했습니다.

여러분! 우리 조국이 70년이나 남북 분단으로 막혔지만 곧 복음통일이 올 줄로 믿습니다. 출애굽기와 열왕기 상하에 보면, 솔로몬 왕이 우상숭배를 하여 이스라엘이 북왕조과 남왕조로 나누어졌습니다. 그리고 북왕조는 앗수르에게 멸망하였고, 남왕조 유다는 바벨론에게 멸망하였습니다. 그러나 회개한 유다는 하나님의 약속대로 70년이 지나 해방을 맞이했습니다. 우리 한국도 성경의 약속대로 70년이 된 금년에 복음통일이 올 줄로 믿습니다. 하바드 대학교의 역사학자 짐머 교수는 '지구상의 유일한 분단국가인 코리아도 70년이 되면 성경대로 통일이 된다'고 말했다고 합니다.

우리 조국이 통일이 될 수 있는 여러 징조들이 나타나고 있습니다. 유엔에서는 이미 몇 달 전에 북한 인권법안이 통과되었다고 합니다. 그리고 북한 독재자 김정은은 인류최악의 핵전쟁을 유발시키는 징조를 보이고 있습니다. 뿐만 아니라, 바로의 마음이 강퍅해진 것처럼 통제불능의 강퍅한 행동을 하고 있습니다. 이러한 징조들을 볼 때 성경의 예언대로 하나님의 심판이 가까이 다가 오고 있습니다. 남북통일이 다가 오고 있음을 보여주고 있습니다.

우리 하나님은 남과 북을 통일시켜 복음의 제사장 국가로 사용하는 계

Korea has become the 11th richest country in the world and it will surpass America in mission when unification of South and North Korea is achieved. Tagore, the great poet of India, described in his poem Korea being a "lamp-bearer" in the future:

In the golden age of Asia

Korea was one of its lamp - bearers

And that lamp is waiting to be lighted once again

For the illumination in the East.

Beloved! I believe that Korea, with its 70 years of separation between South and North Korea, will be united soon. The Exodus and the 1 &2 Kings show that the Israel was divided into north and south because of the idolatry of King Solomon. Northern kingdom fell by Assyria, and Southern Judah, by Babylonia. But Judah repented and was liberated after 70 years of captivation of Babylonia as God had promised. Professor Zimmer, who teaches History in Harvard University, said that Korea, the last country which is divided into South and North Korea in the earth, will be unified when it reaches 70 years of division as the Bible writes.

There seem to be a few signs of unification of Korea: the UN has passed the bill of human rights of North Korea; Kim Jong-un, the North Korean dictator, seems to provoke worst nuclear war in human history, and shows incontrollable stubborn behavior like that of Pharaoh. All these signs show that judgement of God has drawn near as the Bible prophesies and unification of Korea is at hand.

God has a plan for the unified Korea so that it should serve as a high priest for the whole nations. Unification of Korea should be achieved so that Korea, which has devoted to world mission, should serve as high priest to spread the Gospel. "What God opens no one

획을 세우고 계십니다. 선교에 최선을 다하기 때문에 제사장 국가로 만들어 세계만방에 복음을 전하기 위하여 기어코 복음통일이 옵니다. 하나님이 복음통일을 시켜주실 줄로 믿습니다. 우리 하나님이 하늘 문을 열어 놓으면 닫을 자가 없고, 닫으면 열 자가 없습니다. 우리 하나님은 성경에 보면 욕단계(아브라함)의 후예인 한민족을 마지막 때 사용하신다고 했습니다. 우리 하나님은 우리 조국 코리아를 통일시켜서 세계를 비취는 아시아의 복음의 등불로 사용하여, 선교의 제사장 국가로서 만방에 선교사들을 보내게 하실 것입니다. 우리 예수님은 명령하셨습니다. 사도행전 1장 8절 "오직 성령이 너희에게 임하시면 너희가 권능을 받고 예루살렘과 온 유대와 사마리아와 땅 끝까지 이르러 내 증인이 되리라"고 했습니다. 마태복음 28장 18-20절 "[18] 예수께서 나아와 말씀하여 이르시되 하늘과 땅의 모든 권세를 내게 주셨으니 [19] 그러므로 너희는 가서 모든 민족을 제자로 삼아 아버지와 아들과 성령의 이름으로 세례를 베풀고 [20] 내가 너희에게 분부한 모든 것을 가르쳐 지키게 하라 볼지어다 내가 세상 끝날까지 너희와 항상 함께 있으리라"고 했습니다. 마가복음 16장 15절 "너희는 온 천하에 다니며 만민에게 복음을 전파하라"고 했습니다.

사랑하는 성도 여러분! 이 말씀대로 선교에 최선을 다하여 잃어버린 양을 찾아 때를 얻든지 못 얻든지 전도하시길 바랍니다. 그래서 주님의 지상명령인 선교로서 승리하시길 예수님의 이름으로 축원합니다.

예화)

지난 월요일부터 나흘간 선교주간을 맞이하여 미국 순복음 하나님의 성

can shut, and what God shuts no one can open."The Bible implies that the descendants of Abraham—the Koreans—will be used by God in the end time. Jesus commanded:

Acts 1:8 But you will receive power when the Holy Spirit comes on you; and you will be my witnesses in Jerusalem, and in all Judea and Samaria, and to the ends of the earth."

Matthew 28:18-20 [18] Then Jesus came to them and said, "All authority in heaven and on earth has been given to me. [19] Therefore go and make disciples of all nations, baptizing them in the name of the Father and of the Son and of the Holy Spirit, [20] and teaching them to obey everything I have commanded you. And surely I am with you always, to the very end of the age."

Mark 16:15 He said to them, "Go into all the world and preach the good news to all creation.

Beloved! Let us try our best in mission, trying to save lost souls in season and out of season.

May God bless you to prevail in your mission, which is the command of Jesus!

Example)

There was a joint mission conference of the Assemblies of God America and the Full Gospel North California General Assembly at Sacramento for four days which began last Monday. A few missionaries of the Assemblies of God among those who had been sent to 175 countries gave testimonies to raise fund for mission. On the first day of the conference a missionary from Africa played a video, which showed the tragic reality of Africa. We could not help but weeping to see thousands of people, who were dying of Ebola virus and over 100,000 children, dying of starvation in the video.

회와 순복음 북미총회가 연합하여 세크라멘토에서 선교대회를 열었습니다. 미국 순복음 하나님의 성회에서 175개국에 파송한 선교사님들 중 몇 분의 선교사님들이 간증부흥회를 하며 선교를 위한 모금을 하였습니다. 첫날에는 아프리카 선교사님이 간증을 하며 실상을 동영상으로 보여 주었습니다. 에볼라 바이러스로 죽어가는 수천 명의 사람들과 먹을 것이 없어서 10만명 이상의 어린아이들이 죽어가는 심각한 상황을 보여줄 때 우리 모두가 눈물로 기도했습니다.

둘째 날 인도에서 50년간 사역한 82세 된 훌다 번탄 선교사님은 켈커타 빈민들의 처참한 모습을 동영상으로 보여주며 간증하였습니다. 훌다 선교사님은 일생 동안 인도의 빈민들을 위한 선교사역으로 몸이 너무 쇠약해진 상태였습니다.

그 다음에 이어서 총회장 제임스 브래디 목사님이 저와 아내를 강단으로 나오게 하여 소개를 하고, 우리 교회의 노숙자 사역을 동영상으로 제작하여 상영하였습니다. 노숙자 사역의 동영상을 본 모두는 기립 박수로 격려를 해주었습니다. 크리스천 노숙자 쉘터를 세울 수 있도록 기도해 주었습니다. 또한 저에게 미 순복음 하나님의 성회 목사로서 사역 39주년 기념 감사패와 특별히 제작한 성경책을 주었습니다. 동판으로 만든 39주년 사역기념 감사패에는 100년 전 토피카에서 일어난 성령운동으로 시작된 미 순복음 하나님의 성회교단의 역사가 그려져 있습니다. 저는 밤새껏 영어로 간증할 원고를 외우느라 목이 몹시 쉰 상태였습니다. 그렇게 긴 영어원고를 외우는 것은 처음이었습니다.

이어서 저는 마가복음 16장 17-18절과 사도행전 4장 30절의 말씀대로

On the second day, Huldah Vuntan, 82 years old who had been serving as a missionary in India for 50 years, played a video of miserable poverty-stricken people in Calcutta, India. She looked weary out of her life-time ministry for the poor in India. And then Rev. James Brady introduced my wife and me to the audience, and played a video of homeless ministry of the FGSJ Church. Those who were present at the conference encouraged us by giving a standing ovation. And they prayed for my vision of establishing a Christian homeless shelter in San Jose. They also presented me with an appreciation plaque, celebrating the 39th anniversary of my ministry, and a special custom-made copy of Bible. In the plaque was written the history of the Assemblies of God which was originated from the Holy Spirit movement in Topeka 100 years ago.

Then I delivered an address and my testimony, which I tried to memorize in English all night (I had never tried memorizing such a long English manuscript before). By that time, I had a hoarse throat from trying to memorize my testimony over night. And then I prayed for healing based on the word of God:

Mark 16:17-18 [17] And these signs will accompany those who believe: In my name they will drive out demons; they will speak in new tongues; [18] they will pick up snakes with their hands; and when they drink deadly poison, it will not hurt them at all; they will place their hands on sick people, and they will get well."

Acts 4:30 Stretch out your hand to heal and perform miraculous signs and wonders through the name of your holy servant Jesus."

Those who received healing prayer at the conference are as follows:

Mrs. Huddleston for her diabetes and for Mrs. Brady; Rev. Annas, who had become weary out of overwork and fasting prayers in her

신유기도를 했습니다. 먼저 허들스톤 사모님의 당뇨병이 낫도록 안수기도를 하였고, 브래디 사모님을 위해서도 기도하였습니다. 목회에 너무 과로하고 금식기도를 하여 몸이 너무 쇠약해진 샌프란시스코에서 오신 안나스 목사님, 우측 다리에 기브스를 하고 온 헨리 집사님, 중풍으로 지팡이를 짚고 온 케피탈교회의 폴 레몬, 과로로 몸이 아픈 허벌라이트교회의 데비드 클레어 목사님, 몰몬교에서 개종하여 주님을 영접한 트러스, 간증을 한 인도의 홀다 선교사님을 위해 기도해 주었습니다. 그리고 수화로 설교를 듣고 있는 30여명의 언어장애자들을 위해 마가복음 9장 25절 "벙어리 되고 귀먹은 귀신아 내가 네게 명하노니 그 아이에게서 나오고 다시 들어가지 말라"고 명령하며 기도하였습니다. 그리고 여러 환자들을 위해서 기도하였습니다. 예수님의 능력으로 다 입으로 시인하여 나을 줄로 믿습니다.

어제는 벧엘교회에서 쉘터에서 봉사하는 목사님들, 지방회 목사님들, 동문회 목사님들과 함께 엄청난 지진으로 6,000명 이상이 사망한 네팔과, 인종문제로 폭동이 일어난 볼티모어에서 42군데의 한국인 가게가 방화되고 약탈당했는데 이를 멈추게 해달라고 기도하였습니다.

오후에는 우리 교회에 와서 함께 기도하였습니다. 고신원 목사님 남편인 엔델 장로님이 2차 수술을 받았는 데 회복을 위해 기도하였습니다. 중국인 쥬 목사님이 우울증에 걸린 청년교인인 첸친을 데리고 와서 기도를 하였습니다. 최남규 선교사님 부부는 선교지에서 고생하여 다리에 관절염이 걸려 거동이 불편해서 기도를 하였습니다. 저는 장시간 운전으로 과로하여 눈이 충혈되고 왼쪽 귀가 아파서 기도를 부탁했습니다. 우리 목사님 일행들이 마가복음 16장 17-18절과 사도행전 4장 30절의 말씀대로 기도하여 모두

ministry at San Francisco; Deacon Henry with a cast in his right leg; Paul Lemon from the Capital Church, suffering from a stroke, came to the conference in his cane; Rev. David Clair from Herballight Church who became ill through overwork; Truss, who converted to Christianity from the Mormon; Huldah from India who gave a testimony at the conference. And for the 30 people with speech disorder who had been relying on sign language to listen to the sermon, I prayed based on Mark 9:25 b.

I believe that those who received healing prayer at the conference will be healed when they confess their healing through their mouths.

Mark 9:25b "You deaf and mute spirit," he said, "I command you, come out of him and never enter him again."

Yesterday I prayed with the pastors from my prayer group at the Bethel Church for Nepal where 6,000 people were killed from the recent horrible earthquake and for Baltimore, where 42 Korean stores were robbed and burnt with violent riots, which were caused from racial discrimination.

And then in the afternoon some of us who prayed at the Bethel Church came to the FGSJ Church to pray for healing. We especially prayed for elder Endel, the husband of Rev. Go Shin-won, for recovery from his second time surgery; Chenchin, a young adult suffering from depression, who came to pray with Rev. Jew; Choi Nam-gyu and his wife suffering from arthritis in their legs through their hard mission work; for myself with inflamed eyes and pain in my left ears through long hours of driving. I believe that God may heal all those who received healing prayers.

Mark 16:17-18 [17] And these signs will accompany those who believe: In my name they will drive out demons; they will speak in new tongues; [18] they will pick up snakes with their hands; and

깨끗이 나은 줄로 믿습니다.

1. 선교는 주님의 최후의 명령이기 때문에 최선을 다하여 선교를 해야 합니다.

지금은 마지막 때이기 때문에 선교에 최선을 다 해야 합니다. 선교를 우선적으로 해야 합니다. 오늘 본문말씀 이사야 45장 22-23절 "[22]땅의 모든 끝이여 내게로 돌이켜 구원을 받으라 나는 하나님이라 다른 이가 없느니라 [23] 내가 나를 두고 맹세하기를 내 입에서 공의로운 말이 나갔은즉 돌아오지 아니하나니 내게 모든 무릎이 꿇겠고 모든 혀가 맹세하리라"고 했습니다.

북방으로는 북극과 알래스카, 남방으로는 중국과 몽골와 아마존과 400여 미전도 종족까지, 그리고 남극까지 우리는 잃어버린 양을 찾아 선교해야 합니다. 선교는 해도 좋고 안 해도 좋은 것이 아닙니다. 주님의 마지막 유언과 같은 말씀입니다. 사도행전 1장 9절 "이 말씀을 마치시고 그들이 보는데 올려져 가시니 구름이 그를 가리어 보이지 않게 하더라"고 했습니다. 선교는 예수님이 최후에 하신 말씀입니다. 그러므로 선교에 최선을 다하는 교회는 우리 교회처럼 끝까지 지켜주십니다. 선교를 하지 않는 교회는 크든 작든 문을 닫아야 합니다. 주님의 지상명령을 받아서 선교를 해야 하나님의 뜻을 이루는 것입니다. 우리는 선교를 할 때는 발로써 직접 가서 선교를 하거나, 무릎으로 기도해서 선교를 후원해야 하고, 헌금을 드려서 선교에 동참해야 합니다.

그래서 선교할 때는 큰 권능을 가지고 뒤로 물러서지 말고 기어코 최선을 다해야 합니다. 때를 얻든지 못 얻든지 예수님의 이름으로 잃은 양을 찾아

when they drink deadly poison, it will not hurt them at all; they will place their hands on sick people, and they will get well."

Acts 4:30 Stretch out your hand to heal and perform miraculous signs and wonders through the name of your holy servant Jesus."

Subject 1. We should devote ourselves to mission as it is the last command of Jesus.

In the end time mission should be our top priority.

Isaiah 45:22-23 [22] "Turn to me and be saved, all you ends of the earth; for I am God, and there is no other. [23] By myself I have sworn, my mouth has uttered in all integrity a word that will not be revoked: Before me every knee will bow; by me every tongue will swear.

We should reach out to the 400 unreached people—the lost soul—from the Arctic, Alaska in the north to China, Mongolia, Amazon, and the South Pole in the south. The mission is not an option but a must as it was the will of Jesus before his ascension.

Acts 1:9 After he said this, he was taken up before their very eyes, and a cloud hid him from their sight.

Therefore, God protects a church, which tries its best in mission. God has been faithful in protecting the FGSJ Church until now. A church, whether big or small, which neglects mission cannot stand as a church. We will fulfill God's will through doing mission. Mission includes going to the natives in person or praying on our knees or through offering.

가시길 바랍니다.

예화)

이번에 인도에서 오신 홀다 선교사님은 평생을 인도 켈커타에서 빈민선교에 최선을 다한 분입니다. 마더 테레사와 함께 빈민들을 위해 선교를 하신 분입니다. 처음에는 아무것도 몰라서 1년만 하기로 했는데, 성령님에게 붙들려 인도 빈민굴에서 음식이 없어 죽어가는 어린이들과 임신하여 만삭인데 영양실조가 되어 얼굴이 하얗게 변해 죽어가는 임산부들을 두고 돌아갈 수가 없었다고 했습니다. 선교사님 자신도 몸이 지쳐 있을 때 비몽사몽간에 예수님이 오셔서 마태복음 28장 20절 하반절 "볼지어다 내가 세상 끝날까지 너희와 항상 함께 있으리라"는 말씀을 주셨다고 했습니다. 그 후 1년씩 1년씩 연장하여 50년을 하루같이 지내며 선교에 최선을 다했다고 했습니다.

그 때 하나님이 도우셔서 미국 순복음 하나님의 성회로부터 선교 후원이 열려서 교회와 병원을 지었다고 했습니다. 특히 기적이 일어난 것은 그 당시 건축하기 위해 값이 싼 땅을 구입하였는데, 그곳이 늪지대여서 우기에는 물이 계속 차서 건축하기가 거의 불가능했습니다. 그런데 하나님께 기도할 때 '성경책을 줄로 달아내리라'는 음성을 듣고서, 실제로 성경책을 줄에 묶어 내렸는 데 성경책이 땅에 닿자 급속히 물이 빠지며 땅이 굳어졌다고 했습니다. 그래서 그곳에 교회와 어린이를 위한 학교를 지을 수가 있었다고 했습니다.

이러한 성경책의 기적을 동영상으로 보여 주었습니다. 제임스 브래디 목

I pray that the saints of the church would not shrink back in our mission but try to search lost souls in season and out of season through the power of the Holy Spirit.

Example)

Huldah spent her whole life in serving the poor in Calcutta, India together with Mother Teresa. She wanted to stay there for about a year without knowing that she would spend the rest of her life. But when she saw the dying children and women heavy with child whose face turned pale from malnutrition in that slum, she could not go back to her country. When she was exhausted taking care of the people in the slum one day, Jesus appeared in a vision and said to her: **"Surely I am with you always, to the very end of the age." (Matthew 28:20b)** Ever since that experience, she ended up staying in Calcutta for 50 years in order to devote her life to the mission for the poor, having extended her stay year by year.

Furthermore, she was able to build church and a hospital through fund, raised from the Assemblies of God American church. When the buildings were under construction, they had to stop construction during rainy season because the land, which they had bought at a low price was swamp. So she prayed, and listened to a voice which said to her, "Tie the Bible with a rope and lower it to the earth." When she did as she was told, the land turned hard enough to start constructing the buildings as soon as the Bible touched it.

She played for us the video of miracle of the Bible at the conference. So it was the inspiration from Huldah's testimony that Rev. James Brady and Rev. Huddleston prepared a custom-made Bible on the leather cover of which my name was inscribed and presented it to me. And they encouraged me to keep devoting to my

사님과 허들스톤 목사님은 이 간증에서 영감을 얻어 저에게 성경책의 가죽 표지에 제 이름을 새겨 넣어 제본하여 만들어 기념으로 주었습니다. 그리고 노숙자 선교회에 더 최선을 다할 것을 당부하였습니다.

훌다 선교사님에게 주신 마태복음 28장 20절 말씀대로 하나님께서 우리 성도들에게도 세상 끝 날까지 함께 계시고, 우리의 기도도 응답하신 우리 주님은 크리스천 노숙자 쉘터도 주실 줄로 믿습니다.

2. 우리는 선교지를 위하여 더 기도하고 중보기도를 해야 합니다.

데살로니가전서 5장 25절 "형제들아 우리를 위하여 기도하라"고 했습니다. 바울 사도는 선교지를 위해서 우리에게 적극적으로 기도를 부탁했습니다. 골로새서 4장 3절 "또한 우리를 위하여 기도하되 하나님이 전도할 문을 우리에게 열어 주사 그리스도의 비밀을 말하게 하시기를 구하라 내가 이 일 때문에 매임을 당하였노라"고 했습니다. 기도를 해야 선교를 할 수가 있고, 기도만이 선교를 성공시킬 수가 있습니다.

오늘 말씀의 끝으로 선교를 위한 말씀 두 구절을 읽겠습니다. 사도행전 1장 8절 "오직 성령이 너희에게 임하시면 너희가 권능을 받고 예루살렘과 온 유대와 사마리아와 땅 끝까지 이르러 내 증인이 되리라"고 했습니다. 마가복음 16장 15절 "너희는 온 천하에 다니며 만민에게 복음을 전파하라"고 했습니다.

사랑하는 성도 여러분! 오늘 선교주일을 맞이하여 성령님의 인도하심으로 더 기도하고, 계속 중보기도 하여 선교에 최선을 다하시기를 예수님의 이름으로 축원합니다.

homeless ministry.

As Matthew 28:20 given to Huldah says, may God be with the saints of the FGSJ Church to the end of the world and may God enable us to build a Christian homeless shelter in San Jose.

Subject 2. Let us pray more for our mission fields.

1 Thessalonians 5:25 Brothers, pray for us.

Apostle Paul asked the saints of the church to pray aggressively for mission fields. It is only through prayers that we are empowered to be successful in mission.

Colossians 4:3 And pray for us, too, that God may open a door for our message, so that we may proclaim the mystery of Christ, for which I am in chains.

Here are a couple of the word of God that will empower us to do mission work:

Acts 1:8 But you will receive power when the Holy Spirit comes on you; and you will be my witnesses in Jerusalem, and in all Judea and Samaria, and to the ends of the earth."

Mark 16:15 He said to them, "Go into all the world and preach the good news to all creation.

Beloved!

I hope and pray during this mission week that you may keep on praying for and try your best in mission through the power of the Holy Spirit!

17
믿음으로 협력하여 치료를 받자

전도서 4장 9-12절 "[9] 두 사람이 한 사람보다 나음은 그들이 수고함으로 좋은 상을 얻을 것임이라 [10] 혹시 그들이 넘어지면 하나가 그 동무를 붙들어 일으키려니와 홀로 있어 넘어지고 붙들어 일으킬 자가 없는 자에게는 화가 있으리라 [11] 또 두 사람이 함께 누우면 따뜻하거니와 한 사람이면 어찌 따뜻하랴 [12] 한 사람이면 패하겠거니와 두 사람이면 맞설 수 있나니 세 겹 줄은 쉽게 끊어지지 아니하느니라"

마가복음 2장 9-12절 "[9] 중풍병자에게 네 죄 사함을 받았느니라 하는 말과 일어나 네 상을 가지고 걸어가라 하는 말 중에서 어느 것이 쉽겠느냐 [10] 그러나 인자가 땅에서 죄를 사하는 권세가 있는 줄을 너희로 알게 하려 하노라 하시고 중풍병자에게 말씀하시되 [11] 내가 네게 이르노니 일어나 네 상을 가지고 집으로 가라 하시니 [12] 그가 일어나 곧 상을 가지고 모든 사람 앞에서 나가거늘 그들이 다 놀라 하나님께 영광을 돌리며 이르되 우리가 이런 일을 도무지 보지 못하였다 하더라"

미국은 50개주가 서로 뭉치고 협력하여 거대한 나라가 되었습니다. 우리 교회도 우리 성도들과 미국 형제 자매들이 서로 협력하고 단결하면 놀라운

17

Let us be healed collaborating in faith

Ecclesiastics 4:9-12 [9] Two are better than one, because they have a good return for their work: [10] If one falls down, his friend can help him up. But pity the man who falls and has no one to help him up! [11] Also, if two lie down together, they will keep warm. But how can one keep warm alone? [12] Though one may be overpowered, two can defend themselves. A cord of three strands is not quickly broken.

Mark 2:9-12 [9] Which is easier: to say to the paralytic, 'Your sins are forgiven,' or to say, 'Get up, take your mat and walk'? [10] But that you may know that the Son of Man has authority on earth to forgive sins...." He said to the paralytic, [11] "I tell you, get up, take your mat and go home." [12] He got up, took his mat and walked out in full view of them all. This amazed everyone and they praised God, saying, "We have never seen anything like this!"

The United States of America is a federal republic consisting of fifty states. (https://en.wikipedia.org/wiki/List_of_states_and_territories_of_the_United_States)

It became a great country through collaboration of those fifty states. The collaboration of the congregations of the FGSJ Church and American brothers and sisters brings miracle. If we cry out

기적이 일어납니다. 오늘 성경본문 전도서 4장 12절 "한 사람이면 패하겠거니와 두 사람이면 맞설 수 있나니 세 겹 줄은 쉽게 끊어지지 아니하느니라"고 했습니다. 이 말씀대로 우리가 어떤 병에 걸렸을지라도 함께 모여서 부르짖으며 기도할 때 예수님의 능력으로 다 고침을 받습니다.

본문말씀 마가복음 2장에 보면, 네 명의 청년들이 서로 협력하여, 전신마비가 되어 움직일 수 없는 중풍병자를 들것에 메고 가버나움에 있는 예수님을 찾아갔습니다. 사람들이 너무 많아 도저히 예수님을 만날 수가 없었습니다. 그 네 청년들은 오직 중풍병자를 살리겠다는 믿음으로 급기야는 지붕위로 올라가서 지붕을 뚫고 들것에 줄을 연결하여 중풍병자를 예수님의 발 앞에 내려놓았습니다. 예수님은 그들의 협력하는 믿음을 보시고 병자의 죄를 사해 주셨습니다. 마가복음 2장 5절 "예수께서 그들의 믿음을 보시고 중풍병자에게 이르시되 작은 자야 네 죄 사함을 받았느니라"고 했습니다. 그리고 병을 깨끗이 고쳐 주셨습니다. 우리 예수님은 어떤 상황에서도 병든 사람들을 고쳐 주셨습니다. 우리를 창조하신 전능하신 하나님의 아들이기 때문입니다. 예수님은 영혼의 병과 육신의 병과 현대의학으로도 고칠 수 없는 암도 다 고쳐 주십니다.

지난 목요일에는 6.25전쟁에 참전하여 전사한 용사들의 유족들의 기도모임에 가서 말씀을 증거했습니다. 설교 후에 참전용사였던 치매치료를 받는 정두원 할아버지와 암 수술을 받은 고영진 할아버지가 휠체어를 타고 왔는데 기도를 해주었습니다. 그리고 두 시간 후 그 자리에서 매달 모이는 암환우회 모임이 있었는데 60여명이 모였습니다. 기도회를 주관하는 후배인 이진용 목사님의 요청으로 저는 설교를 하고, 통성기도 후에 신유기도를

in unison when we suffer from weaknesses and illness, we will be healed.

Ecclesiastics 4:12 Though one may be overpowered, two can defend themselves. A cord of three strands is not quickly broken.

The four men in Mark 2 collaborated in carrying a paralytic in a mat to Jesus in Capernaum. However, knowing that they could not get him to Jesus because of the crowd, they made an opening in the roof above Jesus and, after digging through it, lowered the mat the paralyzed man was lying on. Seeing their faith, Jesus forgave the sin of the paralytic and he was completely healed.

Mark 2:5 When Jesus saw their faith, he said to the paralytic, "Son, your sins are forgiven." And Jesus healed the paralytic clearly.

Jesus heals anyone in any circumstance because he is the Son of almighty God, who created us. Jesus heals both spiritual and physical diseases, even cancers which are incurable by any modern medicine.

I went to speak at a prayer meeting of the Korean War veteran's family last Thursday. I prayed for healing of Jung Doo-won, a veteran, suffering from dementia, and Go Young-jin in his wheel chair, having received a cancer surgery. And two hours after the prayer meeting at the same place, I delivered the word of God for about 60 cancer patients including two doctors. I was asked to speak at the meeting by Rev. Lee Jin-yong, the chair of the meeting. Rev. Lee also asked me to pray for healing for those who were present at the meeting. I was shocked to hear from the two doctors that the number of cancer patients have been increasing: from 1 out of 20 fatal patients ten years before to 5 fatal patients out of 1 now, and 4 out of 1 in Korea. But they said in confidence that cancer

했습니다. 암환자들 중에 두 명의 의사가 있었는데, 저는 이들의 말을 듣고 놀랐습니다. 10여년 전 만해도 중환자 20명중에 1명 정도가 암환자였는데, 지금은 중환자 5명 중에 1명이 암환자라고 합니다. 한국은 4명 중에 1명이라고 합니다. 그러나 암은 사람을 죽일 수는 없다고 확신하며 말했습니다.

저는 마태복음 8장을 읽어 주었습니다. 그리고 사도행전 4장 30절과 마가복음 16장 17-18절 말씀대로 예수님의 능력으로 모두 낫도록 통성기도를 하며 안수기도를 했습니다. 60여명의 암환우들이 예수님을 영접하고 성령충만하면 암병은 물러갈 줄로 믿고, 이미 예수님의 십자가의 보혈로 씻음받았음을 확신하는 기도를 하였습니다. 우리 예수님이 십자가상에서 모든 저주와 병을 다 물리치셨습니다. 저도 심장병으로 거의 죽다가 예수님의 능력으로 살아났기 때문에 확신합니다. 오직 성령님의 인도하심으로 고침을 받는 것입니다.

마태복음 4장에 보면, 예수님께서 온 갈릴리를 다니시며 천국복음을 전파하시고 모든 병과모든 약한 것을 다 고쳐주셨다고 하셨습니다. 마태복음 4장 23-25절 "[23] 예수께서 온 갈릴리에 두루 다니사 그들의 회당에서 가르치시며 천국 복음을 전파하시며 백성 중의 모든 병과 모든 약한 것을 고치시니 [24] 그의 소문이 온 수리아에 퍼진지라 사람들이 모든 앓는 자 곧 각종 병에 걸려서 고통 당하는 자, 귀신 들린 자, 간질하는 자, 중풍병자들을 데려오니 그들을 고치시더라 [25] 갈릴리와 데가볼리와 예루살렘과 유대와 요단강 건너편에서 수많은 무리가 따르니라"고 했습니다.

마태복음 8장에 보면, 예수님은 산에서 온밤을 지새우며 기도하신 후에 내려오실 때 한 나병환자가 다가와 고쳐달라고 했습니다. 당시에는 나병

cannot kill human beings. So they all prayed out loud while I was praying for them placing my hands on their head. I read Matthew 8 for them and prayed for their healing based on the word of God:

Acts 4:30 Stretch out your hand to heal and perform miraculous signs and wonders through the name of your holy servant Jesus."

Mark 16:17-18 [17] And these signs will accompany those who believe: In my name they will drive out demons; they will speak in new tongues; [18] they will pick up snakes with their hands; and when they drink deadly poison, it will not hurt them at all; they will place their hands on sick people, and they will get well."

I declared healing for those who had received healing prayer; I recommended them to receive Jesus as their savior and be cleaned by His blood in order to be healed through the power of the Holy Spirit. It is based on my own experience of miraculous healing that I believe in Jesus, who heals all kinds of curses and diseases through the power of the Holy Spirit.

Jesus in Matthew 4 is described as healer and preacher of the Gospel, going throughout Galilee:

Matthew 4:23-25 [23] Jesus went throughout Galilee, teaching in their synagogues, preaching the good news of the kingdom, and healing every disease and sickness among the people. [24] News about him spread all over Syria, and people brought to him all who were ill with various diseases, those suffering severe pain, the demon-possessed, those having seizures, and the paralyzed, and he healed them. [25] Large crowds from Galilee, the Decapolis, Jerusalem, Judea and the region across the Jordan followed him.

환자를 만지면 부정하다고 하여 10미터이상 못 오게 했습니다. 그러나 예수님은 반가이 만나시고 손을 내밀어 대시며 고쳐 주셨습니다. 그리고 나았음을 확증하라고 했습니다. 마태복음 8장 3-4절 "[3] 예수께서 손을 내밀어 그에게 대시며 이르시되 내가 원하노니 깨끗함을 받으라 하시니 즉시 그의 나병이 깨끗하여진지라 [4] 예수께서 이르시되 삼가 아무에게도 이르지 말고 다만 가서 제사장에게 네 몸을 보이고 모세가 명한 예물을 드려 그들에게 입증하라 하시니라"고 했습니다.

그 후 로마의 백부장이 찾아와 자기 하인의 중풍병을 고쳐달라고 예수님께 간구했습니다. 예수님이 친히 가시려고 할 때, 백부장은 말씀만 하시면 병을 고칠 수 있다고 하며 확신할 때에 하인의 병이 즉시로 나았습니다 (마 8:5-8). 그리고 예수님은 베드로의 장모님이 열병에 걸린 것을 보시고 손을 만지실 때 열병이 즉시로 나았습니다 (마 8:14-15). 이렇게 예수님은 많은 불치병을 고쳤습니다. 마태복음 8장 16절 "저물매 사람들이 귀신 들린 자를 많이 데리고 예수께 오거늘 예수께서 말씀으로 귀신들을 쫓아 내시고 병든 자들을 다 고치시니"라고 했습니다.

이와 같이 우리 예수님은 공생애 2/3를 영혼구원을 위하여 병을 고치시는데 최선을 다하신 것입니다. 구약의 선지자 이사야는 예수님이 오시기 600여년 전에 예언을 하였습니다. 마태복음 8장 17절 "이는 선지자 이사야를 통하여 하신 말씀에 우리의 연약한 것을 친히 담당하시고 병을 짊어지셨도다 함을 이루려 하심이더라"고 했습니다. 이사야 53장 5절 "그가 찔림은 우리의 허물 때문이요 그가 상함은 우리의 죄악 때문이라 그가 징계를 받으므로 우리는 평화를 누리고 그가 채찍에 맞으므로 우리는 나음을 받았도다"

In Matthew 8 Jesus who came down from a mountainside after praying all night encountered a leprous, who pleaded to be healed. Withal the social custom of those days to avoid the leprous as being unclean, Jesus reached out his hand to touch him and the leprous was healed. Then Jesus told the man cured of his leprosy to give his testimony of healing to the priest.

Matthew 8:3-4 [3] Jesus reached out his hand and touched the man. "I am willing,"he said. "Be clean!"Immediately he was cured of his leprosy. [4] Then Jesus said to him, "See that you don't tell anyone. But go, show yourself to the priest and offer the gift Moses commanded, as a testimony to them."

Afterwards, Jesus heals the servant of a Roman centurion, who came to beg him to heal his servant with a stroke only through his word instead of visiting his servant in person.

Matthew 8:8 The centurion replied, "Lord, I do not deserve to have you come under my roof. But just say the word, and my servant will be healed.

Jesus also heals the mother-in-law of Peter who suffers from fever by touching her hand.

Matthew 8:15 He touched her hand and the fever left her, and she got up and began to wait on him.

In this way, Jesus heals numerous incurable diseases.

Matthew 8:16 When evening came, many who were demon-possessed were brought to him, and he drove out the spirits with a word and healed all the sick.

Healing takes up the two third of the ministry of Jesus. Isaiah, a prophet in the Old Testament, prophesied 600 years before Jesus:

Matthew 8:17 This was to fulfill what was spoken through the prophet Isaiah: "He took up our infirmities and carried our

라고 했습니다.

예수님은 승천하시기 전에 더 강하게 말씀하셨습니다. 마가복음 16장 17-18절 "[17] 믿는 자들에게는 이런 표적이 따르리니 곧 그들이 내 이름으로 귀신을 쫓아내며 새 방언을 말하며 [18] 뱀을 집어올리며 무슨 독을 마실지라도 해를 받지 아니하며 병든 사람에게 손을 얹은즉 나으리라"고 했습니다. 이 말씀대로 제자들은 사도행전 4장 30절 "손을 내밀어 병을 낫게 하시옵고 표적과 기사가 거룩한 종 예수의 이름으로 이루어지게 하옵소서"라고 했습니다.

사랑하는 성도 여러분! 오늘 예배를 통하여 예수님이 명령하신 대로 영혼 구원을 위하여 병을 고쳐야 합니다. 자기 몸이나, 가족들이나, 다른 사람들이 아픈 것을 보면 그냥 지나치지 마시길 바랍니다. 병 고치는 성경말씀을 읽고 기도하여 성령님의 능력으로 다 나았다는 확신을 가지시고 고침 받으시기를 바랍니다.

예화)

우리 성도들과 목사님 일행들이 기도했던 세크라멘토 선교기도회에서 임했던 성령님의 열기가 계속 임하여 우리들은 더 성령충만해 졌습니다. 감사한 것은, 설교하신 87세의 크랩추리 목사님이 강건해졌다고 합니다. 허들스턴 목사님의 사모님과 아프리카에서 온 쿰바로 목사님이 다 나았다고 했습니다. 제시 목사님은 떨리는 손이 많이 나았다고 했습니다. 우리 목사님들은 어제나 오늘이나 영원토록 변함없는 예수님의 신유의 능력이 임함을 느꼈습니다. 저는 신장투석 중인 미정 자매를 고쳐달라고 주야로 간구하는

diseases."

Isaiah 53:5 But he was pierced for our transgressions, he was crushed for our I niquities; the punishment that brought us peace was upon him, and by his wounds we are healed.

Jesus before his ascension declared:
Mark 16:17-18 [17] And these signs will accompany those who believe: In my name they will drive out demons; they will speak in new tongues; [18] they will pick up snakes with their hands; and when they drink deadly poison, it will not hurt them at all; they will place their hands on sick people, and they will get well."

Acts 4:30 Stretch out your hand to heal and perform miraculous signs and wonders through the name of your holy servant Jesus."

Beloved! Through communion today, I hope that you try your best in healing for salvation of soul. Let us not neglect those who are sick whether he/she is yourself or your family or someone that you don't know. And then have confidence in healing through reading the word of healing and praying.

Example)

The power of the Holy Spirit by prayers of the saints and pastors at the mission conference in Sacramento last week has never ceased empowering us so far. I received good news of healing of those who had received healing prayer at the conference: Rev. Crabtree, 87 years old, has become stronger; the wife of Rev. Huddleston and Rev. Kumbaro from Africa have been healed; Rev Jessi, whose symptom of shaking hands has improved; Mijeong, in her kidney dialysis, for whom I have been praying day and night, has started eating well.

데, 이제 음식을 잘 먹고 많이 좋아졌다고 합니다.

여러분! 끊임없는 기도만이 나도 살고 국가도 구출할 수가 있습니다. 우리 조국은 마치 암에 걸린 것처럼, 편파 언론과 강성 노조와 전교조와 종북세력으로 사회주의 병에 걸려 있다고 합니다. 모든 크리스천들이 대각성 회개운동을 해서 성령님의 능력이 임해야 합니다. "예루살렘아 예루살렘아"하며 우시며 기도하셨던 예수님을 본받아 우리가 기도할 때 정사잡은 자들과 권세잡은 자들과 세상의 군왕을 통치하는 하나님이 우리 조국을 보호하시고 지켜주실 줄로 믿습니다.

저는 한국의 여러 교회에서 6.25전쟁에 대한 간증설교를 요청 받았습니다. 제가 어릴 때 경험한 6.25전쟁은 매우 처절한 상황의 비극이요, 붉은 용 공산당이 저지른 참혹한 전쟁이었습니다. 지금 국난 중인 우리나라에 경각심을 불러 일으키기 위해 이러한 전쟁에 대한 간증설교가 필요하다고 했습니다. 그리고 몽골 울란바토르교회와 산지족교회, 일본 후쿠시마교회와 쿠로이소교회의 부흥성회를 위해 더욱 기도를 했습니다. 부흥성회는 영적전쟁입니다. 그래서 성령님의 인도하심으로 산타크루즈 헬몬산 기도원에 가서 온 밤을 새워 기도했습니다.

새벽 무렵에 마음에 평안이 오고 성경말씀을 통하여 기도의 응답이 마음으로부터 왔습니다.

사도행전 1장 8절 "오직 성령이 너희에게 임하시면 너희가 권능을 받고 예루살렘과 온 유대와 사마리아와 땅 끝까지 이르러 내 증인이 되리라"고 했습니다. 마가복음 16장 15절 "너희는 온 천하에 다니며 만민에게 복음을 전파하라"고 했습니다. 사도행전 5장 20절 "가서 성전에 서서 이 생명의 말씀

Constant prayer without shrinking back is the only way to life not only for ourselves but also for our country. It seems that Korean societies have been divided over ideology of some biased media, belligerent labor union, and pro-north Korean forces as if it suffers from cancer. Thus the Christian in Korea should start a spiritual awakening movement through prayer and repentance. As Jesus prayed crying out "Jerusalem, Jerusalem,"we should pray so that God protects Korea from authorities and powers of the world.

I used to be invited by many Korean churches to give testimonial sermon about the Korea War. The Korean War was extremely horrendous tragedy to my experience which was initiated by the North Korean communist. Koreans in their national crisis may need to listen to such testimonial sermon to have better knowledge of North Korean communist.

I will speak at revivals in the church of Ulaanbaatar and of Mountain tribes in Mongolia, and of Hukushima and Kuroiso in Japan. A revival is a spiritual warfare. So I have been praying at the Mount Hermon prayer center to be filled with the Holy Spirit for the revivals.

I finally received peace at dawn when I was moved by the word of God as answer for my prayer.
Acts 1:8 But you will receive power when the Holy Spirit comes on you; and you will be my witnesses in Jerusalem, and in all Judea and Samaria, and to the ends of the earth."

Mark 16:15 "Go into all the world and preach the good news to all creation.

Acts 5:20 "Go, stand in the temple courts,"he said, "and tell the people the full message of this new life."

을 다 백성에게 말하라"고 했습니다. 그리고 우리가 세운 용산 노숙자 쉘터와 서울역 노숙자 급식소, 파고다 공원에서 노숙자 급식봉사하는 팀들이 구성된 것을 하나님께 감사하고 영광 돌렸습니다.

1. 무엇이든지 믿음을 가지고 협력하고 기도하면 기적이 일어납니다.

전도서 4장 9절 "두 사람이 한 사람보다 나음은 그들이 수고함으로 좋은 상을 얻을 것임이라"고 했습니다. 마가복음 9장 23절 "예수께서 이르시되 할 수 있거든이 무슨 말이냐 믿는 자에게는 능히 하지 못할 일이 없느니라"고 했습니다. 하나님 나라는 능력에 있습니다. 빌립보서 4장 13절 "내게 능력 주시는 자 안에서 내가 모든 것을 할 수 있느니라"고 했습니다. 히브리서 10장 38절 "나의 의인은 믿음으로 말미암아 살리라 또한 뒤로 물러가면 내 마음이 그를 기뻐하지 아니하리라 하셨느니라"고 했습니다. 히브리서 10장 39절 "우리는 뒤로 물러가 멸망할 자가 아니요 오직 영혼을 구원함에 이르는 믿음을 가진 자니라"라고 했습니다.

히브리서 11장 1절 "믿음은 바라는 것들의 실상이요 보이지 않는 것들의 증거니'라고 했습니다. 믿음에는 위대한 힘이 있습니다. 마태복음 17장 20절 "이르시되 너희 믿음이 작은 까닭이니라 진실로 너희에게 이르노니 만일 너희에게 믿음이 겨자씨 한 알 만큼만 있어도 이 산을 명하여 여기서 저기로 옮겨지라 하면 옮겨질 것이요 또 너희가 못할 것이 없으리라"고 했습니다.

우리들이 하나님 뜻 안에서 뚜렷한 목표를 정하고, 믿음을 가지고 주님께 결사적으로 매달려 기도하면 우리 하나님은 틀림없이 주님의 영광을 위해서 이루어 주십니다.

I once again gave thanks to God for the teams of volunteer: each of the teams will serve the soup kitchens in Yongsan homeless shelter (which the FGSJ Church established), Seoul Station, and Pagoda Park in Korea.

Subject 1.Collaboration in faith and in prayer leads to miracle.

Ecclesiastics 4:9 Two are better than one, because they have a good return for their work:

Mark 9:23 "'If you can'?"said Jesus. "Everything is possible for him who believes."

Philippians 4:13 I can do everything through him who gives me strength.

Hebrews 10:38 But my righteous one will live by faith. And if he shrinks back, I will not be pleased with him."

Hebrews 10:39 But we are not of those who shrink back and are destroyed, but of those who believe and are saved.

There is great power in faith.
Hebrews 11:1 Now faith is being sure of what we hope for and certain of what we do not see.

Matthew 17:20 He replied, "Because you have so little faith. I tell you the truth, if you have faith as small as a mustard seed, you can say to this mountain, 'Move from here to there'and it will move. Nothing will be impossible for you."

혹은 더디 이루어지고 시간이 걸리는 것도 있지만, 뒤로 물러서지 말고 불퇴진의 기도로 간구하면 기어코 응답을 주십니다. 주님의 십자가를 바라보면서 줄기차게 구하면 언젠가는 틀림없이 이루어 주십니다.

사랑하는 성도 여러분! 오늘 이 시간에 신령과 진정으로 예배를 드려서 더 뭉치고 단결하고, 서로 서로 협력하여 병은 낫고 문제는 해결되고 기적이 일어나길 예수님의 이름으로 축원합니다.

2. 우리 성도들은 믿음으로 뭉치고 단결하고 협력하여 기도해야 합니다.

서로 뭉치고 협력하도록 기도를 해야 합니다. 서로 뭉치고 단결하지 않으면 아무것도 할 수가 없습니다. 서로 사랑하고 우애하고 협력해야 합니다. 서로 존경하고 협력하고 도와야 합니다.

오늘 본문말씀 전도서 4장 12절 "한 사람이면 패하겠거니와 두 사람이면 맞설 수 있나니 세 겹 줄은 쉽게 끊어지지 아니하느니라"고 했습니다. 이 말씀은 서로 단결하고 협력하고 뭉치라는 뜻입니다. 서로 도우라는 뜻입니다. 갈라디아서 6장 2절 "너희가 짐을 서로 지라 그리하여 그리스도의 법을 성취하라"고 했습니다. 백지장도 맞들어야 가볍습니다. 짐을 서로 협력하여 지면 가벼워집니다. 우리는 매사에 교회 일을 돕고 협력해야 합니다. 믿음이 자라도록 한 마음, 한 뜻으로 서로 사랑하고 존경하며 도와야 됩니다.

오늘 말씀의 끝으로 믿음이 자라나고 협력하는 성경말씀 두 구절만 읽어드리겠습니다. 빌립보서 1장 27절 하반절 "너희가 한마음으로 서서 한 뜻

God for the sake of God's glory will surely answers for our prayers when we desperately pray with definite goals and faith which are given from God.

It may take longer than we think, yet we should not shrink back but keep on praying until it is answered, looking upon the cross of Jesus. Beloved! I pray that you may pray in unity through worship in spirit and in truth today so that wonders and miracles abound in your life in the name of Jesus!

Subject 2. I encourage the saints of the church to pray in unity and in faith.

It is a duty of the saints of the church to pray for one another. Without collaboration, nothing can be fulfilled. We as the church need to collaborate in love and respect for one another. The word of God from today's scripture reading (Ecclesiastics 4:12) teaches us to be united and to collaborate in fulfilling God's will.

Ecclesiastics 4:12 Though one may be overpowered, two can defend themselves. A cord of three strands is not quickly broken.

As the saying goes "Many hands make light work,"when we help one another, our burdens can become lighter than when we don't. The faith of the saints grow when they collaborate in the church in love and respect.

Galatians 6:2 Carry each other's burdens, and in this way you will fulfill the law of Christ.

I will conclude with the word of God which will encourage you to grow in faith through collaboration in the church:

Philippians 1:27b you stand firm in one spirit, contending as

으로 복음의 신앙을 위하여 협력하라"고 했습니다. 마가복음 2장 11절 "내가 네게 이르노니 일어나 네 상을 가지고 집으로 가라"고 했습니다.

사랑하는 성도 여러분! 오늘 예배를 통하여 믿음의 능력으로 더 뭉치고 협력하여 영과 육을 다 치료받으시고 주님의 영원한 축복을 받으시기를 예수님의 이름으로 축원합니다.

one man for the faith of the gospel

Mark 2:11 "I tell you, get up, take your mat and go home."

Beloved!

May God bless those who collaborate in faithful prayers to be healed spiritually and physically through the worship today!

18
우리 한국의 추석에도 청교도의 추수감사절처럼 축복을 받자

시편 103편 2-5절 "[2] 내 영혼아 여호와를 송축하며 그의 모든 은택을 잊지 말지어다 [3] 그가 네 모든 죄악을 사하시며 네 모든 병을 고치시며 [4] 네 생명을 파멸에서 속량하시고 인자와 긍휼로 관을 씌우시며 [5] 좋은 것으로 네 소원을 만족하게 하사 네 청춘을 독수리 같이 새롭게 하시는도다"

베드로전서 3장 8-9절 "[8] 마지막으로 말하노니 너희가 다 마음을 같이하여 동정하며 형제를 사랑하며 불쌍히 여기며 겸손하며 [9] 악을 악으로, 욕을 욕으로 갚지 말고 도리어 복을 빌라 이를 위하여 너희가 부르심을 받았으니 이는 복을 이어받게 하려 하심이라"

오늘은 우리 한민족의 최대의 명절인 추석입니다. 천문대의 발표에 의하면, 추석인 오늘 오후 7시 11분에 월식 현상을 볼 수 있으며, 18년만에 가장 크고 이색적으로 보이는 만월이라고 합니다. 그리고 33년만에 오는 개기월식까지 겹쳐서 태양과 지구와 달이 일직선상에서 마주치게 되어 달이 조금씩 어두워진 후에 지구표면에 햇살이 찬란하게 비치면서 이른바 슈퍼

18
Let us have a blessed Chuseok

Psalms 103:2-5 [2] Praise the LORD, O my soul, and forget not all his benefits-- [3] who forgives all your sins and heals all your diseases, [4] who redeems your life from the pit and crowns you with love and compassion, [5] who satisfies your desires with good things so that your youth is renewed like the eagle's.

1 Peter 3:8-9 [8] Finally, all of you, live in harmony with one another; be sympathetic, love as brothers, be compassionate and humble. [9] Do not repay evil with evil or insult with insult, but with blessing, because to this you were called so that you may inherit a blessing.

It is Chuseok today which is the greatest holiday for Koreans. The observatory reports that we will be able to see a lunar eclipse on 7:11 pm today which will show us the largest and unusual full moon in eighteen years. Moreover, it coincides with a total lunar eclipse, first time in 33 years: as the sun, earth and moon are aligned, the moon gradually turns dark, and the surface of the earth reflects sunlight bright from which the moon shall appear to be super blood moon. Some considers it as a sign of the end of the earth.

Chuseok in Korea is similar to Thanksgiving in America. Chuseok this year coincides with the UN General Assembly in

블러드문이 된다고 합니다. 이러한 현상을 지구의 종말이 오는 것으로 보는 학자들도 있습니다.

한국의 추석은 미국의 추수감사절과 유사합니다. 때마침 미국에서는 UN 총회가 열리고 있습니다. 130여개국의 정상들이 모여 총회를 하고 있습니다. 이번에 열리는 UN 총회에서는 인류의 평화와 북핵 문제와 자연재해를 가져오는 대기가스 문제와 IS테러 대응 등이 논의 된다고 합니다.

지구상에는 230여 나라들이 있습니다. 그런데 나라마다 중요한 가치관이 있습니다. 영국은 인맥이요, 프랑스는 아름다움이요, 이스라엘은 의요, 그리스는 진선미요, 로마는 정의요, 네덜란드는 성실이요, 독일은 이성이요, 소련은 평등이요, 인도는 생각이요, 중국은 인내요, 미국은 능력이라고 합니다.

그리고 한국의 가치관은 예의입니다. 그래서 백의민족인 한국은 옛날부터 동방예의지국으로 조상들이 예의범절을 잘 지키고 살았다고 합니다. 우리가 사는 미국에서도 여러 교회들과 단체들이 어제 추석잔치를 베풀어 연로하신 어른들을 모시고 대접을 하였습니다.

이곳 북가주에서도 한인 교회들이 미국의 추수감사절처럼 이웃을 초청하여 잔치를 베풀었다고 합니다.

예수님은 말씀하셨습니다. 누가복음 6장 31절 "남에게 대접을 받고자 하는 대로 너희도 남을 대접하라"고 했습니다. 특히 제 후배인 페어필드 교회의 양성덕 목사님은 교인들과 함께 저의 인도를 받아 작년처럼 노숙자 쉘터를 방문하여 예배를 드리고, 점심을 대접하고, 양말과 티셔츠를 선물로 주었습니다. 이곳 산호세, 몬트레이, 세크라멘토 등 각 지역의 교회들과 단체

which summits from 130 countries gather in America. The agenda of the UN General Assembly this time are said to be world peace, nuclear weapon of North Korea, atmospheric gas, which causes natural disasters, and IS terrorism.

There are 230 countries in the world each of which hold its crucial values. In the England it is personal connections; France, beauty; Israel, righteousness; Greece, truth, good, and beauty; Rome, justice; Netherlands, sincerity; Germany, reason; Russia, equality; India, thought; China, patience; America, capability; Korea, courtesy. Korea thus has been called the country of courteous people in the East. Koreans—the white-clad people—in the ancient times was called "the country of courteous people in the east"because of their courteous character. So according to the tradition of Korea, many Korean churches and Korean institutions in America invited elderly people to their parties to celebrate Chuseok with them yesterday.

The Korean churches in North California also invited their neighbors to celebrate in the same way as they do for the traditional Thanksgiving.

Jesus said, **"Do to others as you would have them do to you."(Luke 6:31)**

Rev. Yang Seong-deok from Fairfield Church, one of my juniors from the seminary I went, joined me to visit shelter to worship, serve meals, gave gift of socks and T-shirts like he did last year. And the churches and some institutions in San Jose, Monterey, and Sacramento also invited elderly people to their parties to celebrate Chuseok.

The FGSJ Church in celebrating Chuseok gave away Korean cookies, CDs of my sermon to the neighbors of the church. But to

들도 추석을 맞이하여 여러 가지 행사를 하며 연로하신 어른들을 대접했다고 합니다.

우리 교회에서도 추석을 맞아 교회주변 이웃들에게 한국산 쿠키와 전도용으로 저의 설교CD를 나누어 주었습니다. 특히 우리 교회는 우리 성도들이 사랑을 베풀어 매주마다 추석처럼 예배 후에는 미국 형제 자매들에게 점심식사를 대접합니다. 복음성가를 잘 부르는 팀들에게 특별상을 줍니다. 그리고 몸이 아픈 분들을 위해 안수기도를 해줍니다. 사진을 찍어주고, 성경을 써온 사람에게는 상금을 주며, 교통비를 주는 등 15년이상을 추석보다 더한 대접을 해오고 있습니다. 이와 같이 우리는 미국을 개척한 청교도들처럼, 제2의 청교도가 되어 미국 형제 자매들을 돕기 때문에 하나님의 크신 축복을 받을 줄로 믿습니다.

더 감사한 것은 주일 오전 예배를 한국어와 영어와 스페니쉬를 함께 사용하여 동시에 예배를 드려 미래를 열어가는 교회로 축복을 받고 있습니다. 시편 100편 4절 "감사함으로 그의 문에 들어가며 찬송함으로 그의 궁정에 들어가서 그에게 감사하며 그의 이름을 송축할지어다"라고 했습니다. 우리 성도들은 추석이며 주일날인 오늘, 예배를 통하여 청교도들의 신앙을 본받으시기를 바랍니다. 오늘 예배를 통하여 주님의 사랑으로 많은 축복을 유업으로 받을 줄로 믿습니다. 오늘 본문 베드로전서 3장 9절 "악을 악으로, 욕을 욕으로 갚지 말고 도리어 복을 빌라 이를 위하여 너희가 부르심을 받았으니 이는 복을 이어받게 하려 하심이라"고 했습니다. 히브리서 6장 14절 "이르시되 내가 반드시 너에게 복 주고 복 주며 너를 번성하게 하고 번성하게 하리라"고 했습니다. 본문말씀 시편 103편 3절 하반절 "네 모든 병을 고

the congregations of the church it is Chuseok every Sunday because they have been serving meals in their love of Jesus for American brothers and sisters after every Sunday worship service. So the ministry of the FGSJ Church for the homeless for the past 15 years surpasses what is done by Koreans during Chuseok: giving prizes to a team which do their best in singing hymns before meals, praying placing hands on those who are sick after meals, granting prizes to those who bring papers to the church in which they copied the Bible, and providing all of them with transportation expenses. May God bless the congregations of the FGSJ Church—as the second generation of the Puritan faith, the pioneers of America—who willingly serve American brothers and sisters at the FGSJ Church!

I give thanks to the Lord all the more for the Sunday morning worship services at the FGSJ Church which is held in Korean, English and Spanish in its vision of the future.
Psalms 100:4 Enter his gates with thanksgiving and his courts with praise; give thanks to him and praise his name.

I hope and pray that the congregations of the FGSJ Church, modeling after the Puritan faith, may receive the inheritance of eternal blessings through the worship service in celebration of Chuseok today.
1 Peter 3:9 Do not repay evil with evil or insult with insult, but with blessing, because to this you were called so that you may inherit a blessing.

Hebrews 6:14 saying, "I will surely bless you and give you many descendants."

Psalms 103:3b heals all your diseases,

Psalms 103:5 who satisfies your desires with good things so

치시며"라고 했습니다. 시편 103편 5절 "좋은 것으로 네 소원을 만족하게 하사 네 청춘을 독수리 같이 새롭게 하시는도다"라고 했습니다.

사랑하는 성도 여러분! 오늘 우리 교회에서 청교도들처럼 신령과 진정으로 예배를 드려서 모든 병을 다 고침을 받고, 문제는 해결되고, 이적과 기사가 일어나고, 하나님의 영원한 축복을 받으시기를 축원합니다.

예화)

우리 성도들이 저와 함께 주일 1, 2부예배와 저녁예배와 수요예배, 금요철야예배, 매일 새벽예배에서 선교대회를 위하여 기도 하였습니다. 그 결과로, 이번에 헬몬산 기도원에서 열리는 '미전도종족 다민족 선교대회'가 어느 해보다도 더 성령충만한 대회가 되었습니다. 머지않아 400여 미전도 종족들도 모두 복음화가 될 줄로 믿습니다.

이번에 우리 모두가 큰 은혜를 받아서 병도 많이 나았고, 기적이 일어났습니다. 한국에서 오신 목사님들은 성령님의 능력으로 재충전을 받고 귀국하셔서 섬기는 교회들마다 선교에 더 열정을 가지고 기도한다고 안부전화가 왔습니다.

그리고 더 감사한 것은 저와 총신 동문인 잠실교회 홍요한 목사님과 의정부교회 정영운 목사님과 안산복음교회 이기성 목사님과 교우들이 어제 각 교회에서 준비한 식사와 떡과 송편을 용산 노숙자 선교회와 서울역 노숙자들 560여명에게 나누어 주었다고 합니다. 그리고 추석선물과 전도지와 교통비를 주었다고 합니다. 이와 같은 기쁜 소식을 듣고 노숙자 쉘터에서 봉사하는 목사님 일행들은 하나님께 감사했습니다.

that your youth is renewed like the eagle's.

Beloved! May God bless those who worship in spirit and in truth as the Puritans did through wonders and miracles in life to be healed and to prevail.

Example)

The congregations of the FGSJ Church have been praying with me in every worship service, the first and the second Sunday worship, Wednesday, Friday, and early morning prayer meeting for mission conference for the unreached people. As a result, the conference which was held at the Mount Hermon prayer center this year was filled with the power of the Holy Spirit the most in years. I believe that all the 400 unreached people will receive Jesus as their savior before long.

Many of us who attended the mission conference for the unreached people were healed and experienced miracles. The pastors who went back to Korea, having been filled with the Holy Spirit at the conference, called me to say that they had been able to engage in their ministry with much more spiritual fervor than before. I also heard that Revs. John Hong (one of the alumni of Chongshin), Jung Young-un, Lee Gi-seong, and each of the congregations of the church they serve have served meals and rice cakes (Songpyeon) to about 560 homeless at Yongsan homeless shelter and to the homeless at Seoul Station. The pastors in my prayer group and I, having heard of the good news, gave thanks to the Lord for their faithful service for the homeless in Korea.

The pastors in my prayer group and I prayed at the Bethel Church in the morning yesterday. After praying together with some American pastors, we served meal, bottled water, and transportation expenses ($5 per each person) to the homeless at the park near

어제도 오전에는 벧엘교회에서 기도회를 했습니다. 미국 목사님들과 우리 목사님 일행이 연합으로 기도회를 갖은 후, 교회주변의 노숙자들을 모아 식사를 나누어 주며, 브레싱워터를 주고, 우리 교회에서 준비한 교통비(5불씩)를 주었습니다. 그리고 몸이 아픈 분들을 위해 한 사람씩 신유기도를 해주었습니다. 그 중에 목을 수술하여 겨우 숨을 쉬는 멜리노를 위해 손을 얹고 기도를 했는데, 그녀의 남편인 스티브도 눈물을 흘리며 같이 기도했습니다. 벧엘교회에서 모든 목사님들이 함께 기도한 분들은 다 나을 줄로 믿습니다.

오후에는 2차로 우리 교회에 와서 기도를 했습니다. 중국인 쥬 목사님은 쉘터에서 알코올 중독치료를 받고 있는 탐을 데리고 와서 기도를 부탁했습니다.

최영준 목사님은 왼쪽 다리에 타박상을 입고 많이 나았는데 완치를 위해 기도부탁을 했습니다. 이진성 목사님은 쉘터에서 병원치료를 받고 있는 스티븐 존을 데리고 와서 기도를 부탁했습니다. 저는 오전에 벧엘교회에서 신유기도를 해준 멜리노를 위해 중보기도를 부탁했습니다. 우리 목사님 일행들은 마가복음 16장 17-18절, 사도행전 4장 30절의 말씀대로 예수님의 이름으로 고쳐달라고 모인 곳이 진동하도록 기도했습니다.

1. 우리 성도들은 교회에 잘 나와서 교회중심생활로 축복을 받아야 합니다.

어떠한 형편과 사정이 있더라도 주일날은 교회에 빠지지 않고 나와야 하나님의 축복을 받습니다. 시편 11편 4절 "여호와께서는 그의 성전에 계시고

the church. We also prayed for the sick one by one there. While the pastors prayed for Merino, who could barely breathe, having received a neck surgery, her husband Steve prayed for her, shedding tears. I believe that God will heal those who received prayers at the park near the Bethel Church.

In the afternoon after the prayer meeting at the Bethel Church a few pastors and I came to the FGSJ Church to pray more for healing. Rev. Jew came with Tom, who had been staying at a shelter and had been receiving treatment for his alcohol addiction.

Rev. Choi Young-jun asked to keep praying for his wounded left leg which had almost been healed. Rev. Lee Jin-seong came with Steven John from a shelter who had been receiving treatment at a hospital. I asked to pray more for Merino who had received healing prayer in the morning at the Bethel Church.

We all prayed for healing for those mentioned above based on:

Mark 16:17-18 [17] And these signs will accompany those who believe: In my name they will drive out demons; they will speak in new tongues; [18] they will pick up snakes with their hands; and when they drink deadly poison, it will not hurt them at all; they will place their hands on sick people, and they will get well."

Acts 4:30 Stretch out your hand to heal and perform miraculous signs and wonders through the name of your holy servant Jesus."

Subject 1. The saints receive blessing through the church where they regularly attend.

It is through the church—Sunday worship service—for the saints to inherit the promised blessing of God. God is in the temple,

여호와의 보좌는 하늘에 있음이여 그의 눈이 인생을 통촉하시고 그의 안목이 그들을 감찰하시도다"라고 했습니다. 하나님은 성전에 계십니다. 이 성전에 와서 하나님을 만나서 복을 받아야 됩니다. 주님의 몸이요, 머리인 교회에 와서 성부와 성자와 성령님 삼위일체이신 주님을 만나서 복을 받아야 합니다.

우리 성도들은 성수주일을 잘 지켜야 축복을 받습니다. 이사야 58장 13-14절 "[13] 만일 안식일에 네 발을 금하여 내 성일에 오락을 행하지 아니하고 안식일을 일컬어 즐거운 날이라, 여호와의 성일을 존귀한 날이라 하여 이를 존귀하게 여기고 네 길로 행하지 아니하며 네 오락을 구하지 아니하며 사사로운 말을 하지 아니하면 [14] 네가 여호와 안에서 즐거움을 얻을 것이라 내가 너를 땅의 높은 곳에 올리고 네 조상 야곱의 기업으로 기르리라 여호와의 입의 말씀이니라"고 했습니다. 우리가 주일을 거룩하게 지키면 즐거움이 있고 높은 자리에 올리고 야곱의 기업으로 기른다고 하셨습니다. 이 모든 기업을 주신다고 했습니다.

현재 미국은 건국된 지 300여년밖에 되지 않지만 세계 최고의 부강한 나라가 된 것은 주일을 거룩하게 지킨 청교도들의 신앙의 힘 때문입니다. 그들은 주일을 철저하게 지켰습니다. 경건하게 예배를 드렸습니다. 그들은 엄격한 신앙생활을 하며 십일조 생활을 했습니다. 그들은 협동하는 생활, 항상 감사하는 마음을 가지고 주일을 지켰던 것입니다. 그래서 축복을 받은 것입니다. 지금도 미국이 축복을 받고 있는 것은 청교도 신앙을 가졌던 조상들의 믿음의 대가 입니다. 우리는 이곳에서 제2의 청교도의 신앙으로 축복을 받아야 합니다.

which is the body and head of Jesus. Blessing flows through the worship in which we encounter the Trinity—the Father, the Son, and the Holy Spirit.

Psalms 11:4 The LORD is in his holy temple; the LORD is on his heavenly throne. He observes the sons of men; his eyes examine them.

Keeping Sabbath is a short cut to blessing which assures delight, honor, and inheritance of Jacob.

Isaiah 58:13-14 [13] "If you keep your feet from breaking the Sabbath and from doing as you please on my holy day, if you call the Sabbath a delight and the LORD'S holy day honorable, and if you honor it by not going your own way and not doing as you please or speaking idle words, [14] then you will find your joy in the LORD, and I will cause you to ride on the heights of the land and to feast on the inheritance of your father Jacob."The mouth of the LORD has spoken.

It was the faith of the Puritan that made America, only with its 300 years of history, to be the wealthiest country in the world. The Puritans kept Sabbath, offering tithe, united in faith and thanksgiving. Thus there is the Puritan faith, which has been inherited to the American in its constant blessing.

Therefore, we the Korean immigrants in America are called to inherit the Puritan faith and its blessing through keeping the Sabbath as the second generation of the Puritan.

Exodus 20:8-11 [8] "Remember the Sabbath day by keeping it holy. [9] Six days you shall labor and do all your work, [10] but the seventh day is a Sabbath to the LORD your God. On it you shall not do any work, neither you, nor your son or daughter, nor your manservant or maidservant, nor your animals, nor the alien within your gates. [11]

그러므로 영원한 축복을 받으려면 교회에 나와서 주일을 잘 지켜야 합니다. 출애굽기 20장 8-11절 "[8] 안식일을 기억하여 거룩하게 지키라 [9] 엿새 동안은 힘써 네 모든 일을 행할 것이나 [10] 일곱째 날은 네 하나님 여호와의 안식일인즉 너나 네 아들이나 네 딸이나 네 남종이나 네 여종이나 네 가축이나 네 문안에 머무는 객이라도 아무 일도 하지 말라 [11] 이는 엿새 동안에 나 여호와가 하늘과 땅과 바다와 그 가운데 모든 것을 만들고 일곱째 날에 쉬었음이라 그러므로 나 여호와가 안식일을 복되게 하여 그 날을 거룩하게 하였느니라"고 했습니다.

사랑하는 성도 여러분! 오늘 예배를 신령과 진정으로 드려서 주일 성수를 잘하여 자손대대로 영원한 축복받으시기를 예수님의 이름으로 축원합니다.

2. 우리 성도들은 교회에 잘 나와서 하나님의 말씀을 통하여 순종할 때 축복을 받습니다.

하나님 말씀을 통해 축복을 받으려면 먼저 마음 문을 활짝 열고 하나님 말씀을 사모해야 합니다. 마음 문을 열고 기도해야 하늘 문이 열립니다. 그래서 말씀을 사모하고 은혜를 받아야 성령님이 임하여 응답하시고 축복하십니다. 이 성경 신구약 말씀을 계속하여 읽어야 깨닫게 되고 복을 받습니다. 시편 1편 1-2절 "[1] 복 있는 사람은 악인들의 꾀를 따르지 아니하며 죄인들의 길에 서지 아니하며 오만한 자들의 자리에 앉지 아니하고 [2] 오직 여호와의 율법을 즐거워하여 그의 율법을 주야로 묵상하는도다"라고 했습니다. 요한복음 1장 1-2절 "[1] 태초에 말씀이 계시니라 이 말씀이 하나님과 함께 계셨으니 이 말씀은 곧 하나님이시니라 [2] 그가 태초에 하나님과 함께 계

For in six days the LORD made the heavens and the earth, the sea, and all that is in them, but he rested on the seventh day. Therefore the LORD blessed the Sabbath day and made it holy.

Subject 2 . Blessing flows from the church to those who come to worship and be obedient to the word of God.

Blessing runs through to those who open their hearts to listen to the word of God and to pray. The Holy Spirit gives light for you to acknowledge God's grace when you desire to receive the word of God and then pray for the Holy Spirit. Only then will you enjoy answers for your prayers and blessing from God. Therefore, you must read the word of God from the Old and the New Testament until you are touched by the word of God and the blessings hidden in the Word.

Psalms 1:1-2 [1] Blessed is the man who does not walk in the counsel of the wicked or stand in the way of sinners or sit in the seat of mockers. [2] But his delight is in the law of the LORD, and on his law he meditates day and night.

John 1:1-2 [1] In the beginning was the Word, and the Word was with God, and the Word was God. [2] He was with God in the beginning.

In this way, the word of God enables us to be awakened in the truth and leads us to the truth.

John 1:14 The Word became flesh and made his dwelling among us. We have seen his glory, the glory of the One and Only, who came from the Father, full of grace and truth.

셨고"라고 했습니다.

요한복음 1장 14절 "말씀이 육신이 되어 우리 가운데 거하시매 우리가 그의 영광을 보니 아버지의 독생자의 영광이요 은혜와 진리가 충만하더라"고 했습니다. 이와 같이 하나님의 말씀은 우리에게 진리를 깨닫게 하시고 진리의 길로 인도하십니다. 시편 119편 105절 "주의 말씀은 내 발에 등이요 내 길에 빛이니이다"라고 했습니다.

여러분! 우리는 교회에 와서 하나님의 말씀을 통해 변화를 받고 축복을 받아야 합니다.

성경 66권의 말씀은 일점 일획도 변치 않는 축복의 말씀입니다. 이 말씀을 주야로 읽고 쓰고 기도하고 사랑으로 봉사하시길 바랍니다.

오늘 말씀의 끝으로 우리도 청교도들처럼 축복받는 말씀 두 구절을 읽어 드리겠습니다. 베드로전서 3장 9절 "악을 악으로, 욕을 욕으로 갚지 말고 도리어 복을 빌라 이를 위하여 너희가 부르심을 받았으니 이는 복을 이어 받게 하려 하심이라"고 했습니다. 시편 3편 8절 "구원은 여호와께 있사오니 주의 복을 주의 백성에게 내리소서"라고 했습니다.

사랑하는 성도 여러분! 오늘 추석명절 주일을 맞이하여 우리도 청교도들처럼 교회중심, 예배중심, 말씀중심, 기도중심의 신앙생활을 하여 하나님의 영원하신 축복받으시기를 예수님의 이름으로 축원합니다.

Psalms 119:105 Your word is a lamp to my feet and a light for my path.

Beloved! I once again emphasize that listening to the word of God in the church will renew your spirit and lead you to a blessed life.

You will be able to serve at the church in the love of Jesus when you pray day and night, and read and copy the word of God from the 66 books of the Bible—the word of Blessing that never changes.

The following are the conclusive word of God for today through which the blessing promised to the Puritan will flow to you:

1 Peter 3:9 Do not repay evil with evil or insult with insult, but with blessing, because to this you were called so that you may inherit a blessing.

Psalms 3:8 From the LORD comes deliverance. May your blessing be on your people. Selah

Beloved!
May God bless, on this celebration of Chuseok, those who practice the faith of the Puritan, who put the church, worship, the word of God, and prayer first in their life in the name of Jesus!

19
예배를 통하여 긍정적인 꿈과 희망을 갖자

요한복음 4장 23-24절 "[23] 아버지께 참되게 예배하는 자들은 영과 진리로 예배할 때가 오나니 곧 이 때라 아버지께서는 자기에게 이렇게 예배하는 자들을 찾으시느니라 [24] 하나님은 영이시니 예배하는 자가 영과 진리로 예배할지니라"

욥기 23장 9-10절 "[9] 그가 왼쪽에서 일하시나 내가 만날 수 없고 그가 오른쪽으로 돌이키시나 뵈올 수 없구나 [10] 그러나 내가 가는 길을 그가 아시나니 그가 나를 단련하신 후에는 내가 순금 같이 되어 나오리라"

우리 교회 대성전은 예배만 드리는 성전입니다. 우리 교회에서는 주님의 복음을 전하는 것 외에 세상적인 강연이나 세미나나 어떤 행사를 하는 교회가 아닙니다. 노숙자 쉘터도 아니고 급식소도 아닙니다. 성경말씀대로 성결하게 하여 신령과 진정으로 예배를 드려서 인간의 근본문제를 해결하고, 영혼구원을 받게 하고, 축복을 받게 하는 교회입니다.

오늘 본문 말씀 요한복음 4장 24절 "하나님은 영이시니 예배하는 자가 영과 진리로 예배할지니라"고 했습니다. 이 말씀대로 우리 교회는 예배를

19
Let us hold positive dream and hope through worship

John 4:23-24 [23] Yet a time is coming and has now come when the true worshipers will worship the Father in spirit and truth, for they are the kind of worshipers the Father seeks. [24] God is spirit, and his worshipers must worship in spirit and in truth."

Job 23:9-10 [9] When he is at work in the north, I do not see him; when he turns to the south, I catch no glimpse of him. [10] But he knows the way that I take; when he has tested me, I will come forth as gold.

The Full Gospel Assembly of God San Jose Church (FGSJ Church) and its sanctuary is established solely to worship. It is not a place for giving lectures or seminars nor for a homeless shelter or a soup kitchen but for preaching the Gospel. Through worship in spirit and in truth at the church, we receive both physical and spiritual blessings such as finding ways to solve fundamental human problems and receive salvation of soul.

We should not be discouraged in trials, but move forward in dream and hope, fixing our eyes on Jesus, "the author and perfecter of our faith."(Heb. 12:2)

John 4:24 God is spirit, and his worshipers must worship in spirit and in truth.

통하여 신령한 축복을 받고 긍정적인 꿈과 희망을 주어야 합니다. 지금 어려움이 있고 고난이 있을지라도 낙심하지 말아야 합니다. 오직 믿음의 주요 온전케 하시는 예수님을 바라보고 나가야 합니다 (히 12:2). 우리는 오직 예수님만 바라보고 절대 긍정적인 꿈과 희망을 가지고 나가야 됩니다.

오늘 본문말씀 욥기 23장을 보세요. 욥은 순식간에 재산과 열 자녀들을 다 잃어버렸습니다. 몸에 문둥병과 같은 악창에 걸렸어도 하나님을 원망하거나 불평하지 않았습니다. 끝까지 견디며 긍정적인 기도를 했습니다. 그리고 이렇게 고백했습니다. 욥기 23장 10절 "내가 가는 길을 그가 아시나니 그가 나를 단련하신 후에는 내가 순금 같이 되어 나오리라"고 했습니다. 굉장한 고백입니다. 그 결과 하나님은 욥에게 갑절의 재산과 자녀들과 건강을 주어 당대의 최대의 축복을 하셨습니다.

여러분! 우리는 욥의 믿음을 본받아 어떠한 어려운 상황도 믿음으로 다 극복해 나가야 합니다. 오늘을 알 수 없는 지구상의 기상이변이나 천재지변, 엘리뇨 현상과 같은 재난이 다가올지라도 하나님이 보호하시고 구원하신다는 확신을 가져야 합니다. 우리는 이 지구상에서 마지막 때에 일어나는 현상처럼 순간 순간의 변화들을 한치 앞도 바라볼 수 없지만, 하나님이 우리 택한 백성들을 항상 보호하신다는 확신을 가져야 합니다.

지난 주간에는 미 남동부 지역에 허리케인으로 인하여 200년 만에 사상 최악의 폭우가 내렸다고 합니다. 현재 캘리포니아에서 필요한 11조 갤론의 비가 한꺼번에 내렸다고 합니다. 수많은 사람들이 죽고, 도시들이 마비되고, 건물과 집들이 파괴되었습니다. 그리고 또 다시 시속 120마일의 초대형 허리케인이 온다고 하여 공포에 떨고 있습니다. 연방정부에서 비상사태를

Job lost his entire property and his ten children in a blink of an eye, and suffered a fatal skin disease, possibly a leprosy, yet he persevered to the end, confessing in prayers that it is God, who reigns human destiny. (Job 23:10) With this amazing confession of Job, God in the end blessed him with prosperity and children double than he had before.

Job 23:10 But he knows the way that I take; when he has tested me, I will come forth as gold.

Beloved! The confessional faith of Job in the absolute reign of God can also become our faith to overcome trials in life.

For the saints, God's chosen ones, who live in the world of uncertainty with abnormal weather changes such as El Nino and ubiquitous natural disasters, it is indispensable to have faith in God of Job (the ultimate salvation of God).

Last week, a hurricane at the south-east of America caused torrential downpours of 11 trillion gallons—which is enough to solve the severe draught of California—which was the worst heavy rainfall in 200 years. Many people lost lives, cities were paralyzed, and buildings and houses were destroyed through the downpours. People are terrified to be told that another super-sized hurricane with 120 mile/hour is approaching. The federal government declared emergency state and placed on an alert level in those areas.

In the suburb of Los Angeles, torrential downpours in the radius of one mile took two lives and caused a traffic chaos in that area for a while. However, no matter how difficult situation we are in, we, instead of being discouraged, should pray for protection and deliverance of God, our creator.

Psalms 91:15 He will call upon me, and I will answer him; I will be with him in trouble, I will deliver him and honor him.

선포하고 경계령을 내렸다고 합니다.

로스엔젤리스 근교에서는 갑자기 폭우가 순식간에 내렸는데, 반경 1마일 정도의 지역에 물동이로 퍼붓는 듯한 집중 폭우가 내려 물에 휩쓸려 두 명이 사망하고, 거리가 한동안 마비가 되었다고 합니다. 우리 성도들은 항상 전능하신 창조주 하나님께 기도하여 갑작스럽게 다가오는 재난에 대비해야 합니다. 어떠한 상황에서도 낙심하지 말고, 어떤 재난에서도 보호해주시고 구출해 주시는 주님만을 바라보며 기도를 해야 합니다.

시편 91편 15절 "그가 내게 간구하리니 내가 그에게 응답하리라 그들이 환난 당할 때에 내가 그와 함께 하여 그를 건지고 영화롭게 하리라"고 했습니다. 절대 두려워하지 말고 주님만 의지하고 나가시길 바랍니다. 이사야 41장 10절 "두려워하지 말라 내가 너와 함께 함이라 놀라지 말라 나는 네 하나님이 됨이라 내가 너를 굳세게 하리라 참으로 너를 도와 주리라 참으로 나의 의로운 오른손으로 너를 붙들리라"고 했습니다.

여러분! 주님의 성전에 와서 예배 드리는 우리 성도들에게는 어떠한 재난이 와도 하나님의 보호와 축복이 임하는 것입니다. 주님의 성전중심 생활로 꿈과 비전을 가진 성도들에게는 하나님의 보호와 인도하심이 항상 함께 하십니다. 그러므로 교회에 와서 꿈과 희망을 가지고 욥처럼 기도해야 합니다. 불퇴진의 기도를 해야 합니다. 얍복 강변의 야곱처럼, 갈멜 산의 엘리야처럼, 풀무 불 속의 사드락과 메삭과 아벳느고처럼, 사자굴 속의 다니엘처럼, 밧모섬의 요한처럼, 수많은 풍파와 생사의 갈림길에서도 끝까지 복음으로 승리한 바울처럼, 주님께서 주신 꿈과 희망을 가지고 나가야 합니다.

창세기 6장에 나오는 노아는 예배중심 생활을 하였기 때문에 불의와 타

Isaiah 41:10 So do not fear, for I am with you; do not be dismayed, for I am your God. I will strengthen you and help you; I will uphold you with my righteous right hand.

Beloved! God is with the saints and becomes blessings for those who worship in the church in times of trouble. And God is present with and protects those who pray in the church in their vision and dream that are given from Jesus.

Therefore, those who pray should not shrink back but move forward in their dream and hope like Job, Jacob in Jabbok River, Ellijah in the Mount Carmel, Shadrack, Meshack, and Abednego who came out alive from fire made by bellow, Daniel in the lion den, John at Patmos, and Paul, who went through numerous trials and risking death.

Noah in Genesis 6 received salvation through building the ark as he was righteous in the eyes of God—as he worshipped God. Noah's ark, which saved humanity from extinction, represents today's church. I pray that the saints of the FGSJ Church, representing Noah's ark, also could move forward in dream and hope through worship in spirit and in truth.

Example)

The saints of the FGSJ Church and the pastors of my prayer group and I have been paying this week for the next week's revivals in Texas and in New York. We also prayed for all of us who were called to the ministry to be faithful and positive through dream and hope given from Jesus our Lord. The goal of those revivals is to raise fund for 5,000 winter jackets for the homeless in Korea as we did last year. The revival in Texas will be the first and then in New York. I have been praying all the time at the church, while driving, or at the Mount Hermon prayer center for the revivals to be filled

협하지 않고, 인류의 생명과 생존을 이어갈 수 있는 방주를 지어 하나님의 보호를 받고 구원을 받았습니다. 노아의 방주는 현재의 교회입니다. 우리도 노아의 방주와 같은 우리 교회에서 더 신령과 진정으로 예배를 드려 꿈과 희망을 가지고 전진하시길 바랍니다.

예화)

이번 주간에도 우리 성도들과 목사님들은 작년 겨울처럼 한국 노숙자를 위한 겨울잠바 5,000벌을 모금하기 위한 텍사스와 뉴욕에서의 부흥집회가 성령님의 인도하심으로 이루어지도록 기도했습니다. 주님께서 주신 꿈과 희망을 가지고 우리 모두가 항상 긍정적인 사명자가 되도록 기도했습니다. 다음 주에는 텍사스에서 부흥성회를 하고, 이어 뉴욕에서 성령충만한 부흥성회를 할 수 있도록 전력을 다해 저는 교회와 차 속에서도, 헬몬산 기도원에서 계속 기도를 하고 있습니다.

어제 오전에도 벧엘교회에서 미국 목사님들과 한국에서 오신 목사님들과 이곳 목사님 일행들이 계속해서 기도를 했습니다. 노숙자 잠바모금 부흥집회에 성령님의 도우심이 있기를 기도했습니다. 이곳 산호세에 크리스천 노숙자 쉘터가 세워지도록 기도했습니다.

오후에는 2차로 우리 교회에 와서 목사님 일행들이 각자의 기도제목을 위해 성령님께 도와달라고 모인 곳이 진동하도록 기도했습니다. 그리고 신유기도를 했습니다. 중국인 쥬 목사님은 중국교회에서도 노숙자를 위한 잠바 모금에 동참하겠다며 기도를 부탁했습니다. 정선우 목사님은 쉘터에서 여호와증인에 빠진 덴지리를 전도하여 성경을 쓰게 했다고 기도를 부탁했습

with the power of the Holy Spirit.

The prayer for revival continued at the Bethel Church in the morning yesterday with a few American pastors, some pastors visiting from Korea, and the pastors in my prayer group. We prayed for raising fund for homeless winter jackets at the revival. And we also prayed for establishing a Christian homeless shelter in San Jose.

In the afternoon after the prayer meeting at the Bethel Church, a few Korean pastors and I gathered to pray at the FGSJ Church for each of our prayer requests and for healing. Rev. Jew asked to pray, wanting to raise fund for homeless winter jackets through collecting offering at the Chinese church, which he served. Rev. Jung Seon-woo wanted to pray for Denjiri, a former Jehovah's Witness, whom he helped his conversion and had advised him to copy the Bible. Rev. Choi Yong-jun asked to pray for healing from his diabetes. Rev. Choi Yong-nam, who were visiting from Korea, wanted to be healed from insomnia, which had turned him red-eyed. Gary, who had been working at a convenient store near the FGSJ Church, came to receive healing for severe pain in his left shoulder. We all prayed for the healing of those mentioned above based on:

Mark 16:17-18 17 And these signs will accompany those who believe: In my name they will drive out demons; they will speak in new tongues; 18 they will pick up snakes with their hands; and when they drink deadly poison, it will not hurt them at all; they will place their hands on sick people, and they will get well."

Acts 4:30 Stretch out your hand to heal and perform miraculous signs and wonders through the name of your holy servant Jesus."

니다. 최용준 목사님은 당뇨로 병원치료를 받는데 속히 낫도록 기도부탁을 했습니다. 한국에서 오신 최용남 목사님은 불면증으로 몹시 고생하여 눈이 충혈되었는데 속히 낫도록 기도를 부탁했습니다. 교회주변 편의점에서 일하는 게리가 공원에 있다가 와서 왼쪽 어깨가 통증이 심하다고 기도부탁을 했습니다. 우리 목사님 일행들은 마가복음 16장 17-18절과 사도행전 4장 30절 말씀대로 예수님의 능력으로 다 고쳐달라고 기도했습니다. 다 나을 줄로 믿습니다.

1.예배를 통하여 축복을 받으려면 정성을 다하여 신령과 진정으로 예배를 드려야 합니다.

오늘도 미국 형제 자매들이 축복을 받으려면 시간을 잘 지켜서 예배에 나와야 합니다. 알렉산드리아는 세 번이나 차를 바꾸어 타고 멀리서 오지만, 제일 먼저 와서 신령과 진정으로 예배를 드려서 많은 축복을 받았습니다. 온갖 정성을 다해 신령과 진정으로 예배를 드리면 하늘 문이 열립니다. 성령님이 감동하시고 축복하십니다.

우리는 언제나 우선순위를 예배 드리는 데 두어야 합니다. 예배드릴 때는 하나님께 영광 돌리고 그 나라와 그 의를 구해야 합니다. 마태복음 6장 33절 "너희는 먼저 그의 나라와 그의 의를 구하라 그리하면 이 모든 것을 너희에게 더하시리라"고 했습니다. 이 말씀만 보아도 예배를 통하여 하나님께 영광 돌리고, 먼저 그 나라와 그 의를 구하면 하나님의 뜻에 맞는 응답을 받을 수가 있는 것입니다. 하나님의 무한한 축복도 받습니다.

예배를 신령과 진정으로 드릴 때 우리에게 필요한 모든 것을 주십니다.

Subject 1. Worship in spirit and in truth is a source of blessing.

I urge you, American brothers and sisters to be in time for the worship service. Alexandria is the first one who arrives at the church on Sunday worship services, although he has to change buses three times in order to get to the FGSJ church. Those who worship in spirt and in truth will be touched by the power of the Holy Spirit which is the door to the heavenly blessing. Thus, worship should be our priority. And worship is to glorify God and to seek God's kingdom and righteousness. And this is how we receive answers for our prayers.

Matthew 6:33 But seek first his kingdom and his righteousness, and all these things will be given to you as well.

Worship in spirit and in truth provides us with whatever we are in need of. So the Bible encourages us to devote ourselves to God's will before we lose our youth:

Ecclesiastics 12:1 Remember your Creator in the days of your youth, before the days of trouble come and the years approach when you will say, "I find no pleasure in them"--

We live in the end time in which any evil thing can happen. Therefore we, making the most of every opportunity, should try our best in doing good as the author of Hebrews says, "I do not have time to…"or the Psalmist say in Psalm 90:10 "for they quickly pass, and we fly away…"

And then when we worship in spirit and in truth to be filled with the power of the Holy Spirit, God may protect us from the evil.

Ephesians 5:16 making the most of every opportunity, because the days are evil.

Hebrews 11:32b I do not have time to tell

전도서 12장 1절 "너는 청년의 때에 너의 창조주를 기억하라 곧 곤고한 날이 이르기 전에, 나는 아무 낙이 없다고 할 해들이 가깝기 전에"라고 했습니다. 더 나이가 들기 전에 청년의 때에 세월을 아껴서 주님의 일에 최선을 다하라는 말씀입니다. 에베소서 5장 16절 "세월을 아끼라 때가 악하니라"고 했습니다. 지금 때가 악하므로 언제 무슨 일이 일어날지 모릅니다.

우리는 이러한 때에 선한 일에 최선을 다하고, 예배를 잘 드려 하나님의 보호를 받아서 성령 충만해야 합니다. 시간을 잘 선용하여(아껴서) 경건한 사람들이 되어야 합니다. 히브리서 11장 32절 하반절 "내게 시간이 부족하리로다"고 했습니다. 시편 90편 10절 하반절 "신속히 가니 우리가 날아가나이다"라고 했습니다. 욥기 9장 25절 "나의 날이 경주자보다 빨리 사라져 버리니 복을 볼 수 없구나"라고 했습니다. 요한복음 9장 4절 "때가 아직 낮이매 나를 보내신 이의 일을 우리가 하여야 하리라 밤이 오리니 그 때는 아무도 일할 수 없느니라"고 했습니다. 태양은 하루에 두 번 뜨지 않습니다.

사랑하는 성도 여러분! 세월이 더 가기 전에 더 기도하고 전도하고 선교하고, 예배를 잘 드려서 더 긍정적인 마음을 가지고 영육간에 다 치료받으시기를 예수님의 이름으로 축원합니다.

예화)

몇 일전에 탈북자 교회를 돕는 박정일 목사님으로부터 장문의 편지가 왔습니다. 그 동안 우리들이 기도했던 사모님이 많이 나았다는 감사편지였습니다. 그리고 탈북자 개척교회에 가서 도와주고 기도했다고 했습니다. 편지에 보면, 탈북자 중에 신근희(16세), 신은하(13세) 자매의 탈북 당시의

Psalms 90:10b for they quickly pass, and we fly away.

Job 9:25 "My days are swifter than a runner; they fly away without a glimpse of joy.

We have only a Sun a day.

John 9:4 As long as it is day, we must do the work of him who sent me. Night is coming, when no one can work.

Beloved! I pray for you so that you may pray, do mission, worship in spirit and in truth more before your days fly away and receive healing physically and spiritually.

Example)

I received a long letter a few days ago from Rev. Park Jeong-il, who serves at a church for North Korean refugees in Korea. He first expressed gratitude in the letter as his wife had been recovering from an illness ever since my prayer group and I prayed for her healing. He also wrote that he had been visiting to serve at a newly planted church for North Korean refugees.

He then introduced in the letter a testimony of sisters, who fled from North Korea. The following story shows what had happened to Shin Geun-hee (16 years old) and Shin Eun-ha (13) when they escaped from North Korea with their parents. The sisters followed their father to escape from North Korea blindly in order to be sheltered at a house of an acquaintance in China. However the person in China forced them to do heavy labor from the first day of their arrival neither paying any money nor giving them food to eat.

When they could not bear the heavy load of work anymore, they ran away to a remote mountain.

There they had to move from one place to another for four years, feeding on leftovers of what rats had eaten and on grassroots.

간증을 써서 보냈습니다. 이 자매들은 아버지를 따라 중국에 잘 안다는 사람의 집에 가기 위해 위험을 무릅 쓰고 북한을 무작정 탈출하였습니다. 그런데 그 중국인은 도착한 날부터 온 가족에게 일을 시켰습니다. 임금도, 먹을 것도 주지 않고 중노동을 시켜서 부모님은 지쳐 쓰러졌고, 자매들도 견딜 수가 없었습니다.

그래서 온 가족이 산으로 도망을 쳤습니다. 깊은 산 속에서 이곳 저곳 옮겨 다니며 4년동안을 지냈는데 너무 허기가 져서 쥐들이 먹던 음식이나 풀뿌리로 연명하고, 산 입구에 버려진 닭장에서도 살았다고 했습니다. 중국 공안원에 잡히면 북한으로 끌려가서 죽기 때문에 병들고 허기지고 견딜 수가 없어도 버려진 닭장 같은 곳에서도 살아야만 했습니다. 그러다가 결국 그들은 중국 공안원에게 잡혀 수용소에 있다가 북한으로 끌려갔습니다. 그 후 아버지가 기적적으로 돈을 구해서 브로커를 통해 다시 중국으로 탈출했습니다. 그러나 아버지는 다시 중국 공안원에 붙들려 북한수용소에 수감되었습니다.

앞길이 캄캄했습니다. 어머니와 두 딸들은 매일 불안에 떨며, 하나님을 잘 몰랐지만 하나님께 살려달라고 기도했다고 합니다. 벽에 십자가를 그려놓고 예배순서는 모르지만 성경책을 읽으며 찬송을 부르며 나름대로 예배를 드렸다고 합니다. 이렇게 수개월간 예배를 드렸습니다. 그런데 꿈에 예수님이 찾아오셔서 음성을 들려주셨다고 했습니다. 고린도전서 1장 18절 "십자가의 도가 멸망하는 자들에게는 미련한 것이요 구원을 받는 우리에게는 하나님의 능력이라"고 했습니다. 이 말씀과 함께 6개월 후에 아버지가 풀려난다는 음성을 들었다고 합니다. 놀랍게도 6개월 후에 아버지가 구사

They even lived in an abandoned chicken coop at the entrance of the mountain, where they had been hiding for years. They had to hide in that chicken coop although being sick and starved, because they will have to be deported back to North Korea once caught by Chinese police.

And then one day they were finally caught by the Chinese police, imprisoned at a concentration camp, and then taken back to North Korea. Afterwards, their father managed to collect some money to hire a broker to escape from North Korea. But their father was captured by the Chinese police again and imprisoned at a concentration camp in North Korea once again.

The sisters and their mother, having escaped from North Korea, lived in fear every day. They, without much knowledge about God, prayed for their lives, drawing cross on the wall, reading the Bible, and singing hymns in their own way of worship for several months.

Then one day Jesus appeared in a dream and said, **"For the message of the cross is foolishness to those who are perishing, but to us who are being saved it is the power of God."(1 Corinthians 1:18)** They also heard from Jesus in the dream that their father will be released in six months. Their father was released in six months indeed.

And all the family joined in their family worship.

Afterwards, they were able to escape from China to Vietnam, where they were arrested as illegal aliens. They cried out to God when they were told that they will be sent to South Korea if they were given a South Korean interpreter, and to North Korea, given a North Korean interpreter. Thankfully they met a South Korean interpreter, who was a missionary and came to Korea in 2003 in

일생으로 탈출하여 중국으로 왔습니다.

그 후 온 가족이 계속 십자가를 그려놓고 나름대로 예배를 열심히 드렸다고 합니다.

그리고 다시 중국을 탈출해서 베트남으로 갔습니다. 그곳에서도 불법체류이기 때문에 붙들렸습니다. 그곳에서는 남한 통역관이 오면 남한으로, 북한 통역관이 오면 북한으로 송환이 됩니다. 그래서 간절하게 기도를 하고 예배를 드렸습니다. 다행히 통역자가 한국인 선교사였습니다. 하나님의 은혜로 2003년에 한국으로 올 수가 있었습니다. 그리고 열심히 공부하여 신근희 양은 서강대 법대를 졸업하였고, 신은하 양은 중앙대 간호학과를 졸업했습니다. 그 자매는 탈북자 교회를 중심으로 신앙생활을 하며, 간증을 하러 다닌다고 합니다. 전에 우리 교회에서 간증한 김만철 씨처럼, 이곳 북가주에서도 간증하기 위해 박정일 목사님이 데리고 오겠다고 했습니다.

요즈음 북한은 성경만 소지하고 있어도 수용소로 끌려가고, 찬송을 불렀다가 비밀리에 총살을 당한다고 합니다. 이러한 북한의 형제 자매들을 위하여 우리 성도들은 기도해주시길 바랍니다. 북한에서 탈출하여 이곳 북가주에 사는 분들과 오늘도 북한 강제수용소에서 순교를 각오하며 기도하는 지하 성도들을 위하여 중보 기도하시기를 바랍니다.

오늘 예배를 통하여 긍정적인 꿈과 희망을 가지고 중보기도를 하여, 속히 한국에 복음 통일이 이루어지기를 예수님의 이름으로 축원합니다.

God's grace.

The sisters studied real hard in Korea that Shin, Geun-hee graduated from Seogang University, Shin, Eun-ha, from the Department of Nursing Science at Jungang University. Both of them go to a church for North Korean refugees, visiting churches to give their testimony. Rev. Park, Jeong-il promised that the two sisters will visit North California with him to give their testimony. The FGSJ Church had another North Korean refugee Kim Man-cheol before who were visiting from Korea to give his testimony.

They say that people in North Korea are taken to concentration camp if they are caught carrying the Bible with them, and when caught by singing hymns, secretly shot dead. I hope you may pray for those persecuted sisters and brothers, for the saints of the underground church, praying at concentration camps risking their life in North Korea, and also for North Korean refugees in California.

Subject 2. Worship in spirit and in truth with positive dream and hope is a source of blessing for the saints of the church.

God in God's faithful love answers our prayers by providing us with dream and hope when we worship in spirit and in truth.

Proverbs 29:18 Where there is no revelation, the people cast off restraint; but blessed is he who keeps the law.

Romans 4:17 As it is written: "I have made you a father of many nations."He is our father in the sight of God, in whom he believed--the God who gives life to the dead and calls things that

2. 신령과 진정으로 예배를 드려서 다 긍정적인 꿈과 희망으로 축복을 받아야 합니다.

꿈과 희망을 가지고 신령과 진정으로 예배를 드리면 하나님은 축복하십니다. 하나님은 우리의 기도를 응답해 주십니다. 하나님은 꿈과 희망이 있는 사람을 사랑하십니다. 하나님은 신령과 진정으로 예배 드리는 성도들을 사랑하시고 꿈과 희망을 주시어 축복해 주십니다. 잠언 29장 18절 "묵시가 없으면 백성이 방자히 행하거니와 율법을 지키는 자는 복이 있느니라"고 했습니다. 로마서 4장 17절 "기록된 바 내가 너를 많은 민족의 조상으로 세웠다 하심과 같으니 그가 믿은 바 하나님은 죽은 자를 살리시며 없는 것을 있는 것으로 부르시는 이시니라"고 했습니다.

창세기 12장에 보면, 아브라함이 가는 곳마다 예배를 드릴 때(제단을 쌓을 때) 하나님이 아브라함에게 꿈을 이루어 주시고 축복해 주셨습니다. 아들 이삭도 예배를 통하여 꿈을 이루어 주시고 축복해 주셨습니다. 야곱도 항상 예배를 드려서 꿈을 이루고 축복을 받았습니다. 창세기 37장에 보면, 요셉도 예배를 드려서 꿈을 이루고 축복을 받아 애굽의 총리가 되었습니다. 그리고 신명기 31장 23절 "여호와께서 또 눈의 아들 여호수아에게 명령하여 이르시되 너는 이스라엘 자손들을 인도하여 내가 그들에게 맹세한 땅으로 들어가게 하리니 강하고 담대하라 내가 너와 함께 하리라"고 했습니다. 여호수아는 하나님이 주신 꿈과 비전을 가지고 몸을 성결케 하고 제단을 쌓고 전쟁터에 나갈 때 승리했습니다.

출애굽기 15장 26절 "이르시되 너희가 너희 하나님 나 여호와의 말을 들

are not as though they were.

Abraham in Genesis 12 fulfilled his dream through building altars wherever he went. Abraham's son Isaac was blessed and fulfilled his dream through building altars and so did Jacob. Joseph the dreamer in Genesis 37, who became a prime minister in Egypt, fulfilled what he saw in his dream from his youth through trusting and honoring God. Joshua won the war against the seven tribes of Canaan: he purified himself and built an altar before going to the war and trusted the vision, which God had given to him.

Deuteronomy 31:23 The LORD gave this command to Joshua son of Nun: "Be strong and courageous, for you will bring the Israelites into the land I promised them on oath, and I myself will be with you."

When Moses led the Israel out of Egypt, through repentance in worship God healed and provided them to move forward in the desert.

Exodus 15:26 He said, "If you listen carefully to the voice of the LORD your God and do what is right in his eyes, if you pay attention to his commands and keep all his decrees, I will not bring on you any of the diseases I brought on the Egyptians, for I am the LORD, who heals you."

Beloved! I once again want to remind you that you will be able to overcome any trial in life through dream and hope given from Jesus when you worship in spirit and in truth.

Subject 3. What you bless or pray through your own mouth in the dream and hope given through worship will surely be fulfilled.

God surely answers for every blessing or prayer for others which are done through your own mouths. What we utter in our mouths

어 순종하고 내가 보기에 의를 행하며 내 계명에 귀를 기울이며 내 모든 규례를 지키면 내가 애굽 사람에게 내린 모든 질병 중 하나도 너희에게 내리지 아니하리니 나는 너희를 치료하는 여호와임이라"고 했습니다. 모세는 예배를 통하여 회개기도하고 이스라엘 백성을 이끌고 나갈 때 하나님이 치료해주고 전진할 수가 있었습니다.

사랑하는 성도 여러분! 우리는 어떠한 고난이나 절망이 있을지라도 하나님께 예배 드리면 긍정적인 꿈과 희망으로 극복할 수가 있습니다.

3. 우리는 예배를 통하여 꿈과 희망을 가지고 주님께서 주신 말로 기도드려 축복을 받아야 합니다.

로마서 10장 10절 "사람이 마음으로 믿어 의에 이르고 입으로 시인하여 구원에 이르느니라"고 했습니다. 우리는 때를 얻든지 못 얻든지 말로 축복하고 기도해주어야 합니다. 말대로 되기 때문입니다. 잠언 18장 20절 "사람은 입에서 나오는 열매로 말미암아 배부르게 되나니 곧 그의 입술에서 나는 것으로 말미암아 만족하게 되느니라"고 했습니다. 말로써 희망을 주어야 합니다. 언어신경은 모든 신경을 지배합니다. 말로써 희망과 꿈을 주면 말한 대로 됩니다.

사람은 음식이 없어도 40일을 살 수가 있습니다. 물이 없으면 8일간 살 수 있다고 합니다. 숨을 쉬지 못하면 4분 밖에 살 수가 없다고 합니다. 그러나 희망과 꿈이 없으면 단 몇 초도 살지 못하고 자살하는 것을 보았습니다. 희망과 꿈이 없으면 못삽니다. 지금 이순간에도 수많은 사람들이 희망과 꿈을 상실한 채 죽어가고 있습니다.

is to be done in reality. Human nerve system, which controls language, rules all the other nerve systems. Therefore language has power to actualize according to what is said through one's mouth. This is why we should use words of blessing all the time and it is best to give hope to others through your own mouths.

Romans 10:10 For it is with your heart that you believe and are justified, and it is with your mouth that you confess and are saved.

Proverbs 18:20-21 [20] From the fruit of his mouth a man's stomach is filled; with the harvest from his lips he is satisfied. [21] The tongue has the power of life and death, and those who love it will eat its fruit.

Humans survive for 40 days without food, 8 days without water, 4 minutes without breathing. However, I have witnessed that humans without hope or dream could not survive even a few seconds and attempted suicide. Therefore, Humans cannot survive without hope. Numerous people are perishing without dream and hope even at this moment.

Therefore we, as the church, should receive dream and hope in worship service, praying for others, especially for those who are perishing physically and spiritually. In order to be empowered to fulfill this calling, we should be in time for the worship, pray and sing hymns with spiritual fervor and listen to the sermon wholeheartedly. Those who are drunk cannot participate in the worship. The church is the body and head of Jesus, a holy place in which forgiveness, grace, and love abound, and where the saints help one another.

I pray that the presence of the Holy Spirit to bless today's worship so that you may receive dream and hope. Rev. Arnold Wary

우리는 어떠한 일이 있어도 우리 교회에서 예배를 통하여 긍정적인 꿈과 희망을 가져야 합니다. 그리고 중보기도를 해야 합니다. 영과 육이 죽어가는 사람을 기도로 도와주고 구출해야 합니다. 그래서 신령과 진정으로 예배를 드릴 때에는 시간을 잘 지키고, 기도도 집중해서 하고, 설교도 잘 듣고, 찬송도 은혜롭게 불러야 합니다. 미국 형제 자매들은 우리 교회에 절대로 술을 먹고 와서는 안됩니다. 교회는 예배 드리는 예수님의 몸이요 머리입니다. 교회는 성결한 곳입니다. 교회는 서로 용서하고 도와주는 곳입니다. 교회에 와서는 은혜를 받아야 합니다. 그리고 서로 사랑해야 합니다.

오늘 성령님의 인도하심으로 은혜롭게 예배 드리시기를 바랍니다. 큰 꿈과 희망을 가지시고 축복받으시기를 바랍니다. 아놀드 워리 목사님은 '꿈과 희망만이 우리를 변화시킨다'고 했습니다. 희망의 신학자 몰트만은 '소망의 신학만이 꿈과 희망을 이룰 수 있다'고 했습니다. 금년도 노벨 문학상을 받은 알렉시예비치는 '전쟁의 참상에도 꿈과 희망만이 인류를 구출할 수 있다'고 했습니다. 우리는 꿈과 희망을 가져야 합니다.

꿈과 희망을 가지고 나갈 때 강한 믿음을 주시고 말씀을 통하여 복을 주십니다. 예레미야 15장 11절 "내가 진실로 너를 강하게 할 것이요 너에게 복을 받게 할 것이며 내가 진실로 네 원수로 재앙과 환난의 때에 네게 간구하게 하리라"고 했습니다.

사랑하는 성도 여러분! 오늘 신령과 진정으로 예배를 드려서 절대 긍정적인 꿈과 희망을 가지고 영원한 축복받으시기를 예수님의 이름으로 축원 드립니다.

addresses that only dream and hope can change humans. Moltmann, theologian of hope, claims that only theology of hope can actualize one's dream and hope. Alexievich, the recipient of the Nobel Prize in Literature in 2015, defines dream and hope as salvific power for humanity even in the midst of war. All of those aforementioned figures wanted to emphasize this divine truth: it takes dream and hope for human survival.

When we move forward in dream hope, God provides us with the Word of blessings, which strengthen our faith.

Jeremiah 15:11 The LORD said, "Surely I will deliver you for a good purpose; surely I will make your enemies plead with you in times of disaster and times of distress.

Beloved!

May God bless you, who move forward in dream and hope through worship in spirit and in truth today!

20
조국과 미국을 위하여 기도하자

다니엘 6장 10절 "다니엘이 이 조서에 왕의 도장이 찍힌 것을 알고도 자기 집에 돌아가서는 윗방에 올라가 예루살렘으로 향한 창문을 열고 전에 하던 대로 하루 세 번씩 무릎을 꿇고 기도하며 그의 하나님께 감사하였더라"

누가복음 13장 34절 "예루살렘아 예루살렘아 선지자들을 죽이고 네게 파송된 자들을 돌로 치는 자여 암탉이 제 새끼를 날개 아래에 모음 같이 내가 너희의 자녀를 모으려 한 일이 몇 번이냐 그러나 너희가 원하지 아니하였도다"

오늘은 구국 기도주일입니다. 북한 공산당 김일성은 주일 새벽에 아무런 선전포고도 없이 수많은 소련제 최신형 탱크와 장갑차와 공군기, 그리고 수십만의 인민군들을 앞세우고 남침을 하였습니다. 저는 그 날만 생각하면 지금도 몸서리가 쳐집니다. 평화롭게 주님께 예배 드려야 하는 주일에 북한 공산당은 천인 공로할 짓을 하였습니다. 세계 2차대전 이후 최악의 전쟁으로 남한은 초토화가 되었고, 셀 수 없을 정도로 수많은 사람들이 죽었습니다.

20
Let us pray for Korea and America

Daniel 6:10 Now when Daniel learned that the decree had been published, he went home to his upstairs room where the windows opened toward Jerusalem. Three times a day he got down on his knees and prayed, giving thanks to his God, just as he had done before.

Luke 13:34 "O Jerusalem, Jerusalem, you who kill the prophets and stone those sent to you, how often I have longed to gather your children together, as a hen gathers her chicks under her wings, but you were not willing!

It is a National Prayer Day today. It was early in the morning of a Sunday when Kim Il-song of North Korea without any declaration of war invaded South Korea with Russian Tanks, armored cars, and air force planes, putting the People's Army at the forefront. I feel shuddered at the mere thought of the day. North Korean communist started the horrible war on the Lord's Day when people were to worship. The war, the worst ever since the Second World War, laid Korea in ashes, killing uncountable numbers of people.

According to a revised report of the US Department of State this year, the three and half years of Korean War killed 1.5 million civilians, 145,000 of Korean army, 60,000 were taken as prisoners of war among which only about 500 have survived so far. The

금년에 미 국무부의 새로운 보고서에 따르면, 3년 반 동안의 전쟁으로 민간인 150만명이 죽었고, 한국군 145,000명이 전사하였습니다. 6만여명은 포로로 끌려가서 참혹한 생활을 했는데, 현재는 500여명만이 생존해 있다고 합니다. 북한 인민군은 약 40만명이 죽었고, 중공군은 약 50만명이 죽었습니다. 그리고 16개국에서 파병된 유엔군은 17만명이 전사하였습니다. 미군들은 당시 지도상에서도 알 수 없는 한국 전쟁에 참전하여 54,000여명이 전사하거나 실종되었다고 합니다.

6.25 한국전쟁 때 목숨을 잃은 사람은 모두 360여만 명이라고 새로운 보고서를 발표하였습니다. 그리고 2,700여 교회가 불에 탔고, 2,500여 명의 목사님들이 순교하거나 납치되어서 아직도 소식이 없다고 합니다. 우리 조국은 이러한 피와 눈물과 순교자들의 기도로 세워진 나라입니다. 그러므로 우리는 조국을 위하여 더 기도하고, 5만4천여 명 이상 죽거나 실종된 미군들을 생각하며 미국을 위하여 기도해야 합니다.

그 엄청난 전쟁으로 인한 죽음의 잿더미로부터 벌써 68년이 흘렀습니다.

미국은 그 참혹했던, 희망이라곤 찾아볼 수 없는 잿더미 속에서 우리나라가 재건하는 데 큰 도움을 주었고, 지금까지도 미군을 주둔시켜 지켜주고 있습니다. 그 결과 대한민국은 세계 12위 경제대국으로 성장할 수가 있었습니다. 그리고 미국은 전쟁 중에도 선교사님들과 군목들을 파송하여 복음을 심어 주었습니다. 군목들의 활약은 대단해서, 십자가의 완장을 차고 최전선까지 가서 미군이나 한국군의 구별 없이 수없이 부상당하여 죽어가는 병사들에게 희망을 주고 천국으로 인도했다고 합니다. 그래서 3,000명 이상의 군목들이 사역을 감당하다가 전사를 하였다고 합니다. 그 중에 미국

war also killed About 400,000 of North Korean communist army, 500,000 of Chinese communist army, and 170,000 from the 16 nations of the UN army.

About 54,000 of the US armed forces were killed or went missing in Korea, a country which they could not even locate in the world map at that time.

The report is quite new in that it reveals the Korean War killed 3.6 million, burnt down 2,700 churches, about 2,500 pastors were either martyred or taken as prisoners, whom no one knows what had happened to them. Korea was founded on the blood and sweat of war victims and of the prayers of martyrs. Therefore, it is the responsibility of Koreans to pray for Korea and America with their 54,000 armed forces who either lost lives or went missing during the Korean War.

It has already been 68 years ever since the horrendous war, which turned Korea into ashes broke out.

America helped Korea to reconstruct its nation from its ruins and ashes and still remains as an ally stationing US army in Korea until now. As a result, Korea could grow into the 12th wealthiest country of the world. Most of all, it was America which sent missionaries and army chaplains to Korea to spread the Gospel. Those army chaplains were extraordinary and brave enough to go to the front line to give hope and salvation without discrimination to those dying Koreans or US armed forces. It was reported that over 3,000 of army chaplains perished during the war among which about 1,000 were from the Assemblies of God American church.

It was thanks to the blood of UN armies, US armed forces, and American missionaries like that of Abel that Korea has been blessed

하나님의 성회에서 파견한 군목만 1,000여명이 전사했다고 합니다.

여러분! 이와 같이 유엔군과 미군과 미 군목들과 선교사님들의 피흘림이 아벨의 피처럼 되어, 우리 대한민국은 이렇게 성장하고 축복을 받게 되었습니다. 이 덕분에 우리 동포들은 미국에 이민 와서 현재 200만명이상으로 증가하고, 미국 각계 각층에서 교회중심생활로 타민족에 비해 더 큰 축복을 받고 있습니다. 요한삼서 1장 2절 "사랑하는 자여 네 영혼이 잘됨 같이 네가 범사에 잘되고 강건하기를 내가 간구하노라"고 했습니다. 히브리서 6장 14절 "내가 반드시 너에게 복 주고 복 주며 너를 번성하게 하고 번성하게 하리라"고 했습니다. 하나님의 은혜로 미주에 4,600여 한인 교회를 세웠고, 100여 한인 교회가 세워진 이곳 산호세 실리콘밸리에도 더욱 번영하고 축복받을 줄로 믿습니다.

그러나 북한을 보세요. 6.25 전쟁 때 남침을 한 김일성은 뒷목에 주먹만한 혹을 달고 죽었습니다. 그리고 북한의 모든 교회를 파괴하고 김일성을 숭배하게 한 아들 김정일은 300만 이상의 인민들을 굶어 죽게 했습니다.

그리고 또 남침하려고 온갖 계략을 꾸미고 있습니다. KAL기를 폭파하여 300여명을 죽였습니다. 청와대까지 간첩을 보내 한국을 전복하려고 했으나 실패하였습니다. 아웅산 테러를 일으켜 남한의 17명의 장, 차관들이 죽었습니다. 판문점에서 도끼만행으로 미군 소령을 죽이는 일까지 저질렀습니다. 그리고 해군 천안함을 격침시켜 많은 젊은 군인들을 죽게 했습니다.

김정일이 죽은 후에 아들 김정은이 세습을 하여 악한 아버지로부터 물려받은 핵무기들을 계속해서 실험하고 있습니다.

그리고 미국 서부해안까지 타격할 수 있는 ICBM을 성공했다고 하여 한

and accomplished amazing economic growth until now. The sacrifice and effort of those missionaries also influenced the life of the Korean immigrants in America: they have grown to become over 2 million and have spread to all levels of its society. They usually gather around the Korean church, the numbers of which have grown up to 4,600. And their life has been comparatively well-off among other ethnic groups in the US. About 100 Korean churches here at Silicon Valley in San Jose will keep growing in God's grace.

3 John 1:2 Dear friend, I pray that you may enjoy good health and that all may go well with you, even as your soul is getting along well.

Hebrews 6:14 saying, "I will surely bless you and give you many descendants."

However, the situation of North Korea has been different from what has happened to the South Koreans. Kim Il-song of North Korea who had invaded South Korea died with a lump with the size of a fist at the back of his neck. Kim Jong-il, who demolished churches in North Korea, forced people to worship Kim Il-song, caused over 3 million people starved to death.

He had continuously devised schemes to attack South Korea once more, bombing KAL to kill its 300 passengers, killing seventeen Cabinet members of South Korea through terrorist attack in Aung San. They tried to subvert South Korea by sending spies to the Blue House but failed. They even killed a US major in an ax at Pamunjeom. Afterwards, many Korean navy who were on board the Chonan navy battleship died from an attack of North Korea.

Kim Jong-eun, who inherited nuclear weapon from his father Kim

국뿐 아니라 전 세계를 경악케 하고 있습니다. 이와 같이 북한의 핵전쟁 위협은 피할 수 없을 정도로 다가오고 있습니다.

그리고 미국 국민을 애통하게 하는 22살 대학생 웜비어의 죽음입니다. 버지니아 주립대 3학년이었던 웜비어는 북한에 관광을 갔었는 데, 평양 양각도 호텔에 있는 정치선전물을 떼다가 체포되어 모진 고문을 당해 뇌손상을 입었다고 합니다. 심각하게 죽어가는 웜비어를 미 국무부에서 어렵게 데려왔다고 합니다. 그런데 미국 의료진들이 혼수상태의 웜비어를 살리려고 애를 썼지만, 6일만에 부모님이 보는 가운데 숨을 거두었다고 합니다. 그의 장례식이 미국 국민의 애도 속에서 치러 졌습니다.

웜비어는 공부도 잘했고, 학우들과의 관계도 좋아서 흠모의 대상이었다고 합니다. 와이오밍 고등학교를 2등으로 졸업할 때 졸업생 대표로 연설을 했던 동영상이 미국전역에 방영되었습니다. 와이오밍 뿐 아니라 미 전역에 눈물과 애도의 물결이 이어졌었습니다. 웜비어는 하나님의 품으로 갔습니다. 요한계시록 21장에 나오는 새 하늘과 새 땅으로 갔습니다. 요한계시록 14장 13절 중반절 “지금 이후로 주 안에서 죽는 자들은 복이 있도다”라고 했습니다. 그를 죽인 북한 공산당은 지금도 수많은 크리스천들을 학대와 고문으로 죽이고 있습니다. 12여만명을 요덕 수용소나 감옥에 가두어 인권을 유린하고, 심지어 생체실험이나, 독극물로 죽게 한다고 했습니다. 전능하신 우리 하나님은 악하고 잔인한 북한 공산당 우상집단과 김정은 정권을 반드시 심판하실 것입니다.

사랑하는 성도 여러분! 오늘 본문말씀 누가복음 13장 말씀대로 “예루살렘아 예루살렘아”하며 우시며 기도하던 예수님을 본받아야 합니다. 다니엘

Jong-il after he had passed away, has been experimenting nuclear weapon much further than his father did.

He has become a figure of terror not only to Korea but to the whole world by developing ICBM, which can attack as far as the west coast of America. It seems like the terror of nuclear war by North Korea has drawn near.

Then we have heard of the death of Otto Warmbier to the grief of the people of America. Warmbier, a 22 years old junior at the Virginia State University, had visited North Korea as a tourist and was arrested in charge of taking off a propaganda poster, which was on the wall of Yanggakdo hotel in Pyeongyang.

He was known to have a brain damage from severe torture after his arrest. The US State department made diplomatic efforts to seek Warmbier's release. But when he was released, he was almost dying. Withal the effort of reviving him by a US medical team, Warmbier died after six days of his release while his parents were watching. His funeral was held with the lamentation of Americans.

Warmbier, being a good student and getting along well with his friends, was adored by his classmates. A video in which he was a salutatorian in his graduation from Wyoming High School has been played throughout in America. He went to the bosom of Christ—to the New Heaven and New Earth—in the tears and waves of mourning of his mourners, not only of people in Wyoming but also of the whole American.

Revelations 14:13b "Write: Blessed are the dead who die in the Lord from now on."

North Korean communists, who murdered Warmbier still kill

6장 말씀대로 다니엘이 하루에 세 번씩 조국 예루살렘을 보며 기도한 것처럼, 우리도 조국 대한민국을 위해 금식하며 기도해야 합니다. 한미 정상회담이 잘되도록 기도해야 합니다. 6.25전쟁 때 한국을 구출하기 위해 피흘린 5만여 명의 미군들과, 군목들과 선교사님들의 헌신이 헛되지 않도록 불퇴진의 기도를 하시기를 바랍니다.

그리고 이렇게 고마운 미국에 보답하기 위해서라도 우리는 현재 우리 주변에 알코올 중독이나 마약중독에 빠진 미국의 형제 자매들을 불쌍히 여겨서, 전도하고, 병을 고쳐주고, 저들의 영혼을 주님 품으로 인도하는데 최선을 다해야 합니다. 영혼구령의 사명을 통하여 자손대대에 영원한 축복을 받으시기를 예수님의 이름으로 축원합니다.

예화)

저는 지난 주간에도 우리 성도들과 쉘터에서 봉사하는 목사님들과 함께, 우리 교회와 기도커넥션을 맺은 몽골 울란바토르 교회와 산지족 교회, 일본 후쿠시마 교회와 쿠로이소 교회와, 한국 포천교회를 위해 계속 기도 드리며 하나님께 감사하였습니다. 지금 한국은 핵전쟁의 위험 속에서 앞날을 예측하기 어려운 가운데, 최악의 가뭄으로 식수마저 제한 되고 있다고 합니다. 포천교회 박경인 목사님이 특별히 기도를 부탁하였습니다. 지금 한국의 논밭과 저수지에는 물이 다 말랐고, 포천의 과일나무들도 가뭄으로 말라 죽어가고 있고, 곳곳에 산불이 나서 매우 어렵다고 합니다.

저는 야고보서 5장 말씀을 읽고 엘리야처럼 기도하자고 했습니다. 야고보서 5장 18절 "다시 기도하니 하늘이 비를 주고 땅이 열매를 맺었느니라"

numerous Christians, abusing and torturing. They abuse human rights by putting about 120,000 of their people in Yodeok camp or prisons, even performing medical examination on the living body, and murdering humans through poison. The brutal idolatrous North Korean communist surely should fall. May God judge them!

Beloved! We Christians should pray like Jesus, who prayed weeping, **"O Jerusalem, Jerusalem…,"**in Luke 13.

And as Daniel prayed facing toward Jerusalem three times a day, Koreans should pray fasting for our country without shrinking back. We should pray for the Korean-American summit meeting. Koreans should not waste the sacrifice of the 50,000 US armed forces, military chaplains, missionaries who had shed blood for Korea during the Korean War.

In our thanksgiving to Americans, who fought for Korea, the congregations of the FGSJ Church have been serving American brothers and sisters, who suffer from drug or alcohol addictions, healing and guiding them for salvation of their souls. May God bless you, who devote to the salvation of souls generation to generation!

Example)

The congregations of the FGSJ Church, the pastors who volunteer at shelters and I have been praying in thanksgiving last week for the churches with which the FGSJ Church had made a vow to pray for one another. Those were Ulaanbaatar church, a church for the mountain tribes in Mongolia, a church in Hukushima and another one in Kuroiso in Japan, and Pocheon church in Korea. They say that Korea has been suffering from worst drought in years which forces restriction on supply of drinking water on top of the threat of nuclear war. Revs. Park Kyung-in (Pocheon Church) called me

고 했습니다.

그리고 군목 출신인 이 중령과 저는 참전용사회의 6.25 기념행사에 가서 급박한 한국상황을 위해 기도하였습니다. 조국의 참전용사들과 가족들, 전사자들의 유족들을 위해 기도했습니다. 어제도 한국이 공산화가 되지 않도록 교민들은 더 적극적으로 6.25 행사를 치르고 있습니다. 산호세와 샌프란시스코 시청에는 태극기와 성조기가 게양되었고, 각 지역별로 6. 25 기념행사를 하고 있습니다. 프레즈노 샌 호아킨 국립묘지와 샌프란시스코 한국참전 기념공원에서 하는 행사에도 많은 분들이 참석했다고 합니다. 북가주 한미노인회는 29일에 참전용사들을 초청하여 감사패와 메달을 증정한다고 합니다. 산호세와 이스트베이 한미봉사회에서도 각각 행사를 진행하고 있습니다.

우리 목사님 일행들은 한국에서 방문한 천방욱 교수님, 배성진 교수님과 로스엔젤리스에서온 신학교 학생들과 함께 헬몬산 기도원에서 3일간 금식기도를 시작했습니다.

어제도 오전에는 벧엘교회에서 이곳 목사님 일행들과 한국에서 온 헬몬산 기도원에서 기도하는 교수님과 학생들이 모여 구국기도를 했습니다. 조국을 위하여 눈물로 간구했습니다. 오후에는 2차로 우리 교회에 와서 모두들 금식하며 눈물로 간구하며 기도했습니다.

계속해서 신유기도를 했습니다. 한국전쟁 전사자 유족 중에 박인수 할아버지(91세)가 입원 중인데 건강이 악화되어 기도를 부탁했습니다. 정선우 목사님은 참전용사인 정기용 할아버지(86세)를 부축하고 와서 기도를 부탁했습니다. 저는 지난 현충일에 만난 전사자 가족인 고선진 할아버지(92

to request special prayer to end drought which scorches farmlands, reservoirs of Korea, and fruit trees in Pocheon and causes mountain fires all over.

I read James 5:18 for them and suggested to pray like Ellijah:

James 5:18 Again he prayed, and the heavens gave rain, and the earth produced its crops.

And then I joined another prayer meeting with Commander Lee (a former army chaplain) at a Korean War commemoration service hosted by veterans of Korean War. There we prayed for Korea and for bereaved families of Korean War veterans. The Koreans who live in America have held Korean War commemoration services yesterday in their hope to protect Korea from communism. The city halls of San Jose and San Francisco put up Korean and American national flags.

The Koreans who live in each region of America hold ceremonies to commemorate the day. Many people participated in ceremonies at San Joaquin national cemetery in Fresno and at the memorial park for Korean War veterans in San Francisco. Korean-American senior citizens association in North California is going to invite veterans of Korean War on June 29 to present them with appreciation plaques and medals. Korean-American service associations in San Jose and East Bay are holding ceremonies.

The pastors in my prayer group and I have been praying in fasting in Mount Hermon prayer center for three days. Some students from a theological school in Los Angeles and Professors Chon Bang-uk and Bae Seong-jin from Korea are also joining in the fasting prayer.

I went with them to the Bethel Church to pray for Korea in the morning yesterday. In the afternoon, we gathered at the FGSJ

세)와 이순직 할아버지(89세)를 위해 기도를 부탁했습니다. 짐 베커 할아버지(89세)는 19살 때 포병으로 한국전에 참전했는데 귀 고막이 파열되어 지금까지 치료 받고 있는데 기도를 부탁했습니다. 중국인 쥬 목사님은 정신분열증을 앓고 있는 챙 리 청년을 위해 기도를 부탁했습니다. 우리 목사님 일행들과 교수님들과 학생들은 마가복음 16장 17-18절과 사도행전 4장 30절 말씀대로 예수님의 능력으로 고쳐달라고 모인 곳이 진동하도록 기도했습니다. 모두 예수님의 이름으로 나을 줄로 믿습니다.

1. 우리는 구국기도를 하여 붉은 용 공산당 우상은 무너지고 복음통일이 오도록 기도해야 합니다.

우리 성도들은 구국기도 주간을 맞이하여 태평양 건너 조국을 향하여 문을 열어놓고 다니엘처럼 하루에 세 번씩 기도하시길 바랍니다. 다니엘 6장 10절 "다니엘이 이 조서에 왕의 도장이 찍힌 것을 알고도 자기 집에 돌아가서는 윗방에 올라가 예루살렘으로 향한 창문을 열고 전에 하던·대로 하루 세 번씩 무릎을 꿇고 기도하며 그의 하나님께 감사하였더라"고 했습니다. 이 말씀대로 다니엘처럼 조국을 위해 기도하고, 특별히 정치인들을 위해 기도해야 됩니다.

우리는 금식하며 기도해야 합니다. 6.25 전쟁 때 낙동강 마지막 방어선을 지키기 위해 이승만 대통령은 모든 목사님들을 초량교회에 모이게 하였습니다. 그 때 한상동 목사님의 인도로 금식하며 구국기도를 하였습니다. 이사야 58장 6절 말씀을 전하며 눈물로 통회하고 기도하자고 했습니다. 장기려 박사님도 눈물로 금식기도를 호소했습니다.

Church to pray once more for our nation and for healing. Those who received healing prayer at the prayer meeting of the FGSJ Church are as follows:

Park In-soo (91 years old), a bereaved family of Korean War veteran, whose health had been deteriorating ever since he was hospitalized. Junt Gi-yong (86), a war veteran, who came to the church supported by Rev. Jung Seon-woo, received a healing prayer. I asked to pray for Go Seon-jin (92) and Lee Soon-jik (89), whom I had met in a service of Memorial Day last time, both of whom were bereaved family of the Korean War veterans. Jim Becker (89), who had been suffering from rupture of his eardrum ever since injured in the Korean War at the age of 19, asked for healing prayer. Rev. Jew asked to pray for Cheng Lee, who had been suffering from psychosis.

We prayed for healing of the people mentioned above based on the Word from:

Mark 16:17-18 [17] And these signs will accompany those who believe: In my name they will drive out demons; they will speak in new tongues; [18] they will pick up snakes with their hands; and when they drink deadly poison, it will not hurt them at all; they will place their hands on sick people, and they will get well."

Acts 4:30 Stretch out your hand to heal and perform miraculous signs and wonders through the name of your holy servant Jesus."

Subject 1. We should pray so that the communist regime of North Korea fall; South and North Korea to be unified.

I strongly recommend the saints of the FGSJ Church to pray for Korea, especially for Korean politicians, opening their windows

이사야 58장 6절 "내가 기뻐하는 금식은 흉악의 결박을 풀어 주며 멍에의 줄을 끌러 주며 압제 당하는 자를 자유하게 하며 모든 멍에를 꺾는 것이 아니겠느냐"라고 했습니다. 그 결과 하나님의 은혜로 낙동강 방위선을 기적적으로 지킬 수가 있었습니다.

그리고 인천상륙작전도 기도로써 승리하였습니다. 맥아더 장군은 인천 앞바다의 간만의 차이가 심해서 도저히 상륙할 수 없는 상황(성공률이 약 1/500 밖에 되지 않았지만)이었습니다. 모두의 반대에도 무릅 쓰고, 사령관 맥아더 장군은 주기도문을 외우면서, 참모들과 함께 계속 기도 드려 인천상륙작전에 성공할 수가 있었습니다. 기적이었습니다. 덕분에 서울이 수복 되었습니다. 저도 그 때 최 대위님의 도움으로 살아났습니다.

여러분! 구국기도주일을 맞이하여 우리도 금식하며 회개하고 기도할 때 복음통일이 올 줄로 믿습니다. 남한이 온갖 사치와 타락과 부정부패를 회개할 때 북한 공산당 붉은 용과 우상들은 무너지고, 사상과 분쟁과 이념도 없어지고, 북한의 핵무기도 폐기되고 우리의 소원인 통일이 올 줄로 믿습니다.

2. 우리는 조국과 미국을 위하여 계속 기도해야 합니다.

여러분! 우리는 먼저 그 나라와 그의 의를 위하여 기도해야 합니다. 마태복음 6장 33절 "너희는 먼저 그의 나라와 그의 의를 구하라 그리하면 이 모든 것을 너희에게 더하시리라"고 했습니다. 아직도 6.25 전쟁 때 부상당한 한국과 미국의 참전용사들과 상이용사들을 위해 더 기도해야 합니다. 그들이 있었기 때문에 오늘날 대한민국이 있는 것입니다. 우리 교회에 토요일 기

toward Korea as Daniel did during the week of National Prayer.

Daniel 6:10 Now when Daniel learned that the decree had been published, he went home to his upstairs room where the windows opened toward Jerusalem. Three times a day he got down on his knees and prayed, giving thanks to his God, just as he had done before.

I also recommend fasting prayer for Korea. President Rhee Syngman, during the Korean War, in order to defend Nakdong River, the last line of defense, called for the gathering of pastors to the Choryang Church in Busan. There Rev. Han Sang-dong, based on Isaiah 58:6, called for the pastors to pray in fasting for Korea. Dr. Jang Ki-ryo also appealed in tears to pray in fasting. Thanks to the national fasting prayer, they miraculously defended Nokdong River in God's grace.

Isaiah 58:6 "Is not this the kind of fasting I have chosen: to loose the chains of injustice and untie the cords of the yoke, to set the oppressed free and break every yoke?

The victory of the Battle of Incheon was another miracle through prayer during the Korean War. Withal objections from many, whose general view of the success of battle of Incheon was negative because of large tidal range in the coastal waters in Incheon—its success rate was only 1/500, General Macarthur proceeded the operation anyway. What he did was to keep reciting the Lord's Prayer and praying with his staffs for the operation. The result of the allegedly impossible operation was to win the battle. It sure was a miracle. Thanks to the victory, Seoul was restored. It was not just Seoul that was saved: I was rescued during the Battle of Incheon by Captain Choi thanks to the success of the Battle of Incheon.

Beloved! I believe that praying and fasting in repentance may

도모임에 오신 6.25전쟁 때 포병으로 참전했던 89세 짐 베커 할아버지 같은 분들을 위하여 기도해야 합니다. 월남 파병용사들을 위해서도 기도해야 합니다. 월남전에 파병되어 약 5,000명이나 전사한 유족들과, 그 때 부상당한 분들을 위하여 기도해야 합니다.

사도바울은 이방전도를 위해 택한 사도였지만, 로마서 9장에 보면 골육의 친척인 동족들을 누구보다 사랑했고, 조국을 위해 기도했습니다(롬 9:3).

이태리의 애국자 마지리는 '조국을 위하여 목숨을 바쳐 헌신하고 기도할 때 하나님은 도우신다'고 했습니다. 이사야 선지는 조국을 위하여 목숨을 바쳐 기도했습니다. 모세는 백성들과 함께 죄악의 낙을 누리는 것보다 고난을 받는 것이 낫다고 했습니다. 히브리서 11장 24-25절 "[24] 믿음으로 모세는 장성하여 바로의 공주의 아들이라 칭함 받기를 거절하고 [25] 도리어 하나님의 백성과 함께 고난 받기를 잠시 죄악의 낙을 누리는 것보다 더 좋아하고"라고 했습니다. 과연 조국을 위하여 고난 받는 것은 가장 보람되고 귀한 것입니다.

에스라와 느헤미야는 조국을 위해 주야로 눈물로 기도했습니다. 눈물의 선지 예레미야는 조국이 어려울 때 눈물의 기도를 하루도 쉬지 않았다고 했습니다. 우리도 조국과 미국을 위하여 금식하며 눈물로 기도해야 됩니다.

오늘 말씀의 끝으로 성경말씀 두 구절만 읽어드리겠습니다. 마태복음 6장 33절 "너희는 먼저 그의 나라와 그의 의를 구하라 그리하면 이 모든 것을 너희에게 더하시리라"고 했습니다. 다니엘 6장 10절 하반절 "하루 세 번씩 무릎을 꿇고 기도하며 그의 하나님께 감사하였더라"고 했습니다.

advance unification of South and North Korea in God's grace. When the people of South Korea repent of corruption and excessive extravagance in their life style, North Korean communist regime should fall, ideological conflict may turn into harmony between the two countries, and North Korea may discard its nuclear weapon.

Subject 2. Let us keep praying for Korea and America.

Beloved! God wants us to pray, seeking first God's kingdom and God's righteousness:

Matthew 6:33 But seek first his kingdom and his righteousness, and all these things will be given to you as well.

The saints of the Korean church should pray for Korean and American veterans who were injured during the Korean War. We owe them our life and prosperity that we have enjoyed until today. Jim Becker, 89 years old, who was a gunner at the Korean War, deserves prayer from Koreans. He came to the prayer meeting at the FGSJ Church last Saturday. We should also pray for the 5,000 people, who died at the Vietnam War, their bereaved families, and injured veterans from the war.

Apostle Paul was chosen for the gentiles, yet loved his people more than anyone else, and prayed for his country:

Romans 9:3 For I could wish that I myself were cursed and cut off from Christ for the sake of my brothers, those of my own race,

Majiri, a patriot of Italy, claims that God helps those who sacrifice and pray for their own country. Isaiah prayed for his country, risking his own life. Moses preferred to suffer for his own country than to enjoy the pleasures of sin. It sure is most desirable for the

사랑하는 성도 여러분! 오늘 구국기도주일을 맞이하여 조국과 미국을 위해서 더 기도하여 주님의 영원한 축복받으시기를 예수님의 이름으로 축원합니다.

saints of the church to suffer for their own nation.

Hebrews 11:24-25 [24] By faith Moses, when he had grown up, refused to be known as the son of Pharaoh's daughter. [25] He chose to be mistreated along with the people of God rather than to enjoy the pleasures of sin for a short time.

Ezra and Nehemiah prayed in tears day and night for their country. Jeremiah never passed a day without praying for his country in the midst of its crisis. It is the high time for the saints of the Korean church to pray in fasting.

I chose the following words of God as today's conclusion:

Matthew 6:33 But seek first his kingdom and his righteousness, and all these things will be given to you as well.

Daniel 6:10b Three times a day he got down on his knees and prayed, giving thanks to his God, just as he had done before.

Beloved! May God bless those who pray for Korea and America on this National Prayer Sunday today!

21
광복절을 맞이하여 구국기도를 하자

마태복음 12장 20-21절 "[20] 상한 갈대를 꺾지 아니하며 꺼져가는 심지를 끄지 아니하기를 심판하여 이길 때까지 하리니 [21] 또한 이방들이 그의 이름을 바라리라 함을 이루려 하심이니라"

에스겔 37장 15-17절 "[15] 여호와의 말씀이 또 내게 임하여 이르시되 [16] 인자야 너는 막대기 하나를 가져다가 그 위에 유다와 그 짝 이스라엘 자손이라 쓰고 또 다른 막대기 하나를 가지고 그 위에 에브라임의 막대기 곧 요셉과 그 짝 이스라엘 온 족속이라 쓰고 [17] 그 막대기들을 서로 합하여 하나가 되게 하라 네 손에서 둘이 하나가 되리라"

오늘은 광복절을 맞이하여 800만 해외동포들이 우리 조국과, 일제 식민지에서 독립을 시켜 준 미국을 위하여 기도하는 주일입니다.

우리 조국은 일본 제국주의의 침략을 받아 36년 동안이나 상한 갈대처럼 짓밟혔습니다. 그러나 의로우시고 공의로우신 우리 하나님은 기독교 국가인 미국을 전쟁에서 이기게 하여 우리 민족을 독립시켜 주셨습니다.

오늘 본문말씀 마태복음 12장 20절 "상한 갈대를 꺾지 아니하며 꺼져가

21

Let us pray for Korea in the Independence Day

Matthew 12:20-21 [20] A bruised reed he will not break, and a smoldering wick he will not snuff out, till he leads justice to victory. [21] In his name the nations will put their hope."

Ezekiel 37:15-17 [15] The word of the LORD came to me: [16] "Son of man, take a stick of wood and write on it, 'Belonging to Judah and the Israelites associated with him.' Then take another stick of wood, and write on it, 'Ephraim's stick, belonging to Joseph and all the house of Israel associated with him.' [17] Join them together into one stick so that they will become one in your hand.

It is a National Prayer day today in which the eight million Koreans, who live abroad are praying for Korea and America as the prayers of Koreans had helped the nation to be liberated from Japanese colonization. Korea was like a bruised reed for 36 years under the invasion of the imperial Japan. But the God of righteousness and justice liberated Korea through America, a country which was founded upon faith in Jesus Christ, to win the Second World War.

는 심지를 끄지 아니하기를 심판하여 이길 때까지 하리니"라고 했습니다. 이 말씀대로 우리 하나님께서는 우리 민족을 구출해 주신 것입니다. 믿음을 지키기 위해 신사참배를 반대를 하다가 상한 갈대처럼 짓밟히고 순교한 수많은 크리스천들의 피의 호소를 들으시고 우리 민족을 우상의 나라 제국주의 일본으로부터 구출하신 것입니다.

그 실례로써, 주기철 목사님을 위시한 최권능 목사님, 길선주 목사님, 김익두 목사님, 채정민 목사님 등과 평신도들 모두 약 3,000명이 순교를 했다고 합니다. 그리고 조만식 선생님, 이승훈 선생님, 유관순 열사 등 수십 만의 순국선열들의 피의 호소가 조국을 해방시킨 것입니다. 그 당시에 평양형무소에는 주기철 목사님이 순교하신 후에, 한상동 목사님, 주남선 목사님, 이기선 목사님, 공홍봉 목사님, 서정환 전도사님, 손명복 전도사님, 김화준 전도사님, 이인제 전도사님, 오윤선 장로님, 방계성 장로님, 안이숙 선생님, 최덕기 선생님, 조수옥 선생님 외에 수백 명이 신사참배를 반대하기 때문에 체포되어 투옥되었습니다.

그리고 8월 17일에 처형할 계획이었다는 문서가 당시 일본인 구가 경시 교도관의 보관함에서 발견되었다고 합니다. 그런데 이 분들은 처형을 이틀 앞두고 8월 15일에 해방되어 구사일생으로 살아났습니다.

시편 137편 1-2절 "[1] 우리가 바벨론의 여러 강변 거기에 앉아서 시온을 기억하며 울었도다 [2] 그 중의 버드나무에 우리가 우리의 수금을 걸었나니"라고 했습니다. 이스라엘을 독립시켰듯이, 우리 하나님은 수많은 순교자들의 피의 호소에 응답하셔서 36년간의 아픔을 싸매시고 독립시켜 주신 것입니다. 이 뜻 깊은 광복주일을 맞이할 때마다 조국을 비롯하여 230여개국에

Matthew 12:20 A bruised reed he will not break, and a smoldering wick he will not snuff out, till he leads justice to victory.

God saved Korea from the idolatrous imperial Japan as an answer to the prayers of the numerous Korean Christians. Those Christians who opposed Shinto worship in order to keep their faith were martyred like bruised reeds. Those who were martyred were about 3,000 pastors and lay people, including Revs. Ju Gi-cheol, Choi Kyeon-nyng, Gil Seon-ju, Kim Ik-du, and Chai, Jeong-min. Besides them, the blood of hundreds and thousands patriotic martyrs such as Cho Man-sik, Lee Syng-hoon, Ryu Kwan-soon pressed the liberation of Korea.

A document was found, written by Kuga, a Japanese prison guard during the Japanese colonization which was a list of hundreds of Koreans, who were to be executed at Pyongyang prison.

The names included in the list were Revs. Han Sang-dong, Ju Nam-seon, Lee Ki-seon, Kong Hong-bong; ministers Seo Jeong-hwan, Son Myong-bok, Kim Hwa-jun, Lee In-jae; elders Oh Yoon-seon, Bang Kye-seong; Ahn I-sook, Choi Deok-gi, Cho Su-ok. They were imprisoned in charge of opposing Shinto worship after Rev. Ju Gi-cheol was martyred.

According to Kuga, they were to be executed on August 17, 1945. But they had narrowly escaped from death on August 15, 1945, two days before their execution.

The God, who had liberated Israel, gave freedom back to Korea, healing their wounds from the 36 years of bondage by Japanese in an answer to the prayers of the martyrs. The Koreans, who live abroad in 230 nations, have been celebrating joy of the day of independence every year.

사는 모든 해외동포들은 각 나라에서 해방의 기쁨을 기념하고 있습니다.

우리 교회는 매년마다 광복절을 맞이하여 태극기와 성조기를 걸어놓고 기도하고 있습니다. 미국 각 도시의 교회들도 구국주일을 맞이하여 조국과 미국을 위해 기도합니다. 뉴욕, 워싱턴, 시카고, 로스엔젤리스, 샌프란시스코 등 대도시마다 내일 12시에 광복 71주년 기념식을 갖는다고 합니다. 그리고 이곳 북가주의 세크라멘토, 샌프란시스코, 산호세, 몬트레이의 각 시청에 내일 태극기를 게양하도록 합의를 했습니다.

광복의 한자어는 '빛날 광(光), 회복할 복(復)'이란 뜻입니다. 우리 교회 성도들과 미국 형제 자매들도 광복절을 맞이하여 새 힘을 얻고 꿈과 비전을 갖고 일어나서 빛을 발하시기를 축원합니다. 이사야 60장 1절 "일어나라 빛을 발하라 이는 네 빛이 이르렀고 여호와의 영광이 네 위에 임하였음이니라"고 했습니다.

여러분! 저는 그 동안 성도들의 기도로 일본에서 17번의 부흥집회를 하였습니다. 지난 5월에도 일본 구마모토에서 성회를 인도했습니다. 저는 일본에 갈 때마다 느끼는 것은 일본 국민들과 지식인들 대부분은 착하고 정직하고 부지런하고 좋은 분들임을 느꼈습니다. 우리 교회건물도 27년 전에 제가 처음 일본에 가서 부흥집회를 인도할 때 건축헌금으로 12,000불을 헌금해 주었습니다. 일본에 가서 집회를 인도할 때마다 일본 크리스천들이 진실한 성도들임을 더욱 느꼈습니다.

저는 생각합니다. 우리나라를 36년간이나 노예생활로 괴롭힌 것은 참혹한 대동아 전쟁을 일으키고, 미국을 침략했던 도조 히데끼 일당들이었습니다.

Psalms 137:1-2 [1] By the rivers of Babylon we sat and wept when we remembered Zion. [2] There on the poplars we hung our harps,

The congregations of the FGSJ Church have been praying in celebration of the Independence Day every year, hanging the Korean and American national flags in the church. The Korean churches in each city of America are praying for Korea and America. It is reported that Koreans in major cities such as New York, Washington, Chicago, Los Angeles, and San Francisco will celebrate the 71st Independence Day at noon tomorrow. And each of the city hall of Sacramento, San Francisco, San Jose, and Monterey in North California has agreed to put up Korean national flag in their building.

The Chinese character of independence, "*Kwangbok*"is composed of "Kwang,"meaning light and "Bok,"recovery. So I hope and pray for the congregations of the FGSJ Church including our American brothers and sisters who attend worship services at the church to rise and shine in dream and vision on this Independence Day.

Isaiah 60:1 "Arise, shine, for your light has come, and the glory of the LORD rises upon you.

Beloved! Thanks to prayer support of the FGSJ Church I have been to Japan to speak at revivals 17 times so far, including the one at Kumamoto in May this year. Through the experience, I learned that the ordinary and majority of the intellectual Japanese are good, honest and sincere. I received even a construction offering of $12,000 at the first revival in Japan 26 years before which had helped our planting the FGSJ Church. Whenever I visited Japan, I could see that Japanese Christians were truly faithful.

However, I do think that the real war criminals, who harassed and

그들은 인류역사에 큰 오점을 남긴 전범자들이었습니다. 그들의 주범 도조는 총칼로 일본 정권을 장악하고 일본 왕을 선동하여 전쟁을 획책했습니다. 그래서 불시에 미국 하와이 진주만을 선전포고도 없이, 주일날 비행기로 폭격을 하여 미국을 침략하다가, 미국으로부터 원자탄 투하를 받아 일본 군국주의는 완전히 망하고 심판을 받았던 것입니다.

그런데 요즈음 전범자의 손자인 아베 정권은 그 당시의 잘못을 반성하기는커녕 전범자들의 유해를 안치한 야스쿠니 신사를 참배하는 등 하나님이 가장 싫어하는 신사참배(우상숭배)를 하고 있습니다. 그리고 그 신사참배를 통해 일본 전쟁의 망령으로 다시 무장하려고 종용하고 있다고 합니다. 이러한 일본 군국주의를 반대하는 아끼히토 일왕은 아베 정권의 재무장 행위를 보며, 과거에 일으킨 참혹한 전쟁을 반성하며 원래 종신제인 왕에서 퇴위를 하겠다고 발표 했습니다. 일본 아베 정권은 과거 전범의 시대로 돌이키지 말고, 손바닥으로 하늘을 가리는 식으로 역사를 왜곡하지 말고, 올바른 국가관을 갖고 일본 국민들을 사랑해야 합니다. 일본 크리스천들과 대부분의 국민들은 전쟁을 원하지 않습니다. 일본의 선량한 국민들은 군대를 징집하여 다시 무장시키는 것을 원치 않는다고 합니다.

그리고 전쟁 당시 8만명의 어린 소녀들을 정신대로 끌고 가서 일생을 망쳐놓은 과거를 반성해야 합니다. 그 후유증과 상처는 영원히 잊을 수 없는 아픔으로 남아 생존자들은 현재 모두 고령의 할머니가 되었는데도 치욕을 씻을 수가 없습니다. 이 일을 잊지 않기 위해 로스엔젤리스와 워싱턴과 뉴저지에 소녀상을 만들어 세웠습니다. 이곳 북가주에서도 소녀상 건립이 되었습니다. 아베 정권이 역사를 왜곡하고 거짓말을 하기 때문에 중국 커뮤니

bonded Koreans in slavery, were Dojo Hidekki and his followers—those who started the Greater East Asia War and invaded America.

Dojo grabbed power in Japan by the force of arms and then incited the emperor of Japan to join the war. The Japanese militarism, which had bombed by air unexpectedly the Pearl Harbor, Hawaii on a Sunday, had to surrender and fell when America dropped atomic bombs in Japan.

However Abe, a grandchild of a war criminal of Japan, far from repenting their crime, has been indulging in idolatry, visiting Yaskuni Shrine, where the bodies of war criminals were buried. They say that it is the intention of Abe to make Japan a militaristic nation once again through Shinto worship. Akihito, the king of Japan, who has been against Japanese militarism, has recently announced to abdicate his throne—which is tenure—probably as an expression of his repent on the war and his will against Abe's rearmament of Japan. Abe should not distort history in his attempt to go back to the days of the war criminals but correct his view of country and respect the general will of Japanese people. Japanese Christians and most of Japanese are known to be against war. Nor do they desire rearmament of Japan.

He also has to repent for the 80,000 comfort women during the war whose lives were totally ruined. Those comfort women, having been aged, still cannot forget the shame they had felt in those days and have been suffering from physical and emotional pain ever since. Koreans built statues of comfort women in Los Angeles, Washington, and New Jersey. There is one statue of comfort women in North California. Even Chinese community participated in building the statue of comfort women annoyed by Japan's distortion of history and lying of Abe.

Some Japanese intellectuals and senator Honda in America have

티에서까지 공동 소녀상 건립에 동참하였습니다.

이곳에 뜻있는 일본 지식인들과 혼다 상원의원은 일본이 천륜을 저버리고 일생을 망친 8만명이나 되는 그 분들에게 사죄한다고 했습니다. 우리의 공의의 하나님은 크리스천의 국가요 청교도 국가인 미국을 통하여 일본 군국주의를 원자탄으로 심판하셨던 것입니다. 여기 뉴욕 타임지와 워싱턴포스터지, 산호세 머큐리지와 한국의 신문에 '1945년 8월 15일, 원자탄 투하로 미국의 승리'라고 써 있습니다. 원자탄 투하로 일본 왕은 무조건 항복을 했습니다.

원자탄 투하로 수많은 사람들이 처참하게 피해를 입었지만, 수만 명의 미군들과 수백 만의 무고한 사람들을 살릴 수가 있었습니다. 그리고 한국, 중국, 필리핀, 대만이 해방 되었습니다. 잔인무도한 전쟁의 주모자인 도조 히데끼와 전범자 히로타와 마쯔이, 기무라, 도시하라는 사형에 처했습니다.

당시에 원자탄을 투하한 승무원 테어도어 판커크 소령은 93세로 세상을 떠났습니다. 그는 임종시에 이렇게 말했다고 합니다. '8월 6일에 히로시마에 투하하였고, 사흘 후에 나가사키에 투하했다'며, '일본은 절대로 무장을 해서는 안되며 일본 군대가 무기를 갖는 날은 세계 인류가 더 많은 피해를 입는다'고 했습니다.

사랑하는 성도 여러분! 오늘 광복주일을 맞이하여 우리 순복음교단에서 선교하고 있는 일본의 일천만 구령전도가 이루어질 줄로 믿습니다. 우리 성도들은 계속 기도하여 영혼이 잘 됨 같이 범사에 잘되고 강건한 신앙으로 살아가며, 조국과 미국을 위하여 계속 기도하시기를 예수님의 이름으로 축원합니다.

expressed their apology for the crime of Japan which violated moral law to ruin the whole lives of the 80,000 comfort women. I believe that Japan was punished by God of Justice for its imperialistic militarism through America, a country founded on the Puritan faith, which dropped atomic bombs in Japan.

New York Times, Washington Post, San Jose Mercury and Korean newspapers wrote "the victory of America through dropping atomic bombs on August 15, 1945."

The atomic bombs dropped in Japan, although it had taken numerous lives brutally, not only saved lives of American soldiers and millions of innocent people but also liberated Korea, China, Philippine, and Taiwan from Japan. Dojo Hidekki, the mastermind of the war, and war criminals Hirotawa Matsui, Kimura, and Doshihara were executed.

Major Theodore Pankirke, who had dropped the atomic bombs in Japan at that time, died at the age of 93. He said in his death bed that he had dropped an atomic bomb in Hiroshima on August 6 and another in Nagasaki three days after. He also emphasized that Japan should not be allowed for rearmament and that, otherwise, there will be huge damage to humankind.

Beloved!
I hope and pray on this Independence Day that mission work for the 10 million Japanese by the Full Gospel Church Korea should be successful. "I pray that you may enjoy good health and that all may go well with you, even as your soul is getting along well"(3 John 1:2) when you pray for Korea and America.

Example)

예화)

지난 주에 우리 목사님 일행들은 헬몬산 기도원에서 태극기와 성조기를 걸어놓고 조국과 미국을 위해서 기도를 했습니다. 한국에서 오신 다섯 분의 목사님들은 지난 화요일에 한국의 목회지로 돌아갔습니다. 그리고 시카고에서 다민족선교대회를 마치고 오신 10명의 선교사님들은 이 지역에서 설교와 강의가 있기 때문에 계속 헬몬산 기도원에 머물며 기도하고 있습니다.

어제도 오전에는 벧엘교회에서 우리 목사님 일행들과 10명 선교사님들과 미국 목사님들이 함께 구국기도와 다민족선교를 위해 기도를 했습니다. 오후에는 2차로 우리 교회에 와서 모두 합심하여 계속 기도를 했습니다. 마태복음 6장 33절 "그런즉 너희는 먼저 그의 나라와 그의 의를 구하라 그리하면 이 모든 것을 너희에게 더하시리라"고 했습니다. 이 말씀대로 하나님의 나라를 위해 기도하였습니다. 조국과 미국을 위하여 모인 곳이 진동하도록 기도하였습니다.

1. 일본 군부세력과 제국주의는 심판을 받았지만, 우리 성도들은 일본 국민들과 크리스천들을 사랑해야 합니다.

저는 지난 6월에 구마모토에 가서 부흥성회를 인도하면서 일본 일천만 구령을 위하여 일본 크리스천들과 국민들을 사랑해야 됨을 절실히 느꼈습니다. 그렇게 하기 위해서는 우리 성도들이 먼저 그 나라와 그 의를 구할 때 모든 것이 해결되고 기도응답이 올 줄로 믿습니다. 마태복음 6장 33절 "그런즉 너희는 먼저 그의 나라와 그의 의를 구하라 그리하면 이 모든 것을 너희에게 더하시리라"고 했습니다. 시편 33편 8절 "온 땅은 여호와를 두려워

Last week, I had a prayer meeting with pastors from my prayer group for Korea and America, hanging national flags of both countries in the sanctuary of the Mount Hermon prayer center. The five pastors who had come from Korea to pray at the Mount Hermon prayer center went back to Korea on Tuesday.

And the other ten missionaries, who had come back from attending a Multicultural Mission Conference in Chicago, are staying to pray at Mount Hermon prayer center. They will be preparing for preaching and lecturing in churches around San Jose area.

In the Bethel Church yesterday, pastors in my prayer group, ten missionaries, and a few American pastors and I prayed together for our countries and for Multicultural Mission. In the afternoon after the prayer meeting at the Bethel Church, a number of us came to the FGSJ Church to keep praying for the righteousness of God to be fulfilled in Korea and America.

Matthew 6:33 But seek first his kingdom and his righteousness, and all these things will be given to you as well.

Subject 1. We, the saints of the Korean church, should love Japanese people and Japanese Christian although Japanese militarism and its imperialism were punished.

I was extremely moved to see Japanese Christians when I was speaking at the revival at Kumamoto last June. I felt the need to love Japanese people and Christians in Japan for the sake of salvation of the ten million Japanese people. I recommend the saints of the church to seek first God's kingdom and God's righteousness to achieve the calling for the salvation of Japanese.

하며 세상의 모든 거민들은 그를 경외할지어다"라고 했습니다. 10절에 "여호와께서 나라들의 계획을 폐하시며 민족들의 사상을 무효하게 하시도다"라고 했습니다.

하나님을 경외하지도 않고, 침략전쟁과 신사참배를 했던 도조 군부세력과 제국주의자들을 하나님께서는 무력하게 하셨고 멸망시키신 것입니다. 그런데 하나님은 일본의 크리스천 지도자들을 일으켜 복음을 전파 하셨습니다. 유명한 구로사키, 우찌무라 간조, 가가와 도요히코와 같은 학자들과 목사님들, 미우라 아야꼬와 같은 크리스천 소설가를 통해 일본에 복음을 전한 것입니다. 가가와 도요히코 목사님은 평생을 고베 빈민가에서 전도하며 구국기도를 하였습니다. 가가와 도요히코 목사님의 영향을 받은 오야마 레지 목사님, 다나까 목사님 등은 모두 훌륭한 전도자로서 계속 사역을 하고 있습니다.

제 친구 조요한 목사님은 일본 여자와 결혼하여, 사모의 내조로 괌에서 성공적인 목회를 하고 있습니다. 몇 일 전에 저에게 가가와 도요히꼬 목사님의 책을 보내며 부흥집회를 요청하였습니다. 200여명의 한국 교인들과 100여명의 일본인 교인들로 이루어진 교회입니다. 저는 사도행전 1장 8절 말씀대로 함께 전화로 기도하고 응답 받으면 가겠다고 했습니다.

사랑하는 성도 여러분! 오늘 구국기도주일을 맞이하여 더 성령충만하여 우리가 기도한대로 영과 육을 다 치료받으시고 기적이 일어나기를 예수님의 이름으로 축원합니다.

Matthew 6:33 But seek first his kingdom and his righteousness, and all these things will be given to you as well.

Psalms 33:8 Let all the earth fear the LORD; let all the people of the world revere him.

Psalms 33:10 The LORD foils the plans of the nations; he thwarts the purposes of the peoples.

God foiled the plans of the militarism of Japan and Dojo, who had started war of aggression and Shinto worship with no fear of God. God also empowered Japanese Christian leaders, such as Christian scholars: Gurosaki, Utzimura Ganjo, Gagawa Toyohiko, and pastors, and Christian novelists such as Miura Ayako, to spread the Gospel in Japan. Revs. Oyama Redge and Tanaka became great evangelists having been influenced by Gagawa Toyohiko.

Rev. John Jo, a friend of mine, and his Japanese wife who have been serving a church in Guam sent to me a book written by Gagawa Doyohiko. He asked me to speak at a revival in his church (with 200 Korean and 100 Japanese congregations). I, instead of giving him a direct answer to his request, told him that I will let him know after praying as Acts 1:8 writes:

Acts 1:8 But you will receive power when the Holy Spirit comes on you; and you will be my witnesses in Jerusalem, and in all Judea and Samaria, and to the ends of the earth."

Beloved! I pray that the saints of the church, through being filled with the Holy Spirit, to be spiritually and physically healed on this National Prayer day!

2. 우리는 조국과 미국을 위하여 중보기도를 해야 합니다.

요즈음 한국에서는 광복절을 맞이하여 모든 교회들이 회개하며 구국기도를 하고 있다고 합니다. 백 년만의 무더위에 온 나라가 찜통과 같고, 사드배치 문제로 연일 데모가 일어나며 국론이 분열되고 있지만, 교단을 초월하여 모든 성도들은 복음통일을 위하여 더 많은 기도를 한다고 합니다.

우리는 전쟁 직전에 있는 조국이 공산당에게 다시는 침략당하지 않고 북한의 핵무기가 무력화되도록 기도를 해야 합니다. 시편 137편 1절 "우리가 바벨론의 여러 강변 거기에 앉아서 시온을 기억하며 울었도다"라고 했습니다. 다니엘서 6장에 보면, 다니엘은 예루살렘으로 향한 창문을 열고 하루 세 번씩 무릎을 꿇고 기도했습니다 (단 6:10). 로마서 9장에 보면, 사도 바울은 조국과 동포를 위해 끊임없이 기도를 했습니다 (롬 9:3). 에스라와 느헤미야는 미스바 광장에서 통회하며 금식기도를 했습니다 (느 9:1-3). 요엘 2장 12절 "여호와의 말씀에 너희는 이제라도 금식하고 울며 애통하고 마음을 다하여 내게로 돌아오라"고 했습니다. 우리는 조국과 미국을 위하여 금식하며 회개기도를 해야 합니다.

오늘 말씀의 끝으로 구국기도를 위한 성경말씀 두 구절만 읽어드리겠습니다. 마태복음 6장 33절 "그런즉 너희는 먼저 그의 나라와 그의 의를 구하라 그리하면 이 모든 것을 너희에게 더하시리라"고 했습니다. 에스겔 37장 17절 "그 막대기들을 서로 합하여 하나가 되게 하라 네 손에서 둘이 하나가 되리라"고 했습니다.

사랑하는 성도 여러분! 예루살렘을 향하여 기도하는 예수님처럼, 바벨론 강가에서 수금을 걸어놓고 기도하는 이스라엘 백성들처럼, 하루에 세 번씩

Subject 2. Let us pray for Korea and America.

The churches in Korea recently have been praying for Korea in repentance commemorating Independence Day. They pray even harder beyond denominations for unification of Korea through the power of the Gospel in the midst of extreme heat in 100 years and demonstration against the THAAD deployment in Korea. What we should pray for Korea is that there should be no more communist invasion in Korea and for denuclearization of North Korea.

Psalms 137:1 By the rivers of Babylon we sat and wept when we remembered Zion.

Daniel got down on his knees and prayed, opening windows toward Jerusalem three times a day.

Daniel 6:10 Now when Daniel learned that the decree had been published, he went home to his upstairs room where the windows opened toward Jerusalem. Three times a day he got down on his knees and prayed, giving thanks to his God, just as he had done before.

Apostle Paul never ceased to pray for his own people and nation.

Romans 9:3 For I could wish that I myself were cursed and cut off from Christ for the sake of my brothers, those of my own race,

Ezra and Nehemiah repented at Mitzvah, **"fasting and wearing sackcloth and having dust on their heads."(Nehemiah 9:1-3)**

It is indispensable for Koreans to pray in fasting and repenting in this national crisis.

Joel 2:12 "Even now,"declares the LORD, "return to me with all your heart, with fasting and weeping and mourning."

창문을 열어놓고 기도하는 다니엘처럼, 미스바에서 회개하며 기도하는 에스라와 느헤미야처럼, 우리도 조국을 위하여 기도할 때 조국이 복음통일이 되어 세계에서 가장 아름다운 복음의 제사장 국가로, 축복의 나라가 될 줄로 믿습니다. 조국과 미국을 위하여 구국기도를 하여 주님의 영원한 축복 받으시기를 예수님의 이름으로 축원합니다.

Today's conclusive word of God for the day of National Prayer are as follows:

Matthew 6:33 But seek first his kingdom and his righteousness, and all these things will be given to you as well.

Ezekiel 37:17 Join them together into one stick so that they will become one in your hand.

Beloved!

Let us pray for our nation as Jesus did for Jerusalem, and the Israelites, who hung their harps on the poplars, Daniel, who prayed three times a day opening his windows toward Jerusalem, Ezra and Nehemiah, who prayed in repentance in Mitzvah. It is through prayers for our nation that Korea as a unified nation can be blessed as a priestly nation for the whole world. May you all be blessed through prayer for our nation in the name of Jesus!

22
시간을 잘 선용하여 선한 일에 최선을 다하자

에베소서 5장 15-21절 "[15] 그런즉 너희가 어떻게 행할지를 자세히 주의하여 지혜 없는 자 같이 하지 말고 오직 지혜 있는 자 같이 하여 [16] 세월을 아끼라 때가 악하니라 [17] 그러므로 어리석은 자가 되지 말고 오직 주의 뜻이 무엇인가 이해하라 [18] 술 취하지 말라 이는 방탕한 것이니 오직 성령으로 충만함을 받으라 [19] 시와 찬송과 신령한 노래들로 서로 화답하며 너희의 마음으로 주께 노래하며 찬송하며 [20] 범사에 우리 주 예수 그리스도의 이름으로 항상 아버지 하나님께 감사하며 [21] 그리스도를 경외함으로 피차 복종하라"

전도서 12장 1-2절 "[1] 너는 청년의 때에 너의 창조주를 기억하라 곧 곤고한 날이 이르기 전에, 나는 아무 낙이 없다고 할 해들이 가깝기 전에 [2] 해와 빛과 달과 별들이 어둡기 전에, 비 뒤에 구름이 다시 일어나기 전에 그리하라"

금년도 반이 훌쩍 지나 벌써 9월 둘째 주일이 되었습니다. 작년 9월에는 이곳이 한국의 천고마비의 계절인 가을처럼 시원했습니다. 그런데 지난 주

22

Let us try our best in doing good, making the most of every opportunity

---

Ephesians 5:15-21 [15] Be very careful, then, how you live--not as unwise but as wise, [16] making the most of every opportunity, because the days are evil. [17] Therefore do not be foolish, but understand what the Lord's will is. [18] Do not get drunk on wine, which leads to debauchery. Instead, be filled with the Spirit. [19] Speak to one another with psalms, hymns and spiritual songs. Sing and make music in your heart to the Lord, [20] always giving thanks to God the Father for everything, in the name of our Lord Jesus Christ. [21] Submit to one another out of reverence for Christ.

Ecclesiastics 12:1-2 [1] Remember your Creator in the days of your youth, before the days of trouble come and the years approach when you will say, "I find no pleasure in them"-- [2] before the sun and the light and the moon and the stars grow dark, and the clouds return after the rain;

It is already the second Sunday of September today, having passed half of the year. It was cool as if it was already fall in September last year. However it was the hottest in San Jose last week in the past 90 years. It was so hot that even the outfit I wore was soaked

간은 얼마나 무더운지 90년만에 최고의 더위라고 합니다. 설교할 때 에어컨을 틀었는데도 겉옷까지 땀으로 흥건히 젖었습니다. 산호세 외곽지에는 화씨 107도(41.6℃)까지 올랐다고 합니다.

그래서 지난 수요예배와 금요철야예배 때 저는 우리 성도들과 함께 주일예배에 어려움이 없도록 시원한 가을 날씨를 달라고 기도까지 했습니다. 산타크루즈 헬몬산 기도원은 깊은 산 속에 있는데 100도가 넘었습니다. 그곳에서도 폭염경보를 거두어 달라고 기도했습니다.

우리 성도들과 목사님 일행들의 기도를 응답해 오늘 이렇게 시원한 날씨를 주셔서 신령과 진정으로 예배를 드릴 수 있게 되어 주님께 감사 드립니다. 하나님이 주시는 가을을 사람의 힘으로 막을 수가 없고, 하나님이 주신 겨울을 인간의 힘으로 막을 수가 없고, 하나님이 주신 봄과 여름을 인간이 변경할 수 없습니다. 우리 하나님께서 우리 인생들에게 시원한 가을을 주시고, 신령과 진정으로 예배를 드리도록 좋은 날씨를 주셨습니다. 우리 성도들은 예배를 통하여 하나님의 축복을 받고, 하나님의 보호를 받고, 병도 낫고, 기적이 일어납니다.

오늘 본문말씀인 전도서를 쓴, 솔로몬은 이 세상의 부귀영화를 가장 많이 누렸는데 이렇게 기록했습니다.

전도서 12장 1절에 "너는 청년의 때에 너의 창조주를 기억하라 곧 곤고한 날이 이르기 전에, 나는 아무 낙이 없다고 할 해들이 가깝기 전에"라고 말했습니다. 이 말씀은 항상 청년이나 중년으로 사는 것이 아니라 곧 지나가기 때문에 더 세월을 아껴서 하나님을 잘 믿으라는 뜻입니다. 그리고 예수님 다음으로 고난과 역경을 가장 많이 겪은 사도 바울은 이렇게 기록했습니

with sweat while I was preaching with the air-conditioner on. The temperature in the outskirts of San Jose soared as high as 107 degrees Fahrenheit (41.6 degrees centigrade).

So the congregations of the FGSJ Church and I even had to pray at the Wednesday and Friday services last week for cool weather in the coming Sunday worship. We also prayed for cool weather at the Mount Hermon prayer center, Santa Cruz where its temperature went up to over 100 degrees Fahrenheit withal it location in a deep in the mountain.

I give thanks to the Lord for the cool weather today as an answer for our prayers so that we may be able to worship in spirit and in truth. It is beyond human power to change seasons, which is to be controlled by God. God allowed us a cool autumn weather for us to worship today. Worship is a passage to divine blessing and miracle in which the saints receive protection and healing.

Solomon, who enjoyed most splendid life entire his life, said in Ecclesiastes 12:1 "**Remember your Creator in the days of your youth, before the days of trouble come and the years approach when you will say, "I find no pleasure in them.""** It means that we should know that the youth in our life does not last forever so it encourages us to try to have faith in the Lord while we are still young.

Apostle Paul, who had suffered the most, second to Jesus also said in Ephesians 5:
Ephesians 5:15-16 [15] Be very careful, then, how you live--not as unwise but as wise, [16] making the most of every opportunity, because the days are evil.

Therefore we should try to pray, evangelize, and worship in Spirit

다. 오늘 본문 에베소서 5장 15-16절에 "[15] 그런즉 너희가 어떻게 행할지를 자세히 주의하여 지혜 없는 자 같이 하지 말고 오직 지혜 있는 자 같이 하여 [16] 세월을 아끼라 때가 악하니라"고 했습니다. 이처럼 때가 악하기 때문에 세월을 아끼라고 했습니다.

그러므로 우리는 세월(시간)을 아껴서 더 기도하고, 더 전도하고, 더 신령과 진정으로 예배 드려야 합니다. 갈보리 산 골고다의 주님의 십자가를 바라보며 주님을 위하여 최선을 다해 시간을 잘 선용해야 합니다. 왜 그렇습니까? 지금은 마지막 때요 주님의 재림이 가까웠기 때문입니다. 벤자민 프랭클린은 '시간은 인생에 있어서 생명과 같으며, 시간의 의미를 아는 사람이 인생을 깊이 있게 사는 사람'이라고 했습니다.

D.L. 무디 목사님은 '잃어버린 돈은 다시 벌 수가 있고 잃어버린 명예도 다시 찾을 수가 있고 건강도 회복될 수가 있으나, 잃어버린 시간은 영원히 찾을 수가 없기 때문에 전도를 해야 한다'고 했습니다. 히브리서 11장 32절 하반절 "내게 시간이 부족하리로다"라고 했습니다. 빌립보서 3장 13절 "형제들아 나는 아직 내가 잡은 줄로 여기지 아니하고 오직 한 일 즉 뒤에 있는 것은 잊어버리고 앞에 있는 것을 잡으려고"라고 했습니다.

여러분! 우리는 언제, 어떻게 될 지 모릅니다. 세월이 유수같이 흐르기 때문에 건강할 때 예배를 더 잘 드리고, 눈밝을 때 성경을 더 많이 읽고, 항상 기도에 힘쓰고, 어려운 사람들과 절망에 처한 사람들을 구제하고 그들을 위해 계속 기도해야 합니다. 주님은 가난하고 병들고 불쌍하고 어려운 사람들을 도우라고 하셨습니다. 마태복음 25장 35-36절 "[35] 내가 주릴 때에 너희가 먹을 것을 주었고 목마를 때에 마시게 하였고 나그네 되었을 때에

and in truth, making the most of every opportunity, looking upon the cross of Jesus at Calvary. The reason why we should do this is because we live in the end time. Benjamin Franklin said that time is like life to the human being and those who know the meaning of time live life in depth. D.L. Moody said that we may recover lost money, honor, and health but not time which is why we should preach the Gospel.

Hebrew 11:32 ...I do not have time to...,

Philippians 3:13 Brothers, I do not consider myself yet to have taken hold of it. But one thing I do: Forgetting what is behind and straining toward what is ahead,

Beloved! It is beyond us to tell what is going to happen in the future. Thus we should try to worship while we are still healthy, read the Bible when we could read, pray more, and do good for the poor and discouraged.

Jesus told us to serve the poor, sick, and lonely:

Matthew 25:35-36 [35] For I was hungry and you gave me something to eat, I was thirsty and you gave me something to drink, I was a stranger and you invited me in, [36] I needed clothes and you clothed me, I was sick and you looked after me, I was in prison and you came to visit me.'

Beloved! May God bless the saints generation to generation as Jesus taught who do good, serve the poor, and do mission work more than ever, making the most of every opportunity,!

Example)

The FGSJ Church has been serving the homeless for 21 years. And the church also has been supporting mission fields in Amazon,

영접하였고 36 헐벗었을 때에 옷을 입혔고 병들었을 때에 돌보았고 옥에 갇혔을 때에 와서 보았느니라".

사랑하는 성도 여러분! 언제, 어떻게 될 지 모르는 이 세상에서 주님의 말씀대로 세월을 아껴 더 선한 일을 하고 봉사하고 전도하고 선교하여 주님의 영원하신 축복받으시기를 예수님의 이름으로 축원합니다.

예화)

우리 교회는 21년째 노숙자 선교를 해오고 있습니다. 그리고 아마존과 몽골와 아프리카에 선교를 계속하고 있습니다. 선교의 길은 성령님이 인도하시는 길입니다. 이번에 가장 중요한 선교대회가 이곳 산호세의 세 장소에서 동시에 열렸습니다. 뉴비전교회에서는 침례교 연합으로 다민족 선교세미나를 개최했습니다. 새누리교회에서는 장로교 중심으로 초교파 선교대회가 열립니다. 그리고 헬몬산 기도원을 중심으로 미전도종족을 위한 다민족 선교대회가 열리고 있습니다. 하나님께 영광을 돌립니다.

미전도종족 선교대회에는 시리아 선교사님들도 참석하였습니다. 그 선교사님들 중에 정이삭 선교사님은 시리아의 참혹한 현실을 보고했습니다. 이슬람 국가(IS)가 침략하여 시리아에 있는 교회들을 먼저 불을 지르고, 예배드리는 많은 크리스천들을 가장 잔혹하게 학살을 했다고 했습니다. 수많은 성도들이 순교를 했습니다. 그리고 시리아의 내전으로 현지에서 살 수가 없어서 20만명 이상의 난민들이 배나 보트를 타고 탈출하다가 거의 80%이상이 바다에 빠져 죽는다고 했습니다. 지금까지 정 선교사님이 아는 것만해도 수백 명이 죽었다고 했습니다.

Mongolia, and Africa. It is the Holy Spirit that has been guiding us to continue to do the mission work. There were three significant mission conferences held simultaneously at three different places in San Jose recently: one of them was a multi-cultural mission conference by the Baptist church at the New Vision Church, the other is an interdenominational mission conference held by the Presbyterian church at the Saenuri Church, the third, a Mission Conference for the unreached people at the Mount Hermon prayer center. Glory to God!

Missionaries from Syria attended at the Mission Conference for the unreached people. According to Isaac Jung, one of the missionaries from Syria, the IS, in its invasion of Syria, burnt churches before they brutally murdering the Christians who were worshipping inside those churches. And among over 200,000 Syrian refugees, who had escaped from its civil war by boats or ship, 80% of them drowned in the ocean. Jung said that several hundreds of the refugees lost lives at sea so far as he knew.

The whole world was shocked to see the death of Aylan Shenu, 3 years old, whose body was found with his face buried in the sand at a sea shore. His family had tried to escape from Syria in a rubber boat toward the sea of Turkey which was swept by rough waves. All his family died in the sea while his body with red shirt, blue short pants, and sneakers on, drifted towards the shore to be found. The tragic death of Aylan stirred sense of responsibility in the several nations of the European Union, resulting in their decisions to accept the refugees in their countries. Angela Merkel of Germany, who had been passive in accepting the Syrian refugees, decided to accept unlimited numbers of the Syrian refugees.

David Cameron of England approved to receive 15,000 of Syrian refugees. France, Hungary and Finland are rushing to receive them.

그런데 이번에 시리아 난민 일가족이 고무보트를 타고 터키해안으로 오다가 파도에 휩쓸려 가족들이 물에 빠져 죽었는데, 세살배기 아일란 셰누는 해안가에 떠밀려 모래사장에 얼굴을 파묻고 죽은 것이 발견되었습니다. 빨간색 티셔츠를 입고 파란색 반바지에 운동화를 신은 채 엎드러진 그 아이의 모습에 전 세계가 충격을 받았습니다. 이렇게 애처러운 가슴 아픈 사연에 모두 눈물을 흘렸습니다. 이 처참한 아일란의 모습에 유럽연합의 여러 나라들은 책임감을 느끼고 각 수용소에 있는 난민들을 받아들이기로 했다고 합니다. 그동안 소극적이었던 독일의 메르켈 총리도 무제한으로 난민을 받기로 했습니다. 영국의 카메론 총리도 15,000명을 받기로 했습니다. 프랑스, 헝가리, 핀랜드 등도 앞다투어 난민을 받아들이기로 했습니다.

미국도 1,500명은 이미 받았고 앞으로 만 명을 더 받기로 국무성이 발표했습니다. 세살배기 아일란의 애처로운 죽음은 한 알의 밀알이 되어 시리아의 수많은, 약 20만명이나 되는 난민들, 자기 민족들을 살렸습니다. 요한복음 12장 24절 "내가 진실로 진실로 너희에게 이르노니 한 알의 밀이 땅에 떨어져 죽지 아니하면 한 알 그대로 있고 죽으면 많은 열매를 맺느니라"고 했습니다.

이곳 북가주 지역에서 열리는 선교대회에 참석한 모든 선교사님들과 목사님들은 시리아 선교를 위해 기도를 했습니다. 그리고 죽어가고 있는 시리아 크리스천들과 불타고 무너진 교회들과 순교한 성도들의 유족들과 난민들을 위해 기도했습니다.

어제 오전에는 벧엘교회에서 '미전도종족 다민족선교대회'에 참석하기 위해 한국에서 오신 목사님들과 우리 목사님 일행들은 시리아 선교를 위해 계

The US Department of State announced that they are going to receive 10,000 more, besides the 1,500 Syrian refugees whom they had already received. The pitiable death of three year-old Aylan became a kernel of wheat which could save his 200,000 people from Syria.

John 12:24 I tell you the truth, unless a kernel of wheat falls to the ground and dies, it remains only a single seed. But if it dies, it produces many seeds.

Those missionaries and pastors who attended the mission conferences in North California have prayed for Syria, their Christians who were attacked by the IS, the churches that were burnt, and the bereaved families of those who were murdered. And in the morning yesterday, all the missionaries and some pastors, who came from Korea to attend the mission conference for the unreached people, and the pastors in my prayer group continued praying for Syria at the Bethel Church.

After praying in the Bethel Church in the morning, a few of us came to the FGSJ Church in the afternoon to pray more for the Syrian Christians. We also prayed for Christian homeless shelter, a project initiated by the FGSJ Church, and for the homeless shelter to be built at Silicon Valley. And then we prayed for healing of the following people:

Rev. Jew came with Penn Lee, a member of the church he served, who needed healing prayer for his asthma; Rev. Jung Seon-woo for his cold; Rev. Kim Young-jin, who had been feeling dizzy from his high-blood pressure; I invited Lauren, an alcoholic homeless, whom I met at Fair Oaks Park beside the FGSJ Church to pray for her healing.

We all prayed for the healing of those mentioned above based on:

Mark 16:17-18 [17] And these signs will accompany those who

속 중보기도를 했습니다. 오후에는 우리 교회에 와서 시리아 크리스천들을 위해 기도를 했습니다. 우리 교회에서 추진하는 크리스천 노숙자 쉘터와 센츄리 블로바드에 설립되는 노숙자 쉘터를 위해 기도했습니다. 그리고 신유기도를 했습니다.

중국인 쥬 목사님은 시무하는 교회에서 청년 펜 리가 천식으로 병원치료를 받고 있는데 데리고 와서 기도를 부탁했습니다. 정선우 목사님은 아직도 몸살감기가 낫지 않아 기도를 부탁했습니다. 김영진 목사님은 혈압이 높아 어지럽다고 기도를 부탁했습니다. 저는 쉘터에 있는 알코올 중독자인 로렌을 마침 공원에서 만나 교회로 데리고 와서 기도를 부탁했습니다. 우리 목사님 일행들은 마가복음 16장 17-18절, 사도행전 4장 30절 말씀대로 예수님의 능력으로 고쳐달라고 기도했습니다. 다 나을 줄로 믿습니다.

어제 벧엘교회와 우리 교회에서 예수님의 능력으로 나은 것처럼, 오늘 로마서 10장 10절 말씀대로 입으로 시인하여 우리 성도들과 미국 형제 자매들도 다 나으시길 바랍니다.

우울증으로 고생하는 켄 코도바, 고등학교 등교 전에 기도하러 온 케니, 어깨와 가슴이 아프다고 하는 마이클, 왼쪽 눈이 잘 보이지 않아서 수술 받기 전에 기도 받으러 온 데라, 담배중독으로 폐에 염증이 생긴 폴 스디우, 힌두교인 인데 성경을 쓰고 기도하면서 머리의 통증이 많이 낫고 예수님을 영접한 데리카, 심장과 폐에 염증이 생긴 스캇, 몰몬교에서 개종했는데 정신병으로 고통받는 알리, 모두 예수님의 능력으로 다 나을 줄로 믿습니다.

우리 성도들은 시간을 잘 선용하고 아껴서 선한 일에 최선을 다하고 선교를 위하여 더 기도하여 영과 육이 강건해지시기를 예수님의 이름으로 축원

believe: In my name they will drive out demons; they will speak in new tongues; [18] they will pick up snakes with their hands; and when they drink deadly poison, it will not hurt them at all; they will place their hands on sick people, and they will get well."

Acts 4:30 Stretch out your hand to heal and perform miraculous signs and wonders through the name of your holy servant Jesus."

As the people at the Bethel Church and at the FGSJ Church were healed yesterday, I pray for the healing of the congregations of the FGSJ Church and American brothers and sisters. I believe that they will be healed when they confess their healing through their mouths as Romans 10:10 writes, **"For it is with your heart that you believe and are justified, and it is with your mouth that you confess and are saved."**

I especially prayed for Ken Kodova with depression, Kenny who came to the church to pray before going to his high school, Michael with pain in his shoulder and chest, and Tera, who came to receive prayer before surgery of her left eye, which was losing its sight. I also prayed for Paul with infection in his lung because of his tobacco addiction, for Dericka, a former Hindu, who had been having less severe headache ever since he started to copy the Bible, for Scott with infections in his heart and lung, for Ali, a former Mormon, who had been suffering from a mental disorder.

I hope and pray that the saints of the church may grow to become strong in their spirit and body through devoting their lives to doing good and praying for mission, making the most of every opportunity.

합니다.

1. 어려울 때 일수록 시간을 아껴서 기도하고 선교를 해야 합니다.

우리가 선교를 해야 하는 것은 예수님의 최후의 명령이기 때문입니다. 사도행전 1장 8절 "오직 성령이 너희에게 임하시면 너희가 권능을 받고 예루살렘과 온 유대와 사마리아와 땅 끝까지 이르러 내 증인이 되리라"고 했습니다. 이번에 선교대회에 강사로 오신 김용의 선교사님은 100명의 선교결사대와 함께 3년째 숙식을 같이하며 선교훈련을 한다고 했습니다. 우리는 아직도 복음이 전파되지 못한 400여 미전도종족을 위해 기도를 해야 합니다. 주님을 위해 최선을 다하여 선교를 해야 합니다. 지금은 마지막 때요, 주님의 재림이 가까웠기 때문에 더 선교를 해야 합니다.

디모데후서 4장 6절 "관제와 같이 벌써 내가 부음이 되고 나의 떠날 기약이 가까왔도다"라고 했습니다. 이 구절은 바울 사도가 순교를 앞두고 감옥에서 말한 유언과 같은 말씀입니다. 한 사람이라도 더 구제하고 봉사하고 선교하기 위하여 기도해야 합니다. 선교는 예수님의 최후의 명령이요 가장 기뻐하시는 사역입니다. 마태복음 28장 19절 "그러므로 너희는 가서 모든 민족을 제자로 삼아 아버지와 아들과 성령의 이름으로 세례를 베풀고"라고 했습니다. 마가복음 16장 15절 "또 이르시되 너희는 온 천하에 다니며 만민에게 복음을 전파하라"고 했습니다.

사랑하는 성도 여러분! 이 마지막 때에 시간을 아껴서 교회 중심생활로 뭉치고 단결하여 때를 얻든지 못 얻든지 전도를 하고 선교에 최선을 다하여 하나님의 영원한 축복받으시기를 예수님의 이름으로 축원합니다.

Subject 1. It is important to overcome trials through prayer and mission, making the most of every opportunity.

Mission is a must for the saints of the church because it is the last command of Jesus.

Acts 1:8 But you will receive power when the Holy Spirit comes on you; and you will be my witnesses in Jerusalem, and in all Judea and Samaria, and to the ends of the earth."

Missionary Kim Yong-eui, one of the speakers of a recent mission conference said that he had been staying in a camp for three years with 100 missionary candidates, who armed in do-or-die spirit to train them. Likewise, we should pray in the end time for the 400 unreached people for the sake of Jesus.

Apostle Paul left his will in the prison right before his martyrdom in 2 Timothy 4:6.

2 Timothy 4:6 For I am already being poured out like a drink offering, and the time has come for my departure.

Prayer is a must for us to fulfill our calling to serve the poor and to do mission, which is the last command from Jesus and from which he is delighted:

Matthew 28:19 Therefore go and make disciples of all nations, baptizing them in the name of the Father and of the Son and of the Holy Spirit,

Mark 16:15 He said to them, "Go into all the world and preach the good news to all creation.

Beloved! I hope and pray that you may be united in doing

예화)

이번에 선교대회에 몽골에서 다섯 분의 선교사님들이 왔습니다. 그 중 최용민 선교사님은 제가 지난번 울란바토르 교회에서 부흥집회를 할 때 참석했던 분입니다. 저는 너무 반가워서 우리 교회에 몇 년 전에 세 번이나 와서 부흥성회 때 특송을 하고, 가끔 수요예배에도 참석한 산리앤드로 몽골교회 정태우 목사님 부부와 함께 헬몬산 기도원에 가서 선교를 위하여 기도 했습니다. 그리고 메마른 몽골 땅에 물을 파기 위해 그동안 선교국에서 지원했던 소식들도 들었습니다.

더욱 감사한 것은 어제 울란바토르교회 최헌제 선교사님으로부터 편지가 왔는데 10m 아래서 물이 터져 나왔다고 감사하다고 알려왔습니다. 감사편지에 마가복음 9장 23절과 마가복음 16장 15절을 써서, 선교국과 산호세순복음교회 성도들과 부흥성회를 인도했던 저에게 감사하다는 말씀과 함께 소식을 전해왔습니다. 물 한 컵으로 목도 축이고, 세수와 몸을 씻었는데 귀한 물을 주셔서 하나님께 감사 드린다고 했습니다. 주님께 더욱 감사하고 영광을 주님께 돌렸습니다.

우리 성도들은 선교를 위해 시간을 내어 더 기도하시기를 바랍니다.

2. 시간은 신속히 가니 선한 일에 더욱 힘써야 합니다.

선한 일은 빠를수록 좋습니다. 오늘 본문말씀 에베소서 5장 16절 "세월을 아끼라 때가 악하니라"고 했습니다. 바울이 이 말씀을 기록한 시기는 주후 60년경인데 기독교인들이 박해를 가장 많이 당하고 배척을 받았던 시기였습니다. 폭군 네로의 악행으로 기독교인들이 무참하게 학살당했습니다.

mission, making the most of every opportunity through worship at the church.

Example)

I met five missionaries from Mongolia who attended a recent mission conference. And I was delighted to see Choi Yong-min, one of the five missionaries from Mongolia, who had come to the revival at the Ulaanbaatar church in which I was the speaker last time. Out of delight to see each other, Rev. Choi and I went to pray at the Mount Hermon prayer center. Rev. Jung Tae-woo and his wife from San Leandro Mongolian Church also joined in the prayer meeting. Rev. Jung Tae-woo had come to revivals at the FGSJ Church three times before to sing special praises. He sometimes would attend Wednesday worship with us. I learned from them that the mission department of Yoido Full Gospel Church had been supporting them to dig wells in the dry land of Mongolia.

What is most thankful is that I received a letter yesterday from Choi Heon-je, missionary at the Ulaanbaatar Church in which he wrote that water broke out from 10 meters under the ground. In the letter he wrote **'If you can'?"said Jesus. "Everything is possible for him who believes"(Mark 9:23)** and **"Go into all the world and preach the good news to all creation (Mark 16:15)** together with words of gratitude for the mission department of Yoido Full gospel church, for the FGSJ Church, and for myself who was the speaker at the revivals in Mongolia. He gave special thanks to the Lord for the precious water from the well, which they just dug as they had to wash their face, body, and drink from a cup of water before digging the well.

I gave thanks to the Lord, who provided them with the well in Mongolia. I hope and pray that the saints of the church to keep praying for mission, making the most of every opportunity.

많은 성도들이 순교를 했습니다.

이 때 예수님의 수제자 베드로도 순교를 했습니다. 사도 바울도 순교를 했습니다. 이와 같이 악한 때였습니다. 그러나 이 때만 악한 것이 아니라 오늘날은 더 악합니다. 시리아의 IS와 북한이 얼마나 많은 크리스천들을 핍박하며 죽이는 것을 알 것입니다. 마귀가 자기의 때가 얼마 남지 않았다는 것을 알기 때문입니다. 택한 백성이라고 할 수만 있으면 넘어뜨리려 갖은 발악을 다하고 있습니다. 엘리야 시대보다 엘리사 시대가 더 악함으로 갑절의 영감을 받아야 했습니다. 우리도 더 기도하여 성령충만함을 받아야 합니다. 우리는 더 기도하고, 말씀으로 더 무장해야 합니다.

에베소서 6장 12절 "우리의 씨름은 혈과 육을 상대하는 것이 아니요 통치자들과 권세들과 이 어둠의 세상 주관자들과 하늘에 있는 악의 영들을 상대함이라"고 했습니다. 에베소서 6장 17절 "모든 것 위에 믿음의 방패를 가지고 이로써 능히 악한 자의 모든 불화살을 소멸하고"라고 했습니다. 로마서 12장 21절 "악에게 지지 말고 선으로 악을 이기라"고 했습니다. 전도서 12장 1절 "너는 청년의 때에 너의 창조주를 기억하라 곧 곤고한 날이 이르기 전에, 나는 아무 낙이 없다고 할 해들이 가깝기 전에"라고 했습니다. 이 말씀은 시간의 긴급성을 말합니다. 주님의 재림이 가까웠음을 말합니다. 그리고 시간의 제한성을 말합니다.

우리의 일생은 제한되어 있습니다, 언제 어디서 부름을 받을 지 모릅니다. 요한복음 9장 4절 "때가 아직 낮이매 나를 보내신 이의 일을 우리가 하여야 하리라 밤이 오리니 그 때는 아무도 일할 수 없느니라"고 했습니다. 골로새서 4장 5절 "외인에게 대해서는 지혜로 행하여 세월을 아끼라"고 했습니다.

Subject 2. Let us try our best in doing good as time flies.

They say that when you intend to do good, the sooner, the better.
Ephesians 5:16 making the most of every opportunity, because the days are evil.

When Apostle Paul wrote the book of Ephesians (about 60 AD), the Christians were persecuted the most, brutally killed by the despotic Nero. Many saints were martyred.

It was during the reign of Nero when Peter and Paul were martyred. However our days are more evil than those days of Paul and Peter. We have heard that too many Christians were killed by the IS and North Korea. The demons, knowing that their days are few, have been trying to overthrow God's chosen ones. Therefore we should be filled with the Holy Spirit through praying and reading the Bible: Ellisha had to receive double the spirit as his days were more evil than those of Ellijah.

Ephesians 6:12 For our struggle is not against flesh and blood, but against the rulers, against the authorities, against the powers of this dark world and against the spiritual forces of evil in the heavenly realms.

Ephesians 6:17 Take the helmet of salvation and the sword of the Spirit, which is the word of God.

Romans 12:21 Do not be overcome by evil, but overcome evil with good.

The time which is given to us is limited; we do not know when we are called from heaven to go to the bosom of Jesus Christ.

오늘날 우리는 세계적으로 험악한 때를 당하고 있습니다. 마지막 종말이 가까운 것입니다. 다니엘서에 예언한대로 주님의 재림의 때에 살고 있습니다. 이런 때 일수록 더욱 강건하시기를 바랍니다.

오늘 말씀의 끝으로 성경말씀 한 구절을 읽어드리겠습니다. 에베소서 5장 20절 "범사에 우리 주 예수 그리스도의 이름으로 항상 아버지 하나님께 감사하며"라고 했습니다. 시간을 아껴서 하나님께 항상 감사하며, 말세에 대비하여 선교에 더욱 힘써야 합니다.

사랑하는 성도 여러분! 우리 주님께서 가장 좋은 시간을 주셨습니다. 이 황금보다 더 귀중한 시간, 한번 가면 다시 오지 않는 시간, 세월을 아껴 더 기도하고, 더 전도하고, 더 구제하고, 더 봉사하고, 선교에 최선을 다하여 주님의 영원한 축복받으시기를 예수님의 이름으로 축원합니다.

Ecclesiastics 12:1 Remember your Creator in the days of your youth, before the days of trouble come and the years approach when you will say, "I find no pleasure in them"—

John 9:4 As long as it is day, we must do the work of him who sent me. Night is coming, when no one can work.

Colossians 4:5 Be wise in the way you act toward outsiders; make the most of every opportunity.

We have seen many signs of end time as Daniel prophesied in the Bible, watching all kinds of horrible scenes around the world. The saints of the church should stay strong in their spirits to overcome the evil in the end time. So I chose Ephesians 5:20 as today's conclusion.

Ephesians 5:20 always giving thanks to God the Father for everything, in the name of our Lord Jesus Christ.

Beloved! Time is most precious gift of God. It is more precious than gold and cannot be restored once passed. May God bless those who pray, do mission, and serve the poor, making the most of every opportunity!